허형만교수의

시창작을 위한 명상록

허형만교수의

시창작을 위한 명상록

허형만

한국문화사

■ 머리글

대학에서 30년 동안 한국현대시인론, 한국현대시사, 시창작론, 시론 등 시에 관한 강의와 시창작에만 몰두하다 정년 퇴임을 했다. 늘 나를 아껴주는 독자들께서 왜 시창작에 관한 도움이 될만한 저서 한 권 출간하지 않느냐고 다그치곤 했으나 서점엔 워낙 좋은 저서들이 많아 그 책들을 소개해주기에 바빴다.

퇴임 후 10년이 되면서 이제 모든 걸 정리해야 할 나이가 되어 지난날 강의 노트를 정리하다가 버릴 건 버리고 남길 건 남기다 보니 이제야 용기를 내어 '허형만 교수의 시창작을 위한 명상록'이라는 이름으로 한정판을 출간하기에 이르렀다.

이 책은 총 4장으로 구성했다. 제1장은 평소에 나의 시창작 강의를 정리한 것으로 시를 쓰고자 하시는 분에게 도움이 되었으면 좋겠다. 제2장은 시창작을 위한 명상으로 평소에 시를 쓰기 위해 간단히 메모해둔 것들을 버리기 아까워 여기에 소개한다. 제3장은 시의 이해와 감상을 위해 문예지에 발표했던 시평이나 문예지 심사평 중 일부를 수록했으며, 제4장은 그동안 내가 읽었던 책 중에서 시창작 명상에 도움이 되는 책 15권을 추천했다. 여러분도 한 번쯤 읽어주길 권한다.

끝으로 어려운 상황 속에서도 오랜 인연의 끈으로 쾌히 출간을 맡아주고 격려해주신 한국문화사 김진수 대표님과 이 책을 책답게 꾸미느라 너무 노고가 많으셨던 김태균 전무님께 진심으로 감사드린다.

2020년 8월

허형만

■ 차례

01 시창작 강의

1. 진솔한 글쓰기를 위하여

1-1

'언령言靈'이란 말이 있습니다. 말에도 정령이 깃들어 있다는 말이지요. 옛시조에 "말하기 좋다하고 남의 말 말을 것이/남의 말 내 하면 남도 내 말 할 것이/말로써 말 많으니 말 말을까 하노라" 했습니다. 말로써 말이 많다 함은 입에서 나온 말이라고 다 말이 아니라는, 말 씀씀이에 대한 경계인 셈이지요. 저는 어렸을 적 어른들로부터 "말이 씨 된다."라는 말을 들으며 자랐습니다. 그러니 함부로 혀를 놀리지 말라는 경종이었던 거지요.

시인이 시를 쓸 때 언어에 매우 세심한 주의를 기울입니다. 단어는 말할 것도 없고 심지어 토씨 하나 있음과 없음의 차이가 그 시를 살리고 죽이는 결과를 낳습니다. 바로 말이 씨가 되는 격이기에 시를 쓸 때에도 말을 함부로 내뱉어서는 안 되는 법, 어떤 시상이 떠오르면 곧바로 내뱉는 게 아니라 자중하고 삭히며 다시금 가장 필요한 언어를 선택하는 발효의 시간을 가져야 합니다. "그럼 시가 누룩입니까?" 이 물음은 우리나라 최고의 시인이신 정지용 선생께서 문인들과 환담하는 자리에서 불쑥 내던져 좌중을 웃긴 일화입니다. 물론 정지용 시인도 언어 선택과 사용에 최선을 다하신 분입니다.

또 하나. '시안詩眼'이란 말이 있습니다. 이 말은 소동파의 시에서 최초로 보입니다만 그 후로 시가 창작의 핵심 이론으로 전해오고 있으며, 한때 시전문 계간지 『시안』이 발간되어 한국 시단의 최고 문예지의 영광을 누리기까지 했습니다. 다시 말해서 '시안'이란 글자 그대로 시의 안목을 이릅니다. 단순히 언어 하나하나에 얽매이는 게 아니라 시 한 편 전체의 뜻과 시다움을 총체적으로 일컫는 말이지요. 그래서 모름지기 '시안'을 갖고 있는 시인과 그렇지 않은 시인의 작품은 확연히 다를 수밖에 없습니다.

여러분은 '화룡점정畵龍點睛'이란 고사를 기억할 겁니다. 예전 장승요란 사람이 금릉 안락사安樂寺 벽에 네 마리 용을 그렸는데 다 그리고 나서 마지막 눈동자에 굳이 점을 찍으려 하지 않았지요. 그 이유를 물으니 점을 찍으면 용은 그 즉시 하늘로 날아올라 가버릴 것이라고 대답했습니다. 사람들이 비웃자 그는 네 마리 중 한 마리 용의 눈에 점을 찍었습니다. 그 순간 천둥 벽력이 치면서 벽이 쪼개지더니 용은 구름을 타고 하늘로 솟구쳐 올랐습니다. 점을 찍지 않은 나머지 세 마리만 그대로 남아 있었구요. 이처럼 '시안'이란 바로 시 한 편의 눈동자에 다름 아니라는 사실을 말합니다.

1-2

저는 오늘 여러분이 '진솔한 글쓰기'를 위해 필요한 마음의 자세를 먼저 '언령'과 '시안'을 통해 말씀드렸습니다. 이러한 저의 충정은 곧 글쓰기가 함부로 이루어져서는 안 된다는, 그러나 그렇다고 너무 두려워할 존재도 아니라는 말씀을 드리고자 함에서입니다. 글을 쓴다는 것은 인간이면 누구나 하느님이 주신 능력 중의 하나입니다. 다만 그 능력을 얼마나 개발하고 활용하느냐는 차이만 있을 뿐입니다. 오늘 여러분은 하느님이 주신 그 능력을 충분히 알고 활용하고 계시기에 이 자리에 함께하신 줄 압니다.

진솔한 글쓰기란 달리 말하면 '좋은 글쓰기'에 다름 아닙니다. 왜냐하면 좋은 글이란 읽는 이로 하여금 공감하고 긍정하고 나아가 자신의 삶에 있어 지표로 삼을 수 있기 때문입니다. 글은 곧 말입니다. 글을 쓸 때 쓰기 전에 먼저 생각하고 나서 써야 하듯 말 또한 말하기 전에 먼저 '이 말을 해야 할 것인가 하지 말아야 할 것인가, 이 말을 함으로써 상대방에게 기쁨을 줄 것인가 아니면 상처를 줄 것인가, 나의 말이 상대방에게 제대로 전달되어 나의 의중을 이해할 것인가, 그렇지 않으면 오해할 것인가' 등등을 생각하고 말하게 됩니다. 물론 우리의 주변에는 배운 사람이나 배우지 않은 사람이나 아무 생각 없이 불쑥불쑥 내뱉으면 그게 다 말인 줄 착각하며 말하는 사람도 적지 않습니다. 상대방을 전혀 배려하지 않는 경우이지요. 글쓰기도 이처럼 상대방, 즉 읽는 이(독자)를 전혀 배려하지 않는 막된 글을 쓰는 이도 많습니다. 예컨대, 띄어쓰기, 맞춤법 등 기본적인 정서법이 훈련되어 있지 않다든가 문맥이 정돈되지 않고 흐려져 있어 도대체 이 사람이 무슨 뜻으로 이 글을 썼는지 알 수가 없다든가 또는 자기의 일방적인 주장만 잔뜩 늘어놓고 자기 생각에 동조하기를 강요하는 경우들 말입니다.

일상적인 글쓰기와 문학작품 쓰기와는 물론 그 쓰기의 방법론적인 측면에서 상당히 다릅니다. 시나 소설과 같은 문학작품은 일상적인 글쓰기를 넘어 치열한 자기 자신과의 싸움이 요구되는 작업입니다. 거기에는 일반적인 관찰의 단계를 넘어 통찰의 예지가 필요하며 구성력이 있어야 할 뿐 아니라 문장의 수련이 끊임없이 이루어져야 가능합니다. 이미지와 픽션이 뼈대를 이루면서 단순한 전달이 아닌 마침내 감동의 물꼬를 터주어야 한다는 데 문학의 힘이 있는 것이지요. 그러나 일상적인 글쓰기의 핵심은 진솔함에 있습니다. 얻어진 정보를 거짓으로 호도하거나 자기에게 유리하도록 변용시키거나 멋있게 쓴답시고 미사여구로만 가득 채운다면 그것은 진솔한 글쓰기가 될 수 없습니다.

그렇다면 진솔한 글쓰기를 위해 우리가 갖추어야 할 것은 무엇이겠습니까. 먼저 자기를 풍요롭게 해주어야 합니다. 자기를 풍요롭게 한다는 말은 곧 정서를 풍요롭게 한다는 말과 같은 의미로 그렇게 하는 방법은 독서입니다. 훌륭한 책의 장점은 자기를 다른 사람이 경험한 세계 속으로 이끌어주는 데 있습니다. 늘 기억하십시오. 진짜 책은 필요에 의해서 씌어진 것입니다. 다음으로 자기 생각의 깊이를 더 해주는 사색의 시간을 가져야 합니다. 우리나라 유명한 기업가가 "세계는 넓고, 할 일은 많다"라고 했지만, 사실 이 말은 "세계는 넓고, 우리들 자신의 능력에는 한계가 있다"라고 러셀이 먼저 한 말입니다. 어떻든 둘 다 한 생애의 사색의 결과물인 셈이지요. 마치 <전도서>가 가르치고 있는 "일을 할 때는 즐거움을 갖고 행하며, 일을 하는 동안에는 자기 영혼을 즐겁게 하라"는 말처럼 당신도 사색을 하고 나서 무어라 한 말씀하셔야 하지 않겠습니까. 마지막으로 보았으면 본 것을, 들었으면 들은 것을, 느꼈으면 느낀 것을 항상 메모하는 습관을 가져야 합니다. 메모는 자기가 마침내 자기를 정리하는 데 필요한 자기표현을 분명하게 해주는 과정입니다. 모든 글쓰기의 기본은 보고, 듣고, 생각하는 것을 바탕으로 합니다.

1) 최하림의 '좋은 시'

사실 '좋은 시'는 좋은 시를 쓰는 일이지 논의하는 일이 아닙니다.

좋은 시는 날아야 되고, 춤춰야 되고, 뿌리내려야 되고, 부활해야 됩니다.

그러므로 저는 말하고 싶습니다.

날아라 상상의 날개를 달고, 힘껏, 하늘 멀리로 그리고 춤춰라, 노래불러라 축제처럼.

새롭게 태어나거라, 빛이 되거라. 시인이므로 시를 쓰는 우리들이여! 라고.

2) 세계의 시인들을 맞는 인사말

한국의 옛날 선비들은 먼 길을 떠날 때 노잣돈 대신 몇 편의 시를 예비해 두었던 것입니다. 그가 만약 사람들을 감동시킬 수 있는 시의 재능만 가지고 있다면 어느 마을 어느 집에 가든 환대를 받을 수 있었기 때문입니다. 술과 음식 그리고 편한 잠자리를 대접받았을 때 그는 그 대가로 바람과 달에 대한 몇 개의 아름다운 은유를 지불하기만 하면 됩니다. 김삿갓은 평생을 문전걸식을 한 사람이지만 누구도 그를 거지라고 부르지는 않았습니다. 왜냐하면 그는 밥 한 숟가락을 얻어먹어도 언제나 시의 빛나는 동전을 놓고 올 수 있었기 때문입니다.

(1990년 8월 22일 문화부장관 이어령, 제12차 서울 세계시인대회 개막식에서)

3) 김광림의 '진짜 시인'

새삼 진짜 시인은 명성을 얻으려 날뛰지도 않고 인기에 편승하려 보채지도 않으며 남이 알아주건 말건 오로지 자기세계만을 꾸준히 천착하고 있는 고행자와 같은 존재라는 생각을 해본다.

4) 오탁번의 '시인은?'

시인은 언어의 정령 앞에 기도하는 사도가 돼야 한다. 언어를 방기한 시인은 마침내 시를 포기한 것과 다름이 없다.

飛割碧山腰
푸른 산 허리를 베며 날으네

-강일용康日用 (고려시대 시인), 「해오라기[鷺]」 전문

참새 한 마리

햇살 부스러기 콕콕 쪼아대는

하, 눈부신 날

-허형만, 「눈부신 날」 전문

2. 시는 만남이다

우리는 만나기 위해 태어났습니다. 세상에 막 태어나 울음을 터뜨리는 순간, 부모와 형제자매를 만나고 점점 자라면서 잘랄루딘 루미가 '당신'이라고 말하는, 사람을 포함한 이 세상 삼라만상 우주와 만납니다. "내가 지나온 모든 길은 곧 당신에게로 향한 길이었다. 내가 거쳐 온 수많은 여행은 당신을 찾기 위한 여행이었다. 내가 길을 잃고 헤맬 때조차도 나는 당신을 향해 걸어가고 있었다. 그리고 마침내 내가 당신을 발견했을 때, 나는 알게 되었다. 당신 역시 나를 향해 걸어오고 있었다는 사실을". 잘랄루딘 루미의 말입니다. 그렇습니다. 시인은 이 세상 삼라만상 우주와 만나기 위해 태어났습니다. 이 만남을 통해 시인은 우리의 삶이 얼마나 소중한 기적인가를, 우리의 삶이 얼마나 큰 신비로움인지를 체득하고 그것을 언어로 드러냅니다. 시인은 '만남'을 통해 감동할 때마다 자신의 어깨 위에 신의 손길이 얹힘을 뜨겁게 느낍니다. 이처럼 신의 손길이 뜨겁게 느껴지는 감동은 어디에서 올까요? 저의 경우, 늘 긍정적으로 생각하면서 고마워하고 행복해하고 사랑할 때 옵니다. 그러니 이 모든 게 저에게는 커다란 축복이 아닐 수 없습니다. 돈 실베트가 "머리에서 나온 것은 머리로, 가슴에서 나온 것은 가슴으로 전해진다."라고 했듯이 이 축복은 가슴으로 전해져 옵니다. 시는 손끝이나 머리에서 태어나는 게 아닙니다. 가슴에서 태어납니다. 저 깊고 깊은 심연의 끝에서 솟아오르는 싱싱한 샘물처럼 심장에서 태어납니다. 헬렌 켈러는 자기에게 사흘 동안 볼 수 있다면 둘째 날 먼동이 트며 밤이 낮으로 바뀌는 웅장한 기적을 볼 것이라고 했습니다. 눈이 멀어 우주를 전혀 보지 못하는 헬렌 켈러도 이러한 기적을 가슴으로 느낍니다. 영화 '블랙'이나 '어둠 속의 댄서'

에 등장하는 주인공, 그리고 이탈리아 맹인 가수 안드레아 보첼리, 모두 가슴으로 삶의 기적을 품고 사는 사람들입니다.

> 이태리 맹인가수의 노래를 듣는다. 눈먼 가수는 소리로 느티나무 속잎 틔우는 봄비를 보고 미세하게 가라앉는 꽃그늘도 본다. 바람 가는 길을 느리게 따라가거나 푸른 별들이 쉬어가는 샘가에서 생의 긴 그림자를 내려놓기도 한다. 그의 소리는 우주의 흙 냄새와 물 냄새를 뿜어낸다. 은방울꽃 하얀 종을 울린다. 붉은점모시나비 기린초 꿀을 빨게 한다. 금강소나무 껍질을 더욱 붉게 한다. 아찔하다. 영혼의 눈으로 밝음을 이기는 힘! 저 반짝이는 눈망울 앞에 소리 앞에 나는 도저히 눈을 뜰 수가 없다.
>
> -허형만, 「영혼의 눈」 전문

저의 '영혼의 눈'은 맑고 깨끗하게 닦여 있는가. 이것이 저의 하루를 시작하는 첫 물음입니다. 안경알을 닦듯 영혼의 눈도 잘 닦여 있어야 새로운 하루, 새로운 우주와 만날 수 있을 터이니 말입니다. 매일매일, 매 순간순간, 새로운 '만남'은 얼마나 가슴 설레는 일입니까? 스타벅스 커피 한 잔에 담긴 성공신화는 "한 사람이 할 수 있는 일은 한정되어 있다. 그러나 같은 목표를 가진 사람들을 모은다면, 그들은 함께 기적 같은 일을 해낼 수 있다. 그것은 용기를 필요로 한다."라고 말한 스타벅스 회장 겸 최고경영자 하워드 슐츠의 신념에서 이루어졌습니다. 시인이 한 편의 시를 탄생시키는데도 이러한 신념이 있어야 합니다. 한 편의 시도 이처럼 같은 목표를 가진 우주와의 협동이 없으면 탄생되지 않습니다. 그래서 저는 저의 시와 삶 속에서 세 가지 신비에 감격하곤 합니다. 그 세 가지 신비란 첫째는 빛과 소리의 신비요, 둘째는 만남의 신비요, 셋째는 은총의 신비입니다.

덴마크 사람들이 모여 사는 도시 솔벵에 갔네
이백 십여 년 전 세워진 산타 아이네스 성당에 들어가
잠시 묵주기도를 드리고 마당에 나오니
뜨락 한쪽 양귀비꽃이 나를 환히 반겨주었네
내가 이곳에 도착하기까지
얼마나 많은 별빛과 안개를 털어냈을까
몇 광년의 바람을 온몸으로 받아내었을까
양귀비꽃은 나의 볼에 입을 맞추어주었네
은은한 감촉이 촉촉했네
나는 눈을 감았네
이 눈물겨운 만남의 신비를 어찌할까
사랑이여
잠시나마 그대와 함께 있기 위하여
칠십 평생이 걸렸구나

-허형만, 「양귀비꽃」 전문

가까이 다가서기 전에는
아무것도 가진 것 없어 보이는
아무것도 피울 수 없을 것처럼 보이는
겨울 들판을 거닐며
매운 바람 끝자락도 맞을 만치 맞으면
오히려 더욱 따사로움을 알았다
듬성듬성 아직은 덜 녹은 눈발이
땅의 품안으로 녹아들기를 꿈꾸며 뒤척이고
논두렁 밭두렁 사이사이
초록빛 싱싱한 키 작은 들풀 또한 고만고만 모여 앉아
저만치 밀려오는 햇살을 기다리고 있었다
신발 아래 질척거리며 달라붙는
흙의 무게가 삶의 무게만큼 힘 겨웠지만
여기서만은 우리가 알고 있는

아픔이란 아픔은 모두 편히 쉬고 있음도 알았다
겨울 들판을 거닐며
겨울 들판이나 사람이나
가까이 다가서지도 않으면서
아무것도 가진 것 없을 거라고
아무 것도 키울 수 없을 거라고
함부로 말하지 않기로 했다

-허형만, 「겨울 들판을 거닐며」 전문

3. 우주 앞에 겸손한 시인의 시가 좋은 시다

3-1

우리에게 봉사하고 있는 우주를 생각하면 저도 모르게 몸이 낮추어지고 눈물이 납니다. 저의 시는 우선 이러한 생각의 통로를 거쳐 탄생합니다. 탄생한다? 시가 씌어지거나 만들어지는 게 아니고 탄생한다? 저는 나이가 들면서 젊은 시절보다 더 긍정적이고 행복한 생각으로 나날을 고맙게 살아가고 있습니다. 헬렌 켈러는 「내가 사흘 동안 볼 수 있다면(Three days to see)」이라는 감동적인 글을 통해 첫째, 내일이면 귀가 안 들릴 사람처럼 새들의 지저귐을 들어보라, 둘째, 내일이면 냄새를 맡을 수 없는 사람처럼 꽃향기를 맡아 보라, 셋째, 내일이면 더 이상 볼 수 없는 사람처럼 세상을 보라고 당부합니다. 시인의 자세가 바로 이래야 한다고, 시인은 이 세 가지 당부를 잊어서는 좋은 시를 쓸 수 없다고, 저는 믿습니다. 그래서 저의 시는, 어떻게 하면 잘 쓸까, 어떻게 하면 잘 만들까, 고민했던 과거의 시 쓰기에서 이제는 자연스럽게 탄생시키는 쪽으로 기울고 있습니다. 물론 시 한 편을 탄생시키기 위해 잠 못 이루는 밤을 수없이 반복하면서, 그리고 우리에게 쉼 없이 봉사하고 있는 우주 앞에 겸손해 하면서 말입니다.

지리산 깊은 터에서
아흔 줄 어머니
고구마 덩굴을 들어 올리신다
줄줄이 딸려 나와 세상을 밝히는
저 붉은 고구마 앞에 나는
두 손 모아 절한다
바로 옆 참깨 밭에서

잘 여문 어머니 독경 소리가
우루루 쏟아진다
그 독경 소리 앞에서도 나는
두 손 모아 절한다
그렇게 한나절이 갔다

-허형만, 「절하다」 전문

저는 늘 생각합니다. 우주 앞에 겸손한 시가 좋은 시라고. 저는 저의 생애에서 선생을 40년이나 했지만 학생들 앞에서 더욱 겸손하려 했고, 더더욱 시에서는 절대 가르치려들지 않았습니다. 그래서 저의 시에는 훈계성訓戒性이라거나 득도연得道然 하는 게 없습니다. 저는 우주로부터 그리 할 만한 자격이나 능력을 아예 부여받지 못 했음을 스스로 잘 알고 있기 때문입니다. 그러니 땅 속에 묻혀 있다가 세상에 나와 붉은 빛을 뿜어내는 저 고구마 덩굴의 찬란함 앞에 두 손 모아 절을 할 수밖에 없지 않습니까. 잘 여문 참깨가 스스로 우루루 쏟아지는 소리, 한 생의 절정에 이른 그 생명의 환희 앞에 역시 두 손 모아 절을 할 수밖에 없지 않습니까.

저는 길을 가다가 오래된 적송이나 인간의 인식으로는 도저히 셀 수 없는 시간 속에서 자신의 허물을 묵묵히 드러내 보이며 소담스럽게 꽃을 피워내는 배롱나무 앞에서, 그리고 겨울 끝자락 땅바닥을 기며 피어나는 봄까치꽃 앞에서, 두 손 모아 절을 합니다. 무릎을 꿇습니다. 그리하여 저는 위의 「절하다」를 비롯하여 다음과 같은 작품을 낳습니다.

차디찬 바위에
제 몸을 녹여 붙이고

버티고 버티며 한 생을 이뤄
마침내 눈부신 꽃을 피워낸
배롱나무 앞에 고개 숙여
합장을 한다

미안하다 나의 시업詩業이여

-허형만, 「미안하다」 전문

이 나이가 되니
땅바닥의 봄까치꽃 앞에서
무릎을 꺾고 고개를 조아리게 되네
봄까치꽃 품에 잠이 든
어린 햇살에도 고개를 조아리게 되네

누군가 말했지
고개를 조아리는 자만이
배알문을 들어갈 수 있다고
배알문에 들면
마음을 낮추는 下心을 배우게 된다고

그래, 세상을 건너가노라면
고개를 조아리지 않으면 들어갈 수 없는
배알문 아닌 곳 어디 있으랴 싶으니
이 나이가 되어서야 비로소
고개를 조아릴 줄 아는 철이 드나 보네

-허형만, 「下心」 전문

세상의 가장 낮은 곳에서
땅을 기어보았느냐

그 누구도 눈길 주지 않는

이 후미진 땅이 하늘이라면
한 목숨 바쳐 함께 길 수 있겠느냐

기다가 기다가
결국 온몸을 놓아버린 자리에서
키 작은 꽃 하나
등불처럼 매단다면 곧이듣겠느냐

- 허형만, 「괭이밥」 전문

3-2

도이치포스트 DHL(초인류특송)의 프랑크 아펠 회장은 "비지니스의 핵심은 복잡함을 단순하게 만든 것"이라고 말합니다. 다시 말해 전 세계에 거미줄처럼 뻗어 있는 초일류 특송 혁신 비결은 '단순함'이었다는 것입니다. 시창작에 무슨 비즈니스 이론인가 하고 의아해 하지 마십시오. 시도 이와 다르지 않습니다. 앞에서 저는 시를 단순히 '쓰는' 게 아니라고 말한 바 있습니다. 살아있는 모든 생명체와 함께 시도 숨 쉬며 소통하는 생명체입니다. 윤동주 시인은 「서시」에서 "별을 노래하는 마음으로/모든 죽어가는 것을 사랑해야지/그리고 나한테 주어진 길을/걸어가야겠다"라고 다짐합니다. "모든 죽어가는 것을 사랑해야지"에 담긴 시인의 속내는 생명체에 대한 경외심입니다. 한 생명체에 대한 경외심을 드러내는 데 복잡다단하게 표현하려 해선 안 됩니다. 단순해야 합니다. 시도 우주의 한 부족이기 때문입니다. 그런 의미에서 저는 평소 브레히트의 후기 시 『부코 비가』에 실린 「연기(Der Rauch)」라는 시를 퍽 좋아합니다. 이 시의 전문은 이렇습니다. "호숫가 나무 아래 작은 집/지붕에서 연기가 올라간다./만약 연기가 없다면/집과 나무와 호수는/얼마나 쓸쓸할까."(박찬일 역). 단순합니다. 그러나 그냥 단순한 게 아니라 '연기'로 표상된 생명성과 그 작은 집 안에 살고 있는 '사람'이 단 5행 안에 고스란히 담겨져 우리에게 행복감을 줍니다. 저의 시에 있어서도 이러한 단순함은 '말을 비움'으로 실현됩니다.

> 말을 비워 말을 잊었다
>
> 구름이 앞산에 그림자 드리우며 떠가니 마침내 다다를 곳을 안다
>
> 강물은 서늘한 그리움이 있는 곳으로 흐른다
>
> - 허형만, 「말을 비워」 전문

말이 차고 넘치면 듣고자 하는 소리, 들어야 할 소리를 듣지 못합니다. 진정으로 꼭 하지 않으면 안 되는 말을 할 수가 없습니다. 시는 횡설수설, 중구난방을 단호히 거부합니다. 시는 명쾌해야 하고 깨끗해야 합니다. 그러려면 말을 비워야 합니다. 말을 비워 말을 잊었을 때, 비로소 구름이 앞산에 그림자 드리우며 떠가는 모습이나 강물이 서늘한 그리움이 있는 곳으로 흐르는 게 보입니다. 그때에야 비로소 우주의 고요도 온 정신으로 받아들여집니다. 그때에야 비로소 우주 앞에 겸손해지고 공손해집니다.

2011년 1월 8일 미국 애리조나 주 투손의 한 대형마켓 앞에서 총기난사 사건이 발생했습니다. 그로부터 나흘 뒤인 1월 12일 미국의 희망으로 상징된 10세 소녀 크리스티나를 비롯한 희생자들을 추모하는 자리, 미국의 오바마 대통령이 연단에 올랐습니다. 1만 4천 명의 청중이 모였습니다. 담담한 어조로 추모 연설을 이어가던 오바마 대통령은 세계를 경악케 한 9.11테러가 발생했던 날인 2001년 9월 11일에

태어난 가장 어린 희생자 크리스티나를 언급하면서 잠시 침묵했습니다. 약 51초간의 공백이 흐른 뒤 심호흡을 한 대통령은 한 단어씩 말을 이어갔습니다. 오바마 대통령은 51초의 침묵으로 미국은 물론 세계인을 감동시켰습니다. 만약 이 51초의 침묵이 없었다면 '어린 아이를 지키지 못한 슬픔'이 '진실한 애도'로 승화되지 못했을 것입니다. 그가 침묵한 51초라는 진실의 침묵은 잘 정돈된 어떤 연설보다도 슬픔에 잠긴 사람들을 위로하고 새로운 용기를 주기에 충분했습니다. 이 계산되지 않고 연출되지 않은 51초의 침묵처럼 시에도 꾸밈이 없는 진솔함과 단순함이 있어야 합니다. 동양화처럼 여백이 있어야 합니다. 다음과 같은 시도 그렇지 않은가요?

그늘이라는 말
참 듣기 좋다

그 깊고 아늑함 속에
들은 귀 천년 내려놓고

푸른 바람으로나
그대 위해 머물고 싶은

그늘이라는 말
참 듣기 좋다

-허형만, 「그늘이라는 말」 전문

김수환 추기경이 가시니
법정 스님도 가셨다

쓸쓸한 지상으로

새 한 마리 날지 않는

선종과
입적 사이

참 깨끗한 눈송이
가득하다

-허형만, 「선종과 입적 사이」 전문

4. 『하이데거의 시론과 시문』

(전광진 역, 탐구당, 1979)을 통한 명상

4-1

존재Sein는 존재 자체의 입장에서 보면 존재라는 구역을 남김없이 지나오게 됩니다. 그런데 이 존재라는 구역은 존재가 말 가운데서 자리 잡을 때 제대로 자리를 굳히게 마련입니다. 언어라고 하는 것은 구역(신전, 성역)이니 곧 존재의 집입니다.

4-2

언어의 본질이라고 하는 것은 뜻이라고 생각할 때만 바닥을 드러내 보이는 것은 아닙니다. 그렇다고 해서 한낱 부호라거나 암호 따위로 그치는 바도 아닙니다. 언어라고 하는 것은 존재의 집이니까, 우리는 이 존재의 집 곁을 끊임없이 지나가면서 존재자에게 이르게 됩니다. 우리가 샘가로 가거나 숲을 지나가노라면 우리는 이때 벌써 연방 '샘'이라든가 '숲'이라고 하는 말을 입 밖에 내지 않거나, 아니면 언어라고 해서 때로 머릿속에 담아두는 일이 없다손 치더라도 말입니다.

4-3

창문에 눈이 내린다
은은히 울리는 저녁 종소리.
많은 식구 식사가 마련되면
집안은 풍성거린다.

더러는 집 떠난 길손들
어둠의 오솔길 따라 문간에 이르면
대지의 차가운 물기 머금고
황금빛 은총의 나무꽃은 피어 있다.

길손 가만가만 들어서면
돌로 굳어진 문턱이 있다. 아픔 탓이다.
이때 쯤이면 더 없이 환한 불빛이 어른거리고
식탁에는 빵이며 포도주가 있다.

이 시는 게오르크 트라클Georg Trakl의 「겨울날 저녁」입니다. 트라클이 시인이라는 점은 이 자리에서는 이제는 중요한 문제는 아닙니다. 시 한 편이 제각기 크게 성공한 다른 경우와 다를 바 없듯이 말입니다. 시 한 편을 제대로 썼기에 시인의 사람됨이라든가 이름을 부인할 수 있을 만큼 되어야만 제대로 쓴 시의 참된 값어치가 빛난다고 하겠습니다.

언어는 말합니다. 말한다 함은 무슨 뜻일까? "창문에 눈이 내린다./ 은은히 울리는 저녁 종소리." 이 자리에서 말한다 함은 날이 저무는 저녁에 저녁 종소리가 울리는 동안 함박눈이 소리도 없이 창문에 부딪치는 정경을 말합니다.

4-4

하이데거는 시의 본질을 드러낼 셈으로 횔덜린(1770-1843)의 작품을 골랐습니다. 횔덜린을 고른 까닭은 그의 작품이 다른 작품과 마찬가지로 시의 보편적인 본질을 구현하고 있다는 뜻이 아니라, 횔덜린의 시가 시의 본질을 정면에서 시작詩作한다는 시인의 사명감을 지니고 있다는 오로지 한 가지 뜻이 있기 때문입니다. 횔덜린은 우리 입장에서 볼 때 '시인 가운데 시인이다.' 탁월하다는 뜻으로 말입니다.

4-5

1799년 1월 어머니에게 띄워 보낸 편지에서 횔덜린은 시작詩作을 '온갖 일 가운데서도 가장 결백한 것'이라고 부르고 있습니다. 어떤 점에서 가장 결백한 것인가. 시작은 놀이라는 겸손한 모습으로 나타납니다. 시작은 어떤 것에도 얽매임이 없이 자기의 세계를 형상으로 이루어낼 뿐 아니라 상상해낸 사물의 세계에 침잠되어 머물러 있게 됩니다. 시란 시작품을 언어의 세계에서 또 언어를 소재로 하여 만들어내는 것입니다. 시란 언어로 존재를 건설합니다. 시란 건설하면서 신神이라든가 사물의 본질에 이름을 붙여주는 행위를 이릅니다. 횔덜린은 말합니다. "인간은 이 지상에서 시인으로 살고 있다."라고. 시인은 신이 내리는 번갯불을 쐬고 있습니다.

> 바람이 불면
> 허리가 아파오는 꽃처럼
> 네가 생각나는 날은
> 늘 이렇게 가슴이 저리단다
>
> -허형만, 「痛」 전문

> 새로이 이사를 와서
> 형편없이 더럽게 슬어있는
> 흑갈빛 대문의 녹을 닦으며
> 내 지나온 생애에는
> 얼마나 지독한 녹이 슬어 있을지

부끄럽고 죄스러워 손이 아린 줄 몰랐다.
나는, 대문의 녹을 닦으며
내 깊고 어두운 생명 저편을 보았다.
비늘처럼 총총히 돋혀있는
회한의 슬픈 역사 그것은 바다 위에서
혼신의 힘으로 일어서는 빗방울
그리 살아온
마흔세 해 수많은 불면의 촉수가
노을 앞에서 바람 앞에서
철없이 울먹였던 뽀오얀 사랑까지
바로 내 영혼 깊숙이
칙칙하게 녹이 되어 슬어 있음을 보고
손가락이 부르트도록
온몸으로 온몸으로 문지르고 있었다.

-허형만, 「녹을 닦으며」 전문

파도를 보면
내 안에 불이 붙는다
내 쓸쓸함에 기대어
알몸으로 부딪치며 으깨지며
망망대해
하이얗게 눈물꽃 이워내는
파도를 보면
아, 우리네 삶이란
눈물처럼 따뜻한 희망인 것을

-허형만, 「파도」 전문

5. 존 홀 휠록의 『시란 무엇인가』를 통한 명상

(박병희 역주, 울산대출판부, 1996)

5-1 T. S. Eliot의 세 가지 음성

1) 시인 자신의 생각과 감정을 직접적으로 표현하는, 시인 자신에게 말하는 시인의 음성 - 서정시
2) 즐거움이나 교훈을 목적으로 쓴 시, 이야기를 전하는 시, 설교를 하거나 적절한 예를 들어 교훈을 생생하게 가르치는 시에서 많거나 적거나 간에 독자에게 말하는 시인의 음성 - 서사시, 교훈시, 풍자시처럼 사회적 목적을 가진 시 혹은 설화적 내용을 가진 시
3) 운문을 사용하는 극적 인물은 창조하고자 할 때, 시인 자신이 직접적으로 말하고자 하는 것이 아니라, 극중 인물을 통해서 말하는 시인의 음성 - 극시

*이 세 가지 음성이 '상호배타적'이 아니라 동시에 발견될 수도 있습니다.

5-2 J. H. Wheelock의 네 번째 음성

시인의 목소리가 아니라 무의식적인 예지叡智의 순간에, 모든 자아selves를 포함하는, 더 오래되고 더 현명한 어떤 자아가 시인을 통하여 말하는 음성, 즉 더욱더 비개성적인 음성이 네 번째 음성입니다. 이 네 번째 음성이 말하는 곳에는 - 이 음성은 앞의 세 가지 음성 중 어느 음성과 함께 들릴 수도 있고 네 음성이 모두 동시에 들릴 수도 있

다. - 시에서 기억에 남을 만한 모든 것이 존재합니다.

이 네 번째 음성에는 시인의 음성이 아니면서 시인의 입을 통해 울려나오는 하나의 음성이, 받아들이지 않을 수 없을 정도로 권위 있고 단호하게 말하는 시행이나 시구가 있습니다. 바하의 주제나 베토벤의 선율만큼 위대한 음악의 악절과도 같이 이 네 번째 음성은 우리를 놀라게 합니다.

"우리와 함께 떠오르는 영혼, 우리의 생명의 별은 다른 곳으로 진다."
- 워즈워드

"달은 하늘이 맑게 개일 때 기쁜 마음으로 주위를 둘러본다."
-워즈워드

"크고 작은 만물을 가장 사랑하는 사람이 가장 기도를 잘 하는 사람이다."
-코울리지

"그러나 내 등 뒤에는 언제나 날개 돋친 시간의 전차가 서둘러 다가오는 소리가 들려온다."
-마블

"들리는 선율은 아름답지만, 들리지 않는 선율은 더 아름답다."
-키츠

"느리게 굽이치는 강가의 풀밭/혹은 제비꽃 수놓은 계곡에서"
-밀턴

"별들이 반짝이는 하늘, 빛나는 창틀"
-에디슨

"대지 위 인간의 해변에게 성직자처럼 순결한 세정식洗淨式을 베풀고

있는 출렁이는 물결"　　　　　　　　　　　　　　　　-키츠

이 네 번째 음성은 표현의 특성상 재경험의 대상을 마술의 힘으로 불러내듯, 의식적인 기교로써는 도저히 미칠 수 없는, 영원히 기억에 남을 묘사에서 언제나 이 음성이 울려나옵니다. 그렇다면 이 음성은 누구의 음성일까요? 우리들 각자의 내면에 존재하는 무의식의 목소리, 혹은 인류의 목소리입니다.

단어는 장난감이 아닙니다. 단어는 도구가 아니라, 가장 숭고한 의미에서 내적인 실재가 외부로 나타난 증거입니다. 확실히 이것은 모든 시인들이 기다리고 있는 음성입니다. 그 길고 외로운 시인의 노력과 자기 수련은, 이 음성이 찾아올 때, 시인 자신의 능력과 통찰력의 범위를 넘어서는 언어와 지혜를 표현하는 그 무엇입니다.

M. 마리땡은 그의 저서 『시의 상황』에서 한 가지 중요한 사실을 지적하고 있습니다. 마리땡에 의하면, 시는 일종의 지식인데, 그 지식은 "이해를 위해 정돈된 지식이 아니라 하나의 작품으로 표현되도록 운명지어진" 지식이라는 것입니다. 시의 목표와 방법과 결과는 새로운 것의 창조입니다. 만물이 의미를 가지며, 모든 의미가 서로 관계를 맺고 서로를 상징화하고 있는 우주에서, 시인은 항상 새로운 것을 발견하면서 살아갑니다.

월트 휘트먼은 자신의 경험을 다음과 같이 설명했습니다. "내가 멍하니 누워 있노라면, 세상사의 온갖 아름다운 이야기가 들려오고 사물의 이치를 깨닫게 된다. 이들은 너무나 아름다워 내 스스로 주의를 환기하여 경청한다."

그러나 시인은 단지 듣기만 하지는 않습니다. 무형의 어떤 것에 형태를 부여하고 그 자신을 잡아끄는 실체 없는 그 무엇에 실체를 부여

함으로써, 자신에게 들려오는 것이 무엇인가를 이해하고 해석하고 배우는 것이 시인의 역할입니다. 시를 쓴다는 것은 사물의 본질에 실체를 부여하는 작업입니다. 이 일은 생색도 안 나고 거의 불가능에 가까운 힘든 일입니다. 어느 시대에나 이처럼 힘든 일을 스스로 떠맡지 않고는 못 배기는 사람들, 즉 시인들이 시를 창작하는 일은 약간의 연구와 이해하려는 노력을 요하며 또한 일종의 욕망을 진정시키는 행위이기도 합니다.

> "거기 누구 있소?" 하고 나그네가 물었다.
> 　달빛 비친 문을 두드리면서
> 적막 속에 나그네의 말[馬]은 숲속의
> 　고사리 밭에서 풀을 뜯었다.
> 새 한 마리 지붕 위 작은 탑에서 푸드득
> 　나그네의 머리 위로 날아올랐다.
> 나그네는 다시 한번 문을 세게 두드리며,
> 　"거기 누구 있소?" 하고 불러 보았다.
> 그러나 아무도 나그네에게 내려오지 않았다.
> 　나뭇잎에 에워싸인 창으로 머리를 내밀지 않았다.
> 나그네가 당황하여 묵묵히 서 있는 곳으로 나와
> 　허리를 굽히고 나그네의 잿빛 눈을 들여다보지 않았다.
> 그러나 그때 고적한 집안에 살고 있던
> 　한 무리의 유령들만이
> 인간세상에서 들려오는 소리에 귀 기울이며,
> 　고요한 달빛 속에 서 있었다.
> 텅 빈 마루로 내려가는 계단에
> 　희미한 달빛을 모으면서 서 있었다.
> 나뭇잎 사이로 보이는 별 돋은 하늘 아래서,
> 　말이 어둠 속에서 풀을 뜯으며 서성대는 동안,

나그네는 속으로 그들이 이상하다 생각했다.
그의 부름에 침묵으로 답하는 그들이:
나그네는 다시 문을 두드렸다. 이번에는
더 세게, 그리고 고개를 들었다: -
"내가 왔다고 말 하시오. 불러도 대답이 없었다고,
그리고 내가 약속을 지켰다고 전하시오" 하고 나그네가 외쳤다.
듣는 이들은 쥐죽은 듯 움직임이 없고
나그네의 말 한마디 한마디가
오직 한 사람 깨어있는 인간의 말 한마디 한마디가
적막한 집안의 공허 속에 메아리치며 떨어져 내렸다.
그렇다. 그들은 나그네가 발로 등자를 딛는 소리,
그리고 돌 위에 부딪는 말발굽쇠 소리,
뛰는 말발굽 소리가 멀어져갈 때, 적막이
부드럽게 물결치며 되돌아오는 소리를 들었다.

- 월터 드 라 메어, 「청자聽者들」 전문

별 하나가 나를 내려다본다,
그리고 묻는다 : "여기 나와 네가
서 있다, 각기 제 위치에서.
무얼 하려는가, 너는 -
무얼 하려는가?"

나는 대답한다 : "내가 알고 있는 모든 것을
기다리면서, 시간을 보내고 있지.
나의 변화가 올 때까지." - "바로 그거야."
별이 말한다 : "나도 그럴 작정이야 -
나도 그럴 작정이야."

- 토마스 하디, 「기다리는 둘Waiting Both」 전문

별들은 가난하다. 한데서 겨울밤을 지새우는 별들을 위해 오늘도 교황

성하는 기도하신다. 가난한 자에게 자비를!

남대문시장에서 한국은행 본점으로 건너가는 지하도 기둥과 기둥 사이 가난한 별들이 이 시대 살 떨리는 영하의 겨울을 머리끝까지 뒤집어쓰고 노숙자처럼 누워 있다.

고개를 돌린 채 총총걸음으로 그곳을 빠져나가려는 사람들이 지린내를 앙당물고 얼어붙어 있는 계단 위에서, 휘청, 미끄러지려다말고, 씨팔, 신음 소리를 내뱉는다.

그 뒤로 나는 닷새 동안 수염을 깎지 않았다. 노숙자처럼 누워있던 별들에게 빛의 갑옷 한 벌 덮어주지 못한 나에게 자비를! (*빛의 갑옷: 로마서 3:12)

- 허형만, 「별들이 노숙자처럼」 전문

수첩에서 이름을 지운다
접니다, 안부 한 번 제대로 전하지 못한
전화번호도 함께 지운다
멀면 먼 대로
가까우면 가까운 대로
살아생전 한 번 더 찾아뵙지 못한
죄송한 마음으로 이름을 지운다
살아온 날보다 살아갈 날이
얼마 남지 않음을 몸이 먼저 아는지
안경을 끼고도 침침해지는데
언젠가는 누군가도 오늘 나처럼
나의 이름을 지우겠지
그 사람, 나의 전화번호도
함께 지우겠지

-허형만, 「이름을 지운다」 전문

6. 우리말의 아름다움

6-1

모든 문학 양식은 언어를 매제로 합니다. 특히 시는 모국어라는 언어에 상당히 민감하게 반영하는 장르입니다. 왜냐하면 모국어라는 개념은 한 민족의 언어공동체 안에서 생성되고 숨 쉬는 생명체로서의 특수성을 내포하고 있기 때문입니다.

유종호는 앙드레 지드가 독일 작가인 클라이스트의 작품을 읽고 독일어의 유연한 융통성에 주목하면서 그것을 그대로 독일정신의 특성으로 연결시켜 생각하고 있다는 사실을 다음과 같이 앙드레 지드의 글을 인용해서 소개하고 있습니다.

> 나는 「펜테실레이아(Penthesileia)」를 아주 천천히 읽고 있는 중이다. 완전히 이해하고 또 실감하지 않고서는 아무것도 지나치는 법이 없이 아주 열중해서 말이다. 클라이스트는 독일어의 구문을 탄복할 만큼 잘 활용하고 있다. 그래서 그 융통성과 그 섬세한 파격성이나 유연성을 음미하는 것을 가능하게 해준다. 그가 그 속에서 흥청거리며 희롱하는 문장의 정교한 뒤엉킴은 프랑스 말로는 불가능하다. 프랑스 말에서는 굴절屈折이 없는 단어의 기능이 그 위치에 의해서만 드러나는 것이 보통이다. 과연 두 개의 다른 민족이 형성된 것은 당연한 일이다.[1)]

언어와 문학 속에 반영되어 있는 서로 다른 민족의 '정신'이나 민족성을 정의하려는 시도는 특히 특정 언어와 사고 형태의 연관성에 주목하려는 관점에 의해서 고무된 경향이 농후하다고 본 유종호는

---

1) 유종호, 「시인과 모국어」, 『시를 어떻게 만날 것인가』, 작가, 2005. 116-117쪽

"생각하는 것은 곧 말하는 것이며 따라서 모든 민족은 생각하는 대로 말하고 말하는 대로 생각한다는 관찰은 언어가 모든 인간의 한계를 결정한다는 명제로 이어진다. 그리하여 인간의 정신과정에 있어서 언어의 형성적 기능이 주목되고 특히 세계상世界像 형성력이란 개념이 구상된다."[2]고 주장합니다.

따라서 우리가 문학작품, 특히 시를 창작하는 시인의 입장에서 보면 모국어의 창조적 형성력이라는 명제를 염두에 두면서 창작에 임하지 않으면 안 된다는 점을 절실하게 느낄 때가 많습니다. 마르셀 레몽이 "시는 언어에 대한 명상보다는 삶에 대한 명상에서 훨씬 더 귀중한 자양분을 얻는다는 것은 사실인 것이다. 그렇지만 언어에 대한 명상은 필요한 것"[3]이라고 강조한 사실만 보아도 그렇습니다. 사실 시적 인식이라는 것은 시적 체험에 의해서만 획득되어지는 것이기 때문에 그것은 곧 겨레의 언어 능력과도 무관하지 않습니다. 우리가 '시인은 오직 모국어 속에서만 시인일 수 있다'라는 말에 동감한다면 고운 우리말에 깊은 관심을 두고 작품 속에 녹여야 하는 게 또한 시인이 해야 할 일 중의 하나일 터입니다. 오탁번이 자신의 시적 체험을 말하는 글에서 "시를 쓰면서 나는 늘 여러 종류의 사전을 가까이 두고 보고 있다. 사전에서 잠자고 있는 고운 우리말을 불러낼 때마다 나는 보물찾기를 하는 소년의 들뜬 마음이 된다."[4]라고 고백한 경우가 대표적인 경우에 해당합니다.

---

2) 유종호, 위의 글, 117쪽

3) 마르셀 레몽, 김화영 올김, 『프랑스 현대시사』, 현대문학사, 2007. 163쪽

4) 오탁번, 『헛똑똑이의 詩읽기』, 고려대학교출판부, 2008, 57쪽

6-2

말복날 개를 잡아 동네 술추렴을 했다
가마솥에 벌거벗은 개를 넣고
땀 뻘뻘 흘리면서 장작불을 지폈다
참이슬 두 상자를 다 비우면서
밭농사 망쳐놓은 하늘을 욕했다
술이 거나해졌을 때
아랫집 김씨가 나에게 말했다
-이건 오씨가 먹어요, 엘레지요
엉겁결에 길쭉하게 생긴 고기를 받았다
엘레지라니? 농부들이 웬 悲歌를 다 알지?
-엘레지 몰라요? 개자지 몰라요?
30년 동안 국어선생 월급 받아먹고도
'엘레지'라는 우리말을 모르고 있었다니!
그날 밤 꿈에서 나는 개가 되었다
가마솥에서 익는
나의 엘레지를 보았다

-오탁번, 「엘레지」 전문

이 시는 개자지의 순우리말이 '엘레지'라는 사실을 동네 농부들과 개를 잡아 술추렴을 하면서 처음으로 알고 시로 쓴 것입니다. 이 시를 쓰게 된 동기를 오탁번 시인은 다음과 같이 말하고 있습니다.

몇 년 전 말복 날, 시골에서 개를 잡아서 동네 술추렴을 한 적이 있다. 나는 이때 잊지 못할 경험을 했다. 개고기를 즐기지 않는 나였지만 동네 사람들과 어울리느라고 소주를 곁들여서 개고기를 먹고 있는데 내 나이 또래의 농부가 나에게 길쭉하게 생긴 개고기를 건네주며 말하는 것이었다.

-이건 오씨가 먹어요. 엘레지요.

-뭐요?

내가 묻자 그는 큰소리로 대꾸했다.

-개자지도 몰라요?

나는 그가 처음에 엘레지라고 말했을 때, 시골 농부가 어떻게 엘레지를 다 알지? 어떻게 비가悲歌를 다 알지? 하는 생각뿐이었다. 엘레지가 개자지라고 그가 말했을 때도 아마 이 지방 사투리인가보다 생각했다.

그러나 이튿날 술이 깨어 국어사전을 찾아보고는 나는 꼭 벼락 맞은 것같이 놀랐다. 국어사전에는 버젓이 '엘레지'의 뜻이 "개의 자지. 구신狗腎"이라고 나와 있는 게 아닌가? 대학에서 국어 선생 노릇 30년도 넘게 하면서 내 딴에는 순우리말을 찾아 시를 쓴답시고 해 온 나로서는 얼굴이 붉어질 수밖에 없는 일이었다. 이때의 부끄러움을 살려 나는 「엘레지」라는 시를 썼다.[5]

다소 인용이 길어졌지만, 시를 쓰면서 우리말의 쓰임이 얼마나 소중한가를 보여주는 예로써 이만한 글이 달리 없습니다. 오탁번은 이 작품을 쓴 이후 "밤마다 국어사전을 읽는 습관도 이때부터 생긴 것이다. 국어사전은 물론이려니와 방언사전과 고어사전 그리고 식물도감, 곤충도감 등, 시의 언어가 잠자고 있는 광산은 지금도 버려진 채로 무진장하게 널려있다."[6]라고 우리에게 가르치고 있습니다. 오탁번 시인의 다음 시는 또 어떤가요?

하루걸러 어머니는 나를 업고
이웃 진외가집으로 갔다
지나다가 그냥 들른 것처럼

5) 오탁번, 위의 책, 68-69쪽

6) 오탁번, 위의 책, 70쪽

어머니는 금세 도로 나오려고 했다
대문을 들어설 때부터 풍겨오는
맛있는 밥냄새를 맡고
내가 어머니의 등에서 울며 보채면
장지문을 열고 진외당숙모가 말했다
-언놈이 밥 먹이고 가요
그제야 나는 울음을 뚝 그쳤다
밥소라에서 퍼주는 따끈따끈한 밥을
내가 하동지동 먹는 걸 보고
진외당숙모가 말했다
-밥 때 되면 만날 온나

아, 나는 이날 이때까지
이렇게 고운 목소리를 들어본 적이 없다
태어나서 젖을 못 먹고
밥조차 굶주리는 나의 유년은
진외가 집에서 풍겨오는 밥 냄새를 맡으며
겨우 숨을 이어갔다

-오탁번, 「밥냄새1」 전문

이 시에서 우리는 '하동지동'과 '밥소라'를 발견합니다. '하동지동'은 '허둥지둥'의 작은 말입니다. 배고픈 어린아이가 정신없이 밥 먹는 모습을 그리는데 있어 '허둥지둥'보다 '하동지동'이 얼마나 더 실감나며 눈물겨운가요? 이처럼 하찮은 형용의 말 하나가 시를 맛깔스럽게 살립니다. 아울러 '밥소라'는 또 어떤가요? 일반적으로 언어에 대한 명상이 부족한 시인 같았으면 그냥 '밥통'이라 썼을 터이나 오탁번 시인은 '밥통'보다 더 좋은 우리말을 찾기 위해 깊은 명상에 잠겼을 터이고, 그리하여 마침내 밥 · 떡국 · 국수 등을 마는 큰놋그릇을 뜻하는 '밥소라'를 국어사전에서 찾았을 것이지 않겠습니까?

1) 푸새한 무명 뙤약볕에 말려서
   푸푸푸 물 뿜는
   작은어머니의 이마 위로
   고운 무지개 피어오르고
   보리저녁이 되면
   어미젖 보채는 하릅송아지처럼
   나는 늘 배가 고팠다

-오탁번, 「작은 어머니」 부분

2) 할아버지 산소 가는 길
   밤나무 밑에는
   알밤도 송이밤도 소도록이 떨어져 있다

   밤송이를 까면
   밤 하나하나에도
   다 앉음앉음이 있어
   쭉정밤 회오리밤 쌍동밤
   생애의 모습 저마다 또렷하다

-오탁번, 「밤」 부분

3) 간밤에 잣눈 내리고
   아침 수은주가 영하 25도까지 내려갔다
   만년필 촉의 비유를 쓴
   젊은 날의 내가
   나 같지 않다

-오탁번, 「비백飛白」 부분

예시 1)에서 '보리저녁'과 '하릅송아지'가 보입니다. 보리밥을 지으려면 쌀 안치는 것보다 더 일찍 보리쌀을 안쳐야 하므로 '보리저녁'은 보리쌀을 안칠 무렵, 즉 해 넘어가기 전인 이른 저녁을 말합니다. '하릅송아지'는 한 살 난 소를 말합니다. '하릅'을 '한습'이라고도 하는데 말이나 개가 한 살 날 때에도 쓰입니다.

2)에서는 '소도록이'와 밤의 종류가 나옵니다. 밤나무 밑에 밤이 많이 떨어져 있는 정경을 "소도록이 떨어져 있다"고 표현하니 그 정경이 눈앞에 그려지지 않는가요? 밤송이를 까면 밤도 "다 앉음앉음이 있"기 마련입니다. '쭉정밤'은 일명 '쭈그렁밤'이라고도 부르는 것으로 제대로 익지 않아 껍질이 쭈글쭈글한 밤을 말하고, '회오리밤'은 '외톨밤'으로 외톨박이 안에 외톨로 들어 있는 동그랗게 생긴 밤입니다.

3)의 시에는 '잣눈'이 있습니다. '잣눈'은 한 자 또는 한 길이 되게 많이 쌓인 눈을 말합니다. 물론 한 길이란 사람의 키 정도 되는 높이나 길이, 깊이를 나타냅니다. 참고로 '자국눈'은 겨우 발자국이 날 정도로 적게 내린 눈, '살눈'은 살짝 엷게 내린 눈, '숫눈'은 눈이 와서 쌓인 채 아무도 지나가거나 밟지 않아서 그대로인 눈을 가리킵니다.

6-3

저는 저의 서정의 깊이를 위해 우리말을 자연스럽게 시 속에 모셔오기를 즐겨합니다.

> 갓밝이 닭울녘
> 동녘 하늘로 아스라이 번지는
> 저 빛살 참 곰살갑다

연사흘 장마 걷고
새맑은 바람

오늘은
잎망울 옹알이는 소리 듣것다
굴참나무 다람쥐 맑은 눈 보것다

- 허형만, 「산거山居 4」 전문7)

위의 시에서 '갓밝이' '곰살갑다' '잎망울' 등의 우리말이 보입니다. 우선 '갓밝이'는 새벽이 되어 날이 막 밝을 무렵, 즉 아침이 시작되는 때를 가리키며, '곰살갑다'는 '굼슬겁다'처럼 성질이 서글서글하고 슬거운 상태, 그리고 '잎망울'은 곧 피어날 듯한 어린 잎입니다. 저의 시 속에 녹아있는 대표적인 우리말은 다음과 같습니다.

'조숙조숙'(「첫차」), "볼그족족했다'(「석양」), '바름바름'(「겨울 산에서」), '욜그랑살그랑'(「산 속에서는 나도」), '니일니일' '다붓하게'(「청미래덩굴」), '옹알옹알' '자박자박'(「여린봄날」), '우련하게' '아삼삼한' '강대소나무' '모시진솔' '굼깊은' '넌출넌출'(「백담사 가는 길」), '귀맛 돋는'(「나무 소 한 마리」), '산모롱'(「무지개」), '푸르딩딩'(「기와 버섯」), '진대나무'(「비바람 치는 날」), '너른하게' '눈맛나는 붉은 꽃숭어리' '낮꽃' '꽃멀미'(배롱나무 부처」), '바상바상하게' '살풋살풋' '산내리바람소리'(「拂子」), '새록새록'(「봄날」), '우련하거니''가뭇하거니' '설풋설풋'(「夏安居」), '흐드러진'(「절정」), '노글노글해진다'(「해변을 거닐며」), '하롱하롱'(「파리의 밤」), '물버들 낭창낭창' '먼산주름 넌출넌출' '때글때글한' '물너울' '자울자울'(「송화강」), '하잔한' '살피꽃밭 가득 살살이꽃' '알키할 즈음'(「알라디마을」), '고즈넉하다'(「뤼순 가는 길」), '낭창낭창한' '눈

7) 허형만, 『그늘이라는 말』, 시안, 2010.

투정' '보르르한' '보근보근' '들렁들렁'(「김명옥」), '무르녹습니다' '꼼지락꼼지락'(「봄비」), '우듬지' '휘추리' '애채'(「사리를 거느리시는 분」), '고즈너기' '마틀마틀한' '홰친홰친' '하전하전한'(「금물로 쓴 글씨」), '하롱하롱'(「수틀」), '우럭우럭해지는'(「耳順의 어느 날」), '얘리얘리한' '솔솔바람 소소소' '소르르' '설피해지면' '팔느락팔느락'(「애련리」), '가녈가녈한' '갈매빛'(「풀벌레 소리」), '바람칼'(「滿月」), '후미진 땅'(「괭이밥」), '오글오글 몰려드는'(「소리들」), '는개'(「이른 아침에」), '들렁글렁해지는지'(「순천만에서」), '오종종' '남실바람'(「미당 생가에서」), '청송아리' '보르르하다' '우럭우럭해지는'(「햇봄에 젖다」), '흰추위' '수런수런' '노릿노릿' '앙글앙글' '깐닥깐닥'(「산수유 마을에서」), '녹실녹실하게'(「초저녁, 그 쓸쓸함」), '가실볕 성크름해지니' '골개물' '해적해적' '솜병아리'(「길」), '깐닥깐닥' '솔옹이' '시붉은 감' '아그데아그데'(「눈빛」), '보송보송한'(「雨水」), '아스름하네'(「일요일」), '깐닥깐닥'(「극락강역을 지나며」), '매롱매롱' '보르르한'(「햇살이 매롱매롱 날아오르고」), '칼칼히 칼칼히'(「폭설 1」), '불보라'(「폭설 2」), '자르르'(「송편」), '끄느름하다' '는개' '날비' '작달비' '바람꽃'(「문득」), '방글방글' '싱글싱글' '앙글앙글' '배내똥' '상글방글'(「하래비」), '굼슬겁다'(「산거 1」), '우련하다'(「산거 2」), '꽃꼭지'(「산거 3」), '서리서리' '아즐아즐 아즐하게' '알천' '아슴아슴한' '선잠도 풋잠도 토막잠도'(「편지」), '잉걸불' '후림불'(「입술」), '아심찬허다' '아삼삼하다'(「병실에서」), '물갈기' '강그러지것다'(「겨울 아침」), '비나리' '우렷하다'(「새벽」), '겨를하다' '꽃노을'(「여의나루」), '설핏해지고' '잘근잘근' '아련하다'(「초저녁」), '거방진'(「느티나무」), '하롱하롱' '알키한' '설핏해질 때'(「구례구 역」), '피맛길' '해찰부리기' '욜그랑살그랑' '서그러워지는'(「길 1」), '살사리꽃' '살터' '새녘' '샘밑' '소소소' '심알'(「사람을 노래함」)

▮우리말 참고 서적▮

1) 고석산, 백선, 『순우리말 사전』, 동천사, 2010
2) 고정욱, 『다시 살려 써야할 우리말 사전』, 자유로운 상상, 2007
3) 권오운, 『우리말 소반다듬이』, 문학수첩, 2011
4) 권오운, 『작가들이 결딴낸 우리말』, 문학수첩, 2006
5) 권오운, 『우리말 지르잡기』, 문학수첩, 2002
6) 남영신, 『우리말 분류 사전』, 한강문화사, 1987
7) 박남일, 『우리말 풀이사전』, 서해문집, 2004
8) 박숙희, 유동숙, 『뜻도 모르고 자주 쓰는 우리말 나이 사전』, 책이 있는 마을, 1995
9) 박용수, 『겨레말 갈래 큰사전』, 서울대출판부, 1993
10) 박용수, 『겨레말 용례사전』, 서울대출판부, 1996
11) 장석영, 『반딧불 반딧불이』, 해드림출판사, 2011
12) 장승욱, 『도사리와 말모이, 우리말의 모든 것』, 하늘연못, 2010
13) 장승욱, 『우리말은 재미있다』, 하늘연못, 2009
14) 장승욱, 『재미나는 우리말 도사리』, 하늘연못, 2004
15) 장승욱, 『한겨레 말모이』, 하늘연못, 1997
16) 정호완, 『우리말의 상상력』, 정신세계사, 1991
17) 최기호, 『사전에 없는 토박이말 2400』, 토담, 1995
18) 최인호, 『바른 말글 사전』, 한겨레출판, 1996

7. 시와 삶

문학은 우리네 삶과 멀리 있는 게 아닙니다. 오히려 우리네 삶 속 깊숙이 내재하면서 우리네 영혼을 다스리는 인자因子로 문학이 존재합니다. 저의 경우도 물론 예외는 아닙니다. 누군가 저에게 '시인은 왜 시를 쓰는가'라고 묻는다면 '진솔한 삶의 역사를 위하여' - 이것이 저의 대답입니다.

저는 누가 무어라 해도 '시'와 '삶'은 하나라고 굳게 믿습니다. 저의 삶이 잠시도 쉬지 않고 살아 움직이고 있는 것이라면, 그래서 전력투구 온몸으로 저의 삶을 사랑하며 살아가고 있는 것이라면, 저의 시 또한 그러리라 믿어 의심치 않습니다.

그러기에 저의 시에는 가장 가까이 저의 가족사가 많습니다. 그러나 이 가족사가 한정된 범주의 저만의 가족사에만 머무르게 하는 것이 아니라 온 인간사, 나아가서 모든 생명 있는 것에까지 확산되기를 바랍니다. 예컨대 다음과 같은 시 한 편을 보겠습니다.

> 시월이라 청자빛 우리나라 하늘 닮은
> 만고에 순하디순한 우리네 許松氏는
> 일자나 한 자도 무식에 무식이지만
> 아들 딸 서울 유학에 발톱 빠진 許松氏는
> 젊었을 적엔 머슴도 했다 소작도 했다
> 고향 그리워 고향 찾아 돌아오던 날 밤
> 젤 먼저 물꼬부터 훑으면서 눈물 씹던 許松氏는
> 국법을 조심하고 국토를 중히 하야
> 전라도 순천땅 닷마지기 논배미에 혼을 거두는
> 초야의 잡초보다 질긴 심줄 許松氏는

이마에 흐르는 땀이 푸르딩딩 번득거린
허허청청 달도 밝은 이 한밤
짚가리 옆에 쭈그려 지성으로 낫을 가는 許松氏는
조선낫이사 잘 들어야지야, 암 잘들어야지야 다짐하며
황토내음 오금 박힌 손바닥에 탁탁 침 뱉는 許松氏는
살아야 밍命인께, 먹어야 뵉福인께
푸른 댓잎 서걱이는 소리로
하얗게 하얗게 밤이슬에 젖어드는
낼 모래가 환갑이신 우리네 許松氏는

- 허형만, 「許松氏」 전문

이 시는 80년대 초반에 씌어져 ≪현대문학≫에 발표되고, 그 후 두 번째 시집 『풀잎이 하나님에게』(1984, 영언문화사)에 실린 작품입니다.

이 시에 등장하는 '許松氏'는 실제 인물로 지금은 작고하신 필자의 숙부님이십니다. 이 시 어느 한 구절에도 거짓은 없습니다. 그만큼 숙부님의 삶의 역사가 허튼 기교도 없이 과장도 없이 있는 그대로 객관성을 띠고 있습니다.

그러나 어찌 저의 숙부님이신 '許松氏' 한 분만의 삶의 역사이겠습니까? 이는 곧 이 나라 이 땅에 뿌리박고 살아가는 우리네 농투사니 모두의 이야기이지 않겠습니까?

하이덱거(Heidegger)는 말합니다. 언어라는 것은 인간이 역사의 존재로 존재할 수 있는 보증을 한다고, 언어란 인간존재의 드높은 가능성을 좌우할 수 있는 계기라고.

그래서일까. 다음과 같은 시를 쓰던 날 밤은 퍽도 많이 울었던 기억이 새롭습니다.

비 나리는 밤이면
어머니는
팔순의 외할머니 생각에
방문 여는 버릇이 있다.

방문을 열면
눈먼 외할머니 소식이
소문으로 묻어 들려오는지
밤비 흔들리는 소리에 기대앉던
육순의 어머니.

공양미 삼백석이야 판소리에나 있는 거
어쩔 수 없는 가난을 씹고 살지만
꿈자리가 뒤숭숭하시다며
외가댁에 다녀오신 오늘,

묘하게도 밤비 내리고
방문을 여신 어머니는
밤비 흔들리는 소리에 젖어

- 차라리 돌아가시제.
돌아가시제.

- 허형만, 「밤비」 전문

갓 태어났을 때부터 저는 외할머니의 사랑과 정성 속에서 자랐습니다. 그 외할머니는 눈먼 채로 아흔 중반에 돌아가셨습니다. 따라서 이 시 역시 80년대 초에 씌어져 그 후 ≪현대문학≫과 무크지 ≪살아있는 시≫에 실린 뒤 세 번째 시집 『모기장을 걷는다』(1985, 오상출판사)에 수록되었습니다.

이 시를 쓰면서 저는 앞서 밝혔듯 한없는 울음을 울었습니다. 그것은 아마도 밤비가 주는 분위기와 창호지 방문을 여시고 멍하니 빗속의 먼 허공을 바라보시는 어머니의 모습, 그리고 외할머니 생각 끝에 내뱉으신 독백 등이 한데 어우러져 가슴을 저미었기 때문이었을 터입니다.

그러나 제가 이 시를 쓸 수밖에 없었던 것은 마지막 연, 어머니의 기가 막힌 넋두리, 한숨 섞인 그 독백의 충격이 너무 컸기 때문이었습니다. 아마도 그것은 당시 육순의 어머니와 팔순의 외할머니를 통해 이 땅의 모든 여인의 인간사를 시로써 서사화할 수 있으리라는 믿음이 강했지 않았나 싶습니다.

그 후 저의 시는 80년대 중반을 넘어서 후반으로 오면서 정치적·사회적 상황 속에서 당시 시대가 내리꽂는 뜨거운 문초에 아파하며 그 대답으로 여섯 번째 시집 『供草』(1988, 문학세계사)를, 그리고 북녘시인에게 띄우는 형식의 화해와 통일의 조국을 갈망하는 일곱 번째 시집 『진달래 산천』(1991, 황토)을 내놓았습니다. 두 권 모두 연작시 형태로 발표된 시들로써 각각 한 가지 주제의식 속에 이루어진 결과였습니다.

그만큼 시상의 체험은 항상 새로운 의미를 갖게 하고, 그것은 관념과 관습과 나태를 거부합니다. 횔덜린의 말처럼 시인은 신이 내리는 번갯불을 끊임없이 쐐야 하고, 제비처럼 자유로워야 하기 때문입니다. 파블로 네루다의 말처럼 사람은 날지 않으면 길을 잃기 마련이고, 새들의 비상을 보며 나는 법을 배우지 않으면 안 되기 때문입니다.

저는 오늘도 시를 씁니다. 시를 쓰는 순간. 살아 있는 자신을 확인

합니다. 저는 시를 쓸 때마다 시는 곧 저에게 있어 생명의 입맞춤이며 빛이며 목마른 희망이라는 신념으로 씁니다. 적어도 저에겐 고도의 기교나 말장난은 없습니다. 더더욱 어떤 아류나 유파나 유행성출혈병과는 거리가 멉니다.

오직 '역사 속에서의 시인의 존재 가치'가 무엇인가에 대한 스스로의 물음에 답하기 위해 진솔한 삶을 살아가고 있을 뿐이며, 이러한 진솔한 삶의 역사를 새로운 언어로 쓰고자 지난한 몸짓을 멈추지 않을 뿐입니다.

8. 여행, 그 정신의 깊이

8-1

한때 "인생은 나그네 길 어디서 왔다가 어디로 가는가"라는 노래를 즐겨 부른 적이 있었습니다. 어느 시인은 이 세상에 소풍 와서 잘 놀다 간다고 말하기도 했습니다. 한사코 색즉시공이요 공즉시색이라는 말을 인용하지 않더라도 우리는 저 세상에서 이 세상으로 여행 왔다가 때 되면 저 세상으로 또 다시 여행을 떠나지요. 그런데 희한하게도 그 누구도 이 세상에 오기 전의 저 세상에서 여행한 것은 모르고 있다는 겁니다. 물론 전생을 안다느니 다음 세상을 다녀왔다느니 하는 사람도 없지는 않으나 거의 대부분 사람들은 오로지 현세에서의 여행을 기억하고는 끝이지요.

생이라는 긴 여행. 고해이니 깨달아야 한다고도 하고 죄를 많이 지었으니 회개하고 구원받아야 한다고 하는 이 세상에서의 삶이란 결국 우리가 이 우주 어느 한 곳을 여행하고 있다는 사실을 분명하게 하지요. 그러니 시란 게 생이라는 긴 여행 속에서 찾아내는 물과 같은 겁니다. 맑고 청량한 물일수록 맛과 감동이 깊을 수밖에요. 보고 듣고, 아니 보이지 않고 듣지 못하는 것까지 오감을 넘어선 육감으로 느끼며 만지며 여행하노라면 이 세상천지가 다 시의 샘입니다.

예컨대 충청북도 제천시 백운면 애련리 198번지에 수줍은 야생화처럼 숨어 있는 백운초등학교 옛 애련분교가 있고 이곳에서 오탁번 김은자 시인 부부가 '원서문학관'을 차려놓고 어쩌다 찾아오는 사람들을 맞이하곤 하는데 나도 몇 차례 다녀와 그 마을 애련리와 '원서문학관' 앞의 3백 50년 되었다는 느티나무에 대해서 최근에 이렇게

셨습니다.

애련리
하고, 혀로 알사탕 녹이듯 굴리면
솜병아리 얘리얘리한 주둥이 같아 애련타

박달재를 바름바름 넘어온
솔솔바람 소소소 다리품 쉬다가
소르르 잠이 들 것 같은,
설피해지면 천등산이 거느린 그늘들
바스스 일어나 어미 품으로 돌아갈 것 같은,

애련리
하고, 혀로 소릇이 또 한 번 굴리면
팔느락팔느락 저녁연기 같아 애련타

-허형만, 「애련리」 전문

백운면 애련리에
세수 삼백오십 세가 되셨다는
느티나무 한 그루 가부좌 틀고 계셨다
수많은 사리들을 거느리시며

내가 보기엔 나이보다 훨씬 더 들어보이시지만
원래 사람이 매긴 나이란 게
허망하고 믿을 것이 못되는지라
그냥 그러려니 하고 그 넓으신 그늘에 쉬다가

어찌나 한기가 드는지 벌떡 일어나
두 손 모으고 우듬지가 보일 때까지 우러렀다

한사코 햇살만은 아닐 터
휘추리와 애채 사이를 포롱포롱 건너다니는
멧새의 깜찍한 발가락이 은비늘처럼 번득였다
그때였다 수많은 사리들은 서로 몸을 비벼댔고
고요한 파동은 서서히 하늘을 밀어 올리고 있었다

백운면 애련리에
세수 삼백오십 세와는 무관한
수많은 사리를 거느리신 분 한 분 계셨다
세상의 발자국도 가는 체로 걸러내시며
계신 듯 아니 계신 듯

-허형만, 「사리를 거느리시는 분」 전문

애련리 마을을 다녀와 위의 두 편을 만났으니 나는 참으로 행복한 사람이지요. 저로서는 즐거운 시의 여행이었고 동시에 가슴 뿌듯한 생의 일부였습니다. 제가 그 산골마을 애련리를 찾아가지 않았더라면 어찌 시가 저의 품에 안겼겠습니까. 그렇습니다. 세상을 즐겁게 여행하면 즐겁고 기분 나쁘게 여행하면 기분 나쁜 겁니다. 세상을 고맙게 바라보면 피는 꽃도 눈물겹고 세상을 원망하며 투덜거리면 다사로운 햇살도 지겨운 법입니다. 시도 마찬가지여서 향기 나는 시가 있는가 하면 생선 냄새 풍기는 시가 있습니다. 읽으면 포근하고 웃음이 번지는 시가 있는가 하면 읽고 나서 괜히 짜증이 나려고 하는 시가 있습니다. 생이라는 긴 여행 중에 만난 어떤 시는 누추한 방이지만 모셔다가 발을 씻겨주고 싶을 때가 있지만 어떤 시는 차라리 아니 만남만 못해 등 돌리며 후회할 때가 있습니다. 오늘 제가 말하는 시는 곧 시인이라는 이름의 사람됨과도 같습니다. 따라서 시 앞에서 겸손하지 않고 시를 함부로 농하는 자는 참된 시인이 아니니 좋은 시, 좋은 시인을 가려볼 줄 아는 혜안을 기르는 것도 시를 쓰는 사람이 갖춰야 할 덕목입니다.

8-2

80년대 중반 최동호 교수가 정신사적 관점에서 한국현대시사를 정리한 적이 있습니다. 이름하여 『현대시의 정신사』(1985, 열음사)가 그것입니다. 이 책은 우리 시가 시대와 시대를 잇는 시대정신의 도도한 힘을 시적 언어로 표현해 왔음에 대한 하나의 논증인 셈인데, 최동호는 자신의 관점을 한 마디로 "시는 정신의 표현이며, 시의 역사는 정신의 역사"로 요약하면서 우리의 시사에 대한 논의는 이와 같은 관점에서 출발되어야 할 것이라고 주장했습니다. 당시 최동호의 이 저서를 저는 전공 수업시간에 교재로 쓸 만큼 좋아했습니다.

90년대에 들어서면서 우리 시단은 '시의 정신'과 '시의 위의'에 대해 다시 한번 반성하고 실천하고자 하는 자아각성의 흐름이 싹트기 시작했습니다. 이은봉과 박윤우가 잘 지적했듯이 역시 '정신주의 시'는 90년대 이후 새로운 시적 현상 중에서 가장 주목할 만한 흐름임이 틀림없습니다. '정신주의 시'가 전통 서정시와 맥을 함께하고 있으면서도 결국 생명시로 나아가는 새로운 서정시의 한 운동, 또는 시적 성찰을 위한 한 방법이라고 했을 때 90년대 중반 광주에서의 ≪시와 사람≫과 90년대 후반 서울에서의 ≪시안≫, 창원에서의 ≪시와생명≫, 부산에서의 ≪신생≫ 발간은 그러한 방법론을 모색하고 실천하는 장으로서의 역할을 감당해 왔던 것으로 보입니다.

따라서 우리는 오늘날 틈만 있으면 거론되고 있는 소위 '시의 위기설'을 불식하고 시 정신을 올곧게 지켜가는 작품들을 찾아내는 일에 소홀히 해서는 안 될 것입니다.

> 낙안 성문 터 손 시린 바람에 버렸던 벌교 참 꼬막 정밀한 줄무늬 화순 야산까지 따라왔네. 쌍봉사 철감선사 부도 지붕돌 정교한 기왓골 솜씨에 살아 있는 알뜰한 마음씨. 휘어지는 허리 드러내며 흘러내리는 기왓골 보일락 말락 감아올리는 처마 끝에 골무만한 연꽃 앙증스럽게 피어 있네. 살강살강 대숲을 건너는 해묵은 바람 소리 비집고 이름 없는 석공이 남긴 사투리 반짝이는 앞니처럼 싱싱하게 들리네.
>
> 겉으로 드러나는 아름다움의 허망함 미리 깨달은 정신의 깊이 역력하다. 마한의 억양 배어 있는 익산 미륵산 산자락 회한의 흙 밑에 숨어서 견딘 손바닥만한 연꽃 한 송이의 완벽한 짜임새 청동거울만한 해만큼 눈부시다. 가슴에 묻어둔 불씨로 구워낸 듯 두려움처럼 서서히 살아나는 풀빛 유약의 은은한 결. 풍화를 이겨낸 녹유에서 만경강 노을 울먹이는 아득한 들녘 선명하게 떠오르네. 먼 지평에서 물결치는 불멸의 풀빛보아라. 아름다움은 언제나 변방에 있다.
>
> - 허만하, 「변방의 연꽃」 전문

허만하의 시에는 여행기가 많습니다. 그의 두 번째 시집 『비는 수직으로 서서 죽는다』와 세 번째 시집 『물은 목마름 쪽으로 흐른다』 공히 그의 시적 사유는 대부분 여행을 통해 이루어지고 있습니다. 다만 그의 여행기가 일반적인 시인들의 일상적 순례기와 다른 점은 김우창이 말했던 것처럼 '삶을 에워싸고 있는 시공간의 거대함'에 있습니다. 그만큼 시적 사유의 공간이 넓고 깊다는 말이 됩니다.

이 시 역시 부산에서 순천으로 와 낙안읍성을 보고 목조탑으로 유명한 화순 쌍봉사를 거쳐 익산 미륵산 산자락을 휘돌아 가는 시인의 모습이 훤합니다. 그러나 이 시가 우리에게 보여주는 것은 그렇게 단순한 여행의 길에 있지 않습니다. 이 시는 버려지고 잊혀져 그냥 지나치기 마련인 사물에 대한 깊은 통찰력을 통해 소멸했다고 믿어버린 생명의 역사를 다시금 부활시키고 있다는 점에서 우리에게 새로운 감동으로 다가옵니다.

이 시가 우리에게 말하고자 하는 '정신의 깊이'는 과연 무엇일까요. "겉으로 드러나는 아름다움의 허망함"을 미리 깨달은 그 '정신의 깊이'의 상징물은 물론 변방의 '연꽃'입니다. 쌍봉사 철감선사 부도 지붕 처마 끝에 정교하게 새겨진 골무만한 '연꽃', 그리고 익산 미륵산 산자락 흙 밑에서 발견된 손바닥만한 도예 '연꽃'이 바로 시인이 말하고자 하는 '정신의 깊이'의 상징물입니다. 그런데 하나는 "앙증스럽게 피어" 있고, 또 하나는 "청동거울 해만큼 눈"부신 '연꽃'이 한결같이 중앙(중심부)에 있지 않고 변방(변두리)에 있다는 시적 인식에 우리는 주목할 필요가 있습니다.

사실 화순 야산에서 발견된 참 꼬막의 정밀한 줄무늬나 살강살강 대숲을 건너는 해묵은 바람 소리나 먼 지평에서 물결치는 불멸의 풀빛들은 모두 변방에 존재하는 생명들입니다. 이처럼 시인은 변방에 존재하는 생명들, 그것이 비록 소멸해 가는 생명들일지라도 그 생명의 역사는 모두 아름답다고 단언합니다. 오늘날 정치가 그렇고 사회가 그렇고 심지어 문화까지도 모두들 중앙(중심부)에 몰려있는 세태 속에서 참다운 아름다움은 언제나 변방에 있다고 믿는 시인이 있어 또한 변방의 생명들이 더 빛나는지도 모를 일입니다.

도로변의 절벽 바위마다
흰색 사다리가 수없이 그려져 있다

죽은 영혼이

하늘로 올라가라고
그려진 사다리마다 뜨거운 햇살을 받는다

이승의 꽃물도 바람도 탈탈 털고
사다리를 타고 오르는 하얀 맨발들을 본다

-허형만, 「영혼의 사다리 - 티베트 기행 · 3」 전문

미얀마에서는 파고다에 들어설 때마다
신발을 벗어야 한다
미얀마에서는 부처님 앞에서
맨발이어야 한다
맨발처럼 가장 낮은 마음이 세상에 또 있을까

지상의 고독, 지상의 슬픔도
모두 맨발보다 더 위에 떠도는 것
고개를 숙이고, 허리를 공처럼 구부려야
따가운 지상과 입 맞추는 맨발이 보이느니
맨발은 자신이 지상에서
가장 겸손한 존재임을 안다
맨발은 자신이 저 세상으로 건너가는
가장 순수한 영혼임을 안다

-허형만, 「맨발」 전문

아리조나 사막을 지나
유타의 작은 마을에 도착하니
나보다 먼저 도착한 반달이
저녁상을 차려놓고 기다리고 있었다

오래전 서부 개척 시절
낡은 역마차를 타고 온

나처럼 쓸쓸한 사나이도
오늘처럼 반달과 함께
저녁 식탁에 앉았을까

별빛 머금은 푸른 꽃잎들
서부의 이 작은 마을을
꽃초롱처럼 환히 밝혀주는 밤
사랑이여, 내가 잠들지 못하리라

-허형만, 「반달」 전문

9. 환경과 생명시

문학, 특히 시 쪽에서 보면 소설 쪽보다 농촌 농민의 삶과 현실에 대해 훨씬 소극적이었음을 우리는 한국 현대시문학사를 통해 확인해 볼 수 있습니다.

일반적으로 농촌이 고향으로 인식되는 한, 고향인 농촌은 우리에게 꿈이요 생명의 젖줄로 자리 잡고 있습니다. 그런데도 도시 문명의 파편이 날아들고 본원적 모습이 상실되는 고향 - 농촌의 현실 앞에서 아름다운 서정시는 찾아보기 힘들게 되고 그 대신 이제 고향 - 농촌의 환경과 생태계의 파괴, 나아가 인간과 삶의 위기를 경고하며 '생명' 그 자체의 위협까지를 포괄하는 시 쓰기 논의가 90년대 이후 본격적으로 진행됐습니다. 그것은 60년대 이후 경제성장과 개발독재의 횡포 내지는 온갖 부작용에 대한 반사이익인지도 모릅니다.

오늘날 '생명시'라 했을 때 기실은 생태학과 시의 합성어인 '생태시'로부터 출발합니다. 생태시는 1950년대 이후부터 독일 내에서 문단의 주목을 받기 시작하여 1970년대에 현대시의 일종으로서 뚜렷한 성격을 나타냈으며, '생태시'라는 명칭은 1771년 뮌헨에서 발간된 공동시집 『직선들의 폭풍우 속에서, 독일의 생태시 1950~1980』(송용구 역주, 시문학사, 1998)로부터 처음 도입되었습니다.

생태시는 생명체와 그 주변 환경과의 연관성을 규명하는 생태학적 인식과 환경보호운동의 여러 이념을 바탕으로 전개되는 '자연시'의 일종입니다. 한편, 저항의 언어를 구체적으로 표현하는 현실 참여적 속성에 근거한 '저항시' 또는 '정치시'의 일종일 수 있습니다. 이러한 견해는 독일의 경우이지만 한국의 경우도 예외는 아니었습니다.

7, 80년대 분단에 따른 반공이데올로기와 군사독재가 낳은 경제개

발 우위론의 성장이데올로기는 환경 문제를 국가안보와 직결시킴으로써 아예 거론조차 못 하게 통제했음에도 80년대 말 신경림, 고은 등 민중시 계열의 원로들이 본격적으로 환경오염과 공해문제를 시로 드러내기 시작했습니다. (물론 1974년 3월 20일 서울 YWCA강당에서 개최된 ≪문학사상≫ 주최 문학의 밤에서 "지구 전체가/폐결핵의 말기 증상을 보이며 喀血하고 있다"라고 경고한 성찬경의 시 「공해시대와 시인」이 우리 현대시사의 첫 환경 생명시에 해당하지만 당시로서는 큰 호응을 얻지 못했고, 이어 최승호의 『대설주의보』(1983)가 도시 문명 비판이라는 점에서 관심을 높인 바 있습니다)

한국 현대시사에서 환경, 생명시의 논의와 시 쓰기가 본격적으로 이루어진 것은 1990년에서부터입니다. 소위 생태학적 상상력 또는 생태환경에의 관심으로 써지고 논의되기 시작한 독일어식 '생태시'에 관해 이동승의 '독일의 생태시'(≪외국문학≫, 1770, 겨울호), ≪창작과비평≫의 '생태계의 위기와 민족 민주 운동의 사상' 좌담(1990, 겨울호), 생태환경시집 『새들은 왜 녹색별을 떠나는가』('91), 1991년 말 김종철이 창간한 ≪녹색평론≫, 고형렬의 장시 「리틀보이」(1990)와 시집 『서울 안녕한가』(1991), 김지하의 「생명과 환경」, 김성곤의 「문학의 생태학을 위하여」(≪외국문학≫, 1990), 이경호의 「풀무치 눈에 보이는 초록의 길」(1991) 등등이 있습니다.

90년대에 들어서 환경 생명에 관한 문학적 대응이 소설 쪽보다 오히려 시 쪽에서 예민하게 받아들여지고 있음을 알 수 있습니다. 최동호는 그 이유를 두 가지로 보고 있는데, 첫째는 마르크시즘 이데올로기의 몰락으로 인해 문학적 쟁점의 창출을 위한 문학적 전략으로서의 민첩한 대응이며, 둘째는 도시적 세속주의에 대한 반작용으로써 자연에 대한 관심 고조 등입니다.

그러나 이러한 90년대 시문학이 환경 생명시에 집중적으로 관심을 보이게 된 기저에 특히 우리가 주목하고자 하는 것은 1991년 말 ≪녹색평론≫을 통해 생명운동에 앞장선 문예비평가 김종철입니다. ≪녹색평론≫ 창간사의 일부는 이렇습니다.

> 우리와 우리의 자식들이 살아남고, 살아남을 뿐 아니라, 진실로 사람다운 사람을 누릴 수 있기 위해서 우리가 할 수 있는 것은 협동적인 공동체를 만들고, 상부상조의 사회관계를 회복하고, 하늘과 땅의 이치에 따르는 농업중심의 경제생활을 창조적으로 복구하는 것과 같은 생태적으로 건강한 생활을 조직하는 일밖에 다른 선택이 없다.

이 글은 협동적인 공동체 조직과 상부상조의 사회관계 회복은 필연적인 서구적 산업문명의 결과인 생태학적 재난에 대한 강구책으로 이해될 수 있을 것입니다. 더욱이 하늘과 땅의 이치에 따르는 농업중심의 경제생활을 창조적으로 복구할 것을 주장하는 이면에는 농산물 수입개방으로 인한 농민들의 피폐함과 우리의 농업경제의 몰락을 방치할 수 없음을 간파한 것입니다. 바로 이러한 현실인식이 환경 생명시와 직결될 때 참다운 문학성이 구현될 줄 압니다. 이것은 곧 생태학적 상상력에 의해 써지고 있는 각종 경향의 시세계를 극복할 수 있음에서입니다. 방금 앞에서 '각종 경향의 시세계'라고 말한 것은 1980년대 중반과 후반의 '민중시', '도시시'의 유행을 넘어선 1990년대의 '생태시' 전반을 일컫는 것으로 참고로 몇 가지 유형 분류를 점검해보면 다음과 같습니다.

첫째, 이건청의 세 가지 분류입니다. 이건청은 생태환경의 문제가 어떠한 이념보다 절박한 시적 현실임을 주장하면서 ① 이형기의 「전천후 산성비」, 신경림의 「이제 이 땅은 썩어만 가고 있는 것은 아니다」, 최승호의 「공장지대」 등 생태환경 파괴의 심각성을 직접 노래함으로써 문제의식을 부각하는 시 ② 김광규의 「서울꿩」, 이승하의 「돌아오지 않는 새를 기다리며」 등 생태파괴나 환경오염으로 인해 당면하고 있는 비극적 상황을 형상화한 시 ③ 이수익의 「새」, 정현종의 「환합니다」 등 생명의 존귀함을 노래함으로써 생명 보존의 필요성을 역설한 시로 나눈 바 있습니다.

둘째, 남송우는 식물적 이미지를 추구하고 있는 시, 인간의 영혼에 대한 새로운 각성과 신성성을 통해서도 생명 시학은 수립되어야 한다면서 ① 김지하의 「생명」에서 보이듯 생명 자체를 다루고 있는 시편 ② 장옥관의 「무꽃」, 고재종의 「면면함에 대하여」, 이동순의 「나무에 대하여」에서 보이는 식물적 이미지를 통해 생명의식을 노래하는 시편 ③ 조정권의 「산정묘지」, 「신성한 숲」의 연작에서 보이는 신생의 꿈을 통해 생명의식을 고양시키는 시편들로 분류했습니다.

셋째, 송희복의 분류입니다. 생태시를 생태학적 인식을 바탕으로 환경문제를 다루고 있는 시로 규정하고 ① 이형기, 신경림, 최승호 등과 같은 생태학적 문명비판시(손상된 세계의 시, 세계의 종말을 예언하는 묵시론적인 시, 훼손된 자연과 파괴된 자연생태계를 다양한 방법으로 묘사하는 고발의 시, 자연의 순환적 질서와 파괴되는 문명시대에 살고 있음을 확인하는 시편) ② 김지하, 정현종, 고재종 등과 같은 생태학적 서정시(생명의 조화와 환희와 교감을 노래하면서 동양적 융합의 세계관, 삶의 순화적 질서에 대한 낙관적 전망을 내포한 시) 등입니다.

넷째, 최동호의 분류로, 그는 현실문제로 다가온 생태파괴적 상황에서 과연 우리 시가 어떻게 반응했는가라는 측면에서 ① 김규동, 신경림, 김지하, 이동순, 김명순, 고형렬, 김신용에 의해 쓰인 민중적 생태지향시(환경보호 차원에서 체제 비판적 성향을 내포한다) ② 이형기, 성찬경, 이건청, 이수익, 이문재, 박용하, 허수경에 의해 쓰인 전통적 생태지향시(정신과 물질을 구분하지 않는 자연관에 바탕을 둔다) ③ 정현종, 이하석, 김광규, 최승호, 장정일, 유하 등에 의해 쓰인 모더니즘적 생태지향시(문명의 뒤켠을 시적 소재로 한다) 등입니다.

다섯째, 이숭원은 생태학적 상상력의 시가 왜곡된 현상을 그대로 보여주는 것과 그 왜곡을 바로 잡을 수 있는 새로운 가치의 세계를 모색하는 경향으로 보여진다면서 ① 이건청, 최승호, 정일근, 엄원태, 이승하 등 우리가 처한 생태환경의 오염실태를 제시하면서 고발과 비판과 분노의 목소리를 담은 시편들 ② 김지하, 고재종, 나희덕 등 훼손된 삶의 공간에서 우리는 어떠한 정신의 변화를 도모해야 하는가를 제시한 자연과 생명의 새로운 인식의 시편들 등입니다.

지금까지 우리는 한국현대시사에서 보이는 생태학적 상상력에 의해 써진 시들의 흐름과 유형을 살펴보았습니다. 지금까지 '생태시', '환경시', '공해시', '생태환경시', '생명문학적 시', '생명시' 등 다양한 명칭을 필자가 고집스레 '생명시'로 통일해 써 오고 있음도 드러났습니다. (이 점에 있어서는 환경시나 생태시라는 명칭이 자연과 인간, 인간과 문명의 관계에서 '인간'이 강조된 개념입니다. 그러나 오늘날 생태계 파괴로 인한 생명의 위기가 인간의 위기에 국한되지 않고, 모든 '생명'의 존폐문제라는 점에서 '생명시'란 명칭을 사용하고 있는 신덕룡의 견해에 필자도 동감하기 때문입니다)

그러면 이제 남은 문제는 이러한 생명의 존폐 문제를 직시하고 통찰한 시적 실천입니다. 특히 농촌-농민문학과 연관 지어 볼 때 대체적으로 도시 문명에 잠식되거나 파괴되어 가는 농촌의 현실과 농민의 아픔을 노래한 것과 과거 농경시대의 평화로웠던 꿈을 노래하는 것으로 나누어집니다. 전자는 이농 현상으로 말미암은 폐가가 시적 소재로 상당히 다루어졌지만, 후자는 현실 인식이 결여된 안일한 낭만적 향수에 젖어있음이 발견됩니다.

이제 생명시의 문학적 성취는 도시나 공단, 강과 바다만의 소재성에서 벗어나 농촌-농민의 현실까지도 폭이 넓혀질 때 가치가 있을 것입니다. 구중서가 말하듯 기계문명의 폐해 자체를 거부하는 소박주의나 막연한 초월주의도 경계해야 하지만 이희중이 말하듯 생태학적 위기와 환경의 문제를 이데올로기화하고 그 이데올로기에 매달려 자칫 빠질 수 있는 매너리즘도 경계해야 합니다. 따라서 오늘의 시점에서 농촌-농민문학도 도식적이고 관념적인 접근방식에서 벗어나 대상에 대한 깊은 현실 인식과 진지한 접근이 요구되며 이를 바탕으로 한 실천적인 시적 대응이 모색되어야 할 줄 압니다. 이 길이 곧 인간과 자연이 하나 되는 에코토피아(Ecotopia)로 가는 길일 터입니다.

*본문에 거론된 시인들의 작품들을 찾아 읽어봅시다.

10. 시적 몽상과 놀이

저는 한때 꿈속에서도 시를 쓴 적이 있습니다. 시에 한창 미쳤을 때, 그러니까 60년대 대학시절인 것 같습니다. 꿈속에서 아무것도 씌어 있지 않은 화선지를 걸어놓고 일필휘지 시를 써 내려갔습니다. 그러곤, 제가 생각하기에도 만족하여, 비록 꿈속이지만 "깨어나면 이대로 원고지에 옮겨야지" 하며 제법 외우기까지 했더랬는데 꿈에서 깨고 나면 아무것도 생각나지 않았습니다.

이런 경험은 유신 시절의 군대에서도, 그리고 광주 민주화운동을 직접 겪은 후 80년대에도 종종 일어났습니다. 꿈을 꾸는 일, 그것은 곧 시를 쓰는 일이라는 신념으로 미치게 시를 써댔습니다. 최루탄 속에서 대학시절을 보내며 이 지독한 눈물 흘리지 않을 날이 머지않으리라는 희망은 절망으로 변했고, 80년대 대학 강단에서도 20여 년 전 제가 그랬던 것처럼 변함없이 최루탄 때문에 그 지독한 눈물을 흘리는 제자들 앞에서 절망은 희망을 낳는다고 강변하며 무려 여섯 권의 시집을 마치 각혈처럼 쏟아냈습니다.[8)]

새로이 이사를 와서
형편없이 더럽게 슬어 있는
흑갈빛 대문의 녹을 닦으며
내 지나온 생애에는

---

8) 시집 『풀잎이 하나님에게』(영언문화사, 1984) 『모기장을 걷는다』(오상출판사, 1985) 『입맞추기』(전예원, 1987) 『이 어둠 속에 쭈그려 앉아』(종로서적, 1988) 『供草』(문학세계사, 1988) 『진달래 산천』(황토, 1991-이 시집은 80년대 마지막 작품들임)

얼마나 지독한 녹이 슬어 있을지
부끄럽고 죄스러워 손이 아린 줄 몰랐다
나는, 대문의 녹을 닦으며
내 깊고 어두운 생명 저 편을 보았다
비늘처럼 총총히 돋혀 있는
회한의 슬픈 역사 그것은 바다 위에서
혼신의 힘으로 일어서는 빗방울
그리 살아온
마흔세 해 수많은 불면의 촉수가
노을 앞에서 바람 앞에서
철없이 울먹였던 뽀오얀 사랑까지
바로 내 영혼 깊숙이
칙칙하게 녹이 되어 슬어 있음을 보고
손가락이 부르트도록
온몸으로 온몸으로 문지르고 있었다.

-허형만, 「녹을 닦으며-供草 14」 전문[9)]

지금으로부터 30년 전, 저는 그 절망의 시기에 '희망의 시대'를 꿈꾸며 저 자신과 시대에 대한 참회록을 썼습니다. 그리고 강의 시간에는 "사람은 날지 않으면 길을 잃는다"라고 누누이 강조했습니다. 그렇습니다. 시인이 꿈꾼다는 것. 흔히 꿈은 현실의 반대라거나, 꿈보다 해몽이 좋다고들 말합니다만, 글쎄요, 상상력의 자유로운 유희[10)], 꿈꾸지 않고 써지는 작품이 과연 있을까 싶습니다.

---

9) 허형만, 『供草』, 문학세계사, 1988, 27쪽.

10) 이 말은 앨빈 커넌(Alvin Kernan)이 그의 저서 『문학의 죽음』에서 한 말이다. 앨빈 커넌, 최인자 역, 『문학의 죽음』, 문학동네, 1999, 160쪽. 국어사전에는 '유희遊戱'와 '놀이'를 같은 의미로 해석하고 있다.

그런데 이러한 꿈은 순수했을 때 더 많이 꾸는 것 같습니다. 어렸을 때, 저 높은 산꼭대기에서 한없이 미끄러져 내려오는 꿈에서 놀라 소스라쳐 깨어난 일이라거나 훨씬 나중에 어른이 되어 본 영화 ET에서처럼 하늘을 둥둥 날아오르며 꿈속에서도 호수워서[11] 히죽히죽 웃었던 기억들뿐만 아니라 또래 여자애들과 사금파리와 꼬막 껍데기로 빠꿈살이[12] 놀이를 하는 중에 어른이 무언지도 모르면서 어른들을 흉내 내며 어른을 꿈꾼다거나 술래잡기, 딱지치기, 구슬치기와 자치기 놀이에 몰두하느라 저녁밥 다 지은 어머니가 밥 먹으라고 목청껏 부르셔도 못 들은 척하며 우리만의 세상을 꿈꾸었던 걸 생각해보면 꿈이란 아무래도 순수해야 하고, 그 순수성 속에서 결국 작품도 창조되는 것이 아닌가 생각됩니다.

그래서 프로이트Sigmund Freud도 문학적 성향의 최초의 흔적들을 찾아야 한다면 어린아이들에게서 찾아야 한다고 생각했는지 모르겠습니다. 왜냐하면 어린아이가 가장 애착을 느끼고 몰두하는 것은 놀이이기 때문이지요. 그는 말합니다. "어쩌면 우리는 놀고 있는 아이야말로 자기만의 세계를 창조하고 있다는 면에서, 혹은 좀 더 정확히 말하자면, 그 세계의 사물들을 새로운 질서에 맞추어 자신의 취향에 따라 배치하고 있다는 면에서 마치 한 사람의 시인처럼 행동한다고 말할 수 있을 것이다."[13]라고. 그러기에 프로이트는 "문학 창조자는 결국 놀이를 하는 아이와 동일한 것을 하고 있는 것이다. 그 역시 몽상적 세계를 창조하고 있는 것이고 그 세계를 진지하게 여기고 있다.

11) 흔들거리는 것을 탈 때 느끼는 재미를 표현하는 전남 방언. 기본형은 호:숩다.
12) 소꿉놀이의 전남 방언.
13) 지그문트 프로이트, 정장진 역, 『창조적인 작가와 몽상』, 열린책들, 1996, 82쪽.

다시 말해, 현실과 자신의 몽상적 세계를 선명하게 구분하면서도 창조 행위에 엄청난 양의 정의적情意的 움직임을 쏟고 있는 것"14)이라고 믿고 있습니다.

그런데 인간의 몽상과 정서가 식물의 몽상과 정서와 다르지 않다고 본 오탁번 시인은 이 프로이트의 시적 몽상론에 대해 더욱 구체적으로 설명하고 있습니다.

> 인간은 꿈을 꾼다. 슬픔과 기쁨의 꿈을 꾸고 밥을 먹고 차를 마시고 포도주를 마신다. 식물도 꿈을 꾼다. 슬픔과 기쁨의 꿈을 꾸고 흙의 영양분을 먹고 수분을 섭취하기 위하여 이슬과 빗방울을 마신다.
>
> (중략) 나는 이렇게 말하고 싶다-좋은 시야말로 진정한 우주적 존재가 아닌가 싶다. 무의식과 신화의 세계에 깊숙이 숨어 있는 인간적 소망을 비유와 상징으로 잡아당겨 완벽한 작품으로 재현하는 시인들의 몽상이야말로 정말 기막힌 마법이 아닌가!15)

인간의 몽상과 정서를 그대로 구현하고 있는 식물에 대한 오탁번의 발견은 곧 '몽상'에 관한 사유에 다름아닙니다. '원주중학교 2학년 2반 오탁번 군'의 천진난만하고 순수한 놀이로서의 술래잡기와도 같은 몽상은 시를 읽는 것이 아니라 시를 숨 쉰다고 말하는 정현종 시인에게 와서 시의 숨의 원천이 밝혀집니다.

> 숲이 산소의 원천이듯이, 시의 숨의 원천, 따라서 우리의 숨의 원천이 꿈입니다. 한국어의 <꿈>이라는 말은 상상, 몽상, 이상, 비전, 잠자면서

14) 위의 책, 83쪽.

15) 오탁번, 『오탁번 詩話-아직 태어나지 않은 시인을 위하여』, 나남출판, 1998, 14~15쪽.

꾸는 꿈, 야심 등의 말들이 뜻하는 의미들을 모두 함축하고 있는 말입니다. 그러니까 그 말이 놓여있는 문맥에 따라서 뉘앙스가 달라지겠지만, 의미의 층이 그만큼 두터운 말도 흔하지 않을 것입니다.[16]

시의 숨의 원천인 꿈이 결국은 시인과 우주와의 융합을 가능하게 한다고 보는 점에 있어서 오탁번 시인과 정현종 시인의 견해는 동일성을 갖습니다. 이처럼 내부적, 주관적 우주인 시인과 외부적, 객관적 우주인 현상계가 융합하기 위해서는 물론 꿈의 통로를 따라 생체를 통한 만남으로 획득되는 '발견'에서 가능할 것입니다. 정진규 시인의 짧은 시론 중의 하나인 「만들 것인가, 발견할 것인가」는 바로 이 점을 명쾌하게 밝히고 있습니다.

만들 것인가, 발견할 것인가. 시의 생태에 온몸으로 동의하면서 나는 오늘도 산으로 간다. <시경詩經>이자 <산경山經>을 읽으러 나는 거기 간다. 그러나 놀러 가야 한다. 가서 함께 <잘 노는 것>이 그것들을 잘 읽어내는, 한 몸이 되는 지름길이다. 어제는 내가 오래전부터 정해 놓고 놀러 가는 소나무 숲에서 장자莊子가 말한 이른바 송뢰松籟 소리를 듣다가 바람이 스스로 소리를 내는 것이 아니라 소나무들이 열어 놓은 <구멍>으로 바람이 지나가느라고 소리가 난다는 것을 확인하였다.[17]

시는 <만들기>가 아닌 생체를 통한 만남으로 획득되는 <발견>에 있음을 몸소 경험으로 보여주는 정진규 시인은 '놀러 간'다고 말합니다. 가서 함께(내부 우주인 시인과 외부 우주인 자연이 함께) '<잘 노는 것>'이 두 우주 간에 한 몸이 되는 '지름길'임을 강조하고 있습니

16) 정현종, 「시의 자기 동일성-숨과 꿈」, 『詩의 理解』, 민음사, 1983, 96쪽.
17) 정진규, 『정진규 짧은 시론-질문과 과녁』, 동학사, 2003, 52~53쪽.

다.

지금까지 저는 꿈(또는 몽상)으로서의 시의 통로와 놀이(또는 유희)로서의 시 쓰기에 대해 말씀드렸습니다만, 여기서 한 가지 분명히 짚고 넘어갈 일이 하나 있습니다. 그것은 이 시적 몽상과 놀이에 대해 강단에서 문학개론 시간에 기본적으로 전달되고 있는 문학의 기원설 중 '유희본능설'에 근거하지 않는다는 사실입니다. 왜냐하면 칸트에 의해서 제기되고 실러와 스펜서 등으로 이어져 온 이 '유희본능설'은 예술이 실생활과는 무관하다는 주장 때문입니다.

이 시적 몽상과 놀이에 대한 중대한 오해는 시를 시답지 않게, 천박하게 전락시킵니다. 요 근래 몇 년 사이에 우리 시단은 꿈을 잘못 꾸고 있는, 꿈인지 생시인지도 분간 못 하는, 비몽사몽의 시들이 넘쳐나고 있습니다. 그렇지 않아도 자기 자랑하는 화자 우월적인 시들과 저마다 세상을 득도한 듯 도사연道士然하는 시들로 고급 독자들마저 시로부터 멀어져가고 있는 판에 알아듣지도 못하는 몽상의 자폐증에 의한 횡설수설의 시가 '꿈'과 '놀이'로서의 시적 감흥을 후려치고 있는 것 같아 안타깝습니다. 저와 같은 생각으로 이재무 시인과 장석주 시인은 요즘 시단에 번지고 있는 몽상의 자폐성에 대해 다음과 같이 심각한 우려를 표명한 바 있습니다.

> 1) 기성 시인들도 읽어낼 수 없는 소통불능의 시들이 전위와 실험이라는 이름으로 시단의 주류로 행세를 하고 있다면 이는 확실히 문제로 삼을 만하지 않겠는가. 자폐적인 시, 잠꼬대처럼 저 혼자 중얼거리는 시, 페니미즘의 이름 아래 지나치게 엽기적인 시, 자극적이고 공격적인 언사로 주목을 끌고자 하는 시, 자기 파괴를 일삼는 것을 허위의식을 벗는 것으로 착각하는 시들이 난무하고 있다.[18]

2) 지금 우리 시에서 자폐적 몽상이 문제의 한 측면이다. 왜냐하면 자폐성이란 이미 질병이기 때문이다. 자폐적 몽상에는 생활이 개입할 여지가 없다. 타자의 지평을 향해 열었던 문을 닫고 자아의 동굴로 후퇴해버린 몽상은 스스로 삶의 구체적 세목들을 捨象한다. 자폐적 몽상 속에서의 사유는 경험의 파편화, 경험의 물신화에로 귀결되며, 표현 영역에서는 불투명성과 난삽함으로 빠져들기에 십상이다. 그것은 몸-감각이 없는 삶이다.[19]

위의 1)처럼 이재무 시인은 시에서 성찰과 사유의 계기를 부여하지 않는 소통불능의 시는 시가 아니라고 단호하게 말합니다. 동시에 충분한 사유와 철학이 매개되지 않은 어설픈 말장난(이것은 놀이로서의 시와는 정반대의 편에 서 있습니다.)으로 시의 자존과 품위를 지킬 수 없음을 경고하고 있습니다.

한편 몽상이란 시가 수태되는 자궁의 양수와 같은 것이라고 정의하고 있는 장석주 시인은 2)와 같은 진단 끝에 오늘날의 너무나 많은 시들이 현실의 실감에서 너무 벗어난 자폐적 몽상의 동굴 속에서 매캐하고 모호한 은유의 연기를 피워내고 있다고 한탄합니다.

그렇습니다. 요즘처럼 도무지 소통불능이거나 아니면 너무 삭막하고 근엄해가기만 하는 시 쓰기 앞에서, 그래서 웃음도 없고 재미(즐거움)도 없고 정나미도 뚝 떨어지는 한국 시단에서 시인들이여, 온몸으로(써놓고 보니 김수영 냄새가 나긴 하지만, 기왕에 썼으니 한 번 더) 온몸으로 꿈꿉시다. 온몸으로, 온몸으로 놀이에 열중합시다. 천진난

18) 이재무, 「시의 신뢰회복을 위하여-몽상의 자폐성과 시의 투명성 문제」, 『현대시학』 2003년 1월호, 137쪽.

19) 장석주, 「은유로서의 풍경-시선과 욕망은 동궤의 길을 간다」, 『현대시학』 2003년 3월호, 122쪽.

만했던 순수의 그 어린 시절처럼 말입니다.

이 생명이 어디서 오셨는고
밥을 푸다가 깜짝 놀랐다

하이얀 쌀밥 속
하이얀 쌀벌레 한 마리

압력밥솥 뜬김에
쌀과 함께 익어가는 동안

한 끼 양식이 되어주기 위해
이렇게 제 한 몸 공양하는 목숨도 있었구나

새벽 빛살, 촉촉한 바람기 털며
열린 창문으로 마악 들어서시는 순간

- 허형만, 「쌀벌레 한 마리」 전문

꽃잎들이 하롱하롱 수를 놓는다
우주는 수틀이다
바람결도 바늘귀에 끼어
햇살도 바늘귀에 끼어
하롱하롱 수를 놓는 꽃잎들
참 보기 좋다

산다는 것은 바로 저런 거다

-허형만, 「수틀」 전문

11. 시어 다듬기

우리가 쓰고 있는 언어란 온갖 기호 중에서도 참으로 괴물 같은 거라서 제멋대로 휘발유처럼 날아버리든가 미꾸라지처럼 쏘옥 빠져나가버리든가 하여 도대체가 종잡을 수 없는 놈이라서 까딱 잘못하거나 눈길만 다른 데로 돌렸다 하면 금세 사라져버리는 거라서 이놈의 언어에 속고 언어에 울기도 지겨워 "에라, 재주도 없는데 잘 됐지 뭐!" 하면서 시 쓰기를 포기하려 할 때가 종종 있습니다. 그런데 문제는 시 쓰기를 포기하고 아예 시와는 담을 쌓았다 싶었을 때, 웬걸, 뾰루지 돋아나듯 무슨 부스럼 같은 게 하나둘 돋아나는가 싶더니 급기야는 온몸이 실뱀장어 기어 다니듯 근질근질하는데 이거 참기 어렵다는 데 있습니다. 마치 손오공이 부처님 손바닥 안에서 꼼짝달싹 못하듯 시란 놈 손바닥 안에서 헤어나질 못하고 있는 느낌을 받는 겁니다. 한때는 말이 좋아 그렇지, 남이야 알아주든 말든 나 좋아 쓰는 시, 누가 뭐라 한들 개의치 않으며 부지런히 쓰기만 하면 된다고 한 적도 있었지만, 아, 그게 어지간히 한 세상 살아오면서 생각해보니 꼭 그렇지만은 않더라는 사실이지요. 다시 말해 단 한 편을 쓰더라도 그 작품에 책임을 져야 한다는 말입니다. 그 길만이 그 괴물 같은 언어를 이기는 방법이니까요. 예컨대, 다음의 「立春」이라는 작품 전문을 잠깐 보겠습니다.

> 아직은 덜 녹은 눈 더미 위로 다시 눈발 축축이 휘날린다 저만치 무등산 정수리는 이미 하얗다 마치 먼 꿈길을 빠져나오듯 허공을 타고 지상으로 내려앉는 눈발, 사이로 새 한 마리 불현듯 날아오르는 게 보이고 잠깐 쌓인 눈 털며 흔들리는 나뭇가지, 끙! 힘쓰는 소리에 허공이 눈발처럼 흔

들린다.

위 시는 이미 문예지에 발표했고, 이어 저의 제9시집 『비 잠시 그친 뒤』(1999. 문학과지성사)에 수록되었지요. 그런데 문제가 생겼지요. 이 작품 중에서 '불현듯'이란 언어의 그물에 제가 딱 걸려든 겁니다. '불현듯'이란 부사는 국어사전에 의하면 '갑자기 생각이 치밀어서 걷잡을 수 없게'란 뜻이지요. 처음 이 시를 썼을 때의 의도는 겨울 나뭇가지에 앉아있던 새 한 마리가 갑자기 날아오르는 것을 목격하고 그 현장 감각에 휩싸여 순간적으로 '불현듯'이란 단어를 떠올렸던가 봅니다. 그리곤 아무 일 없었던 것처럼 발표했고 이어 시집에 수록했던 거지요. 그런데, 최하림 선생님께서 시집을 해설하시는 자리에서 "우리는 이 시에서 '불현듯'이라는 부사를 극복해야 한다. 먼 꿈길을 빠져나오듯 눈은 계속 내리지만 새의 비상과 나뭇가지의 동요가 계속되는 것은 아니다."라고 지적하시는 것입니다. 그러니까 한 마디로 '불현듯'이라는 부사는 불필요하다는 말씀인 셈이지요. 진정한 시인은 자신의 시에서 불필요한 언어가 있는지 없는지 찾아낼 줄 아는 사람일 겁니다. 국가나 직장에서 흔히 통용되는 '인사가 만사'라는 말처럼 시를 쓸 때도 적재적소에 가장 최선의 언어를 앉히는 일이야말로 시 전편에 피가 돌고 숨을 쉬게 하는 생명의 원동력이 되는 거지요.

한 편만 더 보지요. 다음의 시는 저의 제11시집 『첫차』(2005. 시안)의 표제 시이면서 단 3행의 아주 짧은 「첫차」라는 작품입니다.

조숙조숙 조으는 사람들

눈송이와 개똥벌레처럼 아름다운

난쟁이 은하의 푸른 별들이여

우리는 누구나 이른 새벽 첫차를 타본 경험이 있을 겁니다. 여행을 가기 위해서든 낚시나 등산을 가기 위해서든 아니면 일터를 향해서든 말입니다. 첫차에 타고 있는 사람들은 저를 비롯해 몇 명 안 되지요. 드문드문 앉아서 마저 채우지 못한 잠을 보충하기 위해 잠깐이라도 졸고 있는 사람들을 보는 당신은 동승한 사람들이 어떻게 보였는지요? 그들이 어떻게 보이는 건 관심 없고 우선 나부터 눈 붙이고 졸지는 않았는지요? 그건 그렇고, 자, 동승한 몇 안 되는 사람들의 졸고 있는 모습을 어떻게 표현할까 하고 한 번쯤 생각해보았는지요? '꾸벅꾸벅 졸고 있는 사람들', '입을 헤 벌리고 자고 있는 사람들', '고개를 처박고 잠든 사람들', 하나도 틀리지 않는 표현들입니다. 그러나 너무 식상하고 진부하지 않으면서도 조는 모습을 생생하게 표현할 수 있는 가장 알맞은 단어는 없을까 하고 찾아보니 완판본 춘향전에서 춘향이가 모친을 생각하며 한탄하는 대목이 나오는 게 아닙니까.

> 불쌍한 나의 모친 나를 잃고 가산을 탕진하면 별 수 없이 걸인이 되어 이집 저집 걸식하다가 언덕 밑에 조숙조숙 조을면서 기력이 다하여 죽게 되면 지리산 갈가마귀 두 날개를 쩍 벌리고 두둥실 날아들어 까욱까욱 두 눈을 다 파먹은 후에 어느 자식 있어 후여 하고 날려 주리 애고 애고

그렇지요. "조숙조숙 조을면서". 이 이상 더 꾸벅꾸벅 졸고 있는 모습을 생생하게 표현하는 언어가 어디 있단 말입니까. 이것이야말로 '내가 말하는 것이 아니라 언어가 말하는 거다.' 마르틴 하이데거가 가르쳐 준 것처럼 "언어는 말한다. 언어가 말한다고 하는 것은 말한

내용 가운데서 말한다는 뜻이다. 우리를 찾아서." 그래 저는 과감히 이 언어를 얻어와 저의 의도를 십분 살려 "조숙조숙 조으는 사람들"이라고 썼지요. 그 다음은 이 첫차 안에서 졸고 있는 사람들을 어떠한 관점으로 보느냐인데 이 문제는 보는 사람 나름입니다. 저는 이 사람들을 피곤에 지친 사람이라거나 잠도 제대로 못 자고 어쩔 수 없이 삶에 쫓기는 사람들이라고는 생각하지 않았지요. 오히려 졸고 있는 모습이 새벽하늘에 반짝반짝 빛나고 있는 푸른 별들처럼 아름다워 보였습니다. 왜냐하면 이 첫차 안에 있는 사람들 모두 눈송이와 개똥벌레처럼 맑고 빛나며 더불어 숨 쉬는 우주의 한 식구들이라는 생각 때문이었으니까요.

절집의 백구 한 마리
도가 텄는지
무심하기가 부처보다 가벼워보인다
온종일 듣는 불경도 이골이 난 듯
산신각 지키던 배롱나무도
집착 한 숭어리 허공에 슬쩍 던져놓는다
소리마저 숨죽인 시간,
저만치 고요가 고요를 이끌고
난출난출 숲길을 내려오고 있다

-허형만, 「고요가 고요를 이끌고」 전문

나무초리 끝에서 명지바람 수십 필 차랑차랑 펄럭이는

서러운 갈대가 쓸쓸한 갈대 어깨에 기대어 함께 먼 하늘 바라보는

들판에 다다른 태양이 비췻빛 창공을 한 짐 가득 부리고 있는

화선지 같은 대지에 말랑말랑한 꽃물이 시나브로 번져 스며드는

살아온 날이 아득해 지평선 적막의 그늘이 소리 없이 떨려오는

-허형만, 「우주의 틈새」 전문

안개가 온다
새끼 고양이의 발걸음으로.

그것이 허리를 동그랗게 말아 올린 채
조용히 앉아
항구와 도시를 보고 있다.
그리고는 계속 움직여 간다.

-칼 샌드버그(C. Sandberg), 「안개」 전문

12. 황순원 시의 꿈과 생명성

1993년 『현대문학』 6월호에는 정호승의 「황순원 선생의 틀니」와 허형만의 「땅시」가 함께 발표되고 있습니다. 두 편에는 나란히 '진달래꽃'이 상징기법으로 등장합니다. 상징적 대상 인물은 정호승은 황순원 선생, 허형만은 벽초 홍명희입니다.

> 황순원 선생님 단고기를 잡수셨다.
> 진달래 꽃잎 같은 틀니를 끼고
> 단고기 무침이 왜 이리 질기냐고
> 틀니를 끼면 행복도 처참할 때가 있다고
> 천천히 술잔을 들며 말씀하셨다.
>
> -「황순원 선생의 틀니」 부분

정호승의 「황순원 선생의 틀니」 첫 연입니다. 틀니를 끼면 음식이 제 맛이 나지 않을 터. 더욱이 고기는 더할 것입니다. "진달래 꽃잎 같은 틀니"라니. "단고기"와 "진달래"의 절묘한 대비는 보는 사람으로 하여금 안쓰러움을 느끼게 합니다. 그러고 보니 황순원 선생님의 시에도 '진달래꽃'이 등장하는 작품이 있습니다. "우리가 살고 있는 동네는/산과 동거하거나 이웃하고 있다// (…) //해마다 소월의 진달래꽃을/눈에 담지 못하도록 많이 피워놓는 걸 보면//산은 언제나 우리 안에 있고/우리는 산 안에 있다"(「관계」)에서처럼 산이 해마다 "진달래꽃"을 피워놓는 것은 바로 우주의 생명성에 다름 아니라는 의미입니다. 곧 생명의 꽃인 셈입니다. 이처럼 생명의 꽃 이미지는 선생님께서 17세 되던 해인 1931년 『동광』에 발표되어 등단하게 된 첫 작품 「나의 꿈」에 드러납니다.

꿈, 어젯밤 나의 꿈
이상한 꿈을 꾸었노라
세계를 짓밟아 문지른 후
생명의 꽃을 가득히 심고
그 속에서 마음껏 노래를 불렀노라.

언제고 잊지 못할 이 꿈은
깨져 흩어진 이 내 머릿속에도
굳게 못 박혔도다
다른 모든 것은 세파에 스치어 사라져도
나의 이 동경의 꿈만은 길이 존재하나니

-「나의 꿈」 전문

이 시에서 황순원 선생님은 "어젯밤" 꿈속에서 "생명의 꽃을 가득 심고/그 속에서 마음껏 노래 불렀노라"고 말합니다. "언제고 잊지 못할 이 꿈"은 시인으로 출발하여 소설가로서 한국문학을 대표하는 작품마다에 스미고 젖어있는 황순원 문학정신이자 사상이 되었음을 우리는 잘 압니다. 이 시에 대한 김종회 교수의 말처럼 "머나먼 행로를 내다보면서 한 소년이 그 가슴에 지핀 예감의 불꽃"이었으리라. 선생님의 단상 「말과 삶과 자유」에는 다음과 같은 글이 있습니다.

내 소설에는 꿈 이야기가 많이 나온다. 의식적으로 작품 속에 꿈을 삽입하고 있는 것이다. 하루에 여덟 시간을 잔다면 하루의 삼분의 일이고, 여섯 시간을 잔다면 사분의 일, 네 시간만 잔대도 하루의 육분의 일을 잠으로 보내는 셈인데, 우선 이 결코 짧다고 할 수 없는 시간을 그냥 잠으로만 보낼 수 없다는 생각에서다. 그리고 실제로 우리는 잠속에서 얼마나 많은 꿈을 꾸고 있는가. 이 풍성하고 다양한 세계를 그냥 버려둘 수야! (1984년 12월)

선생님은 한때 꿈을 적어두기 위해 머리맡에 메모지와 연필을 놓고 잔 적도 있었다고 했습니다. 그게 소설 속에 꿈을 집어넣는데 적잖이 도움이 돼주었기 때문입니다. 선생님은 시인으로서 첫 작품의 '꿈'을 소설 속으로 확장시키면서 "소설에서 우리가 감동하게 되는 것은 그 작품 속에 깔려있는 시와 마주치기 때문"이라고 말씀하셨습니다. 여기에서 '시'는 곧 사랑이며, 생명의 본질입니다. "너무 소중하여 오히려 그 소중함을 잊기에 십상인 것에 공기가 있다. 나는 거기에 하나 끼워 넣고 싶은 게 있다. 사랑." (1986년 3월)

> 아파트 단지에 붙어 길숙한 공원이 있어
> 마누라와 나는 아침 식전마다 여기를 산책한다
>
> 이른 봄에는 개나리가 피고
> 다음에 철쭉이 피고
> 다음에 넝쿨장미가 피고
> 신록이 우거진다
>
> 개나리와 철쭉과 넝쿨장미와 신록이
> 각각 내게 묻는다
> 일흔 하고도 적잖이 나이를 더하는 동안
> 얼마나 자기와 무심히 지냈는가고
>
> 나는 대답을 잃고 멋없이 심호흡만을 한다

-「산책길에서 1」 전문

『황순원 전집』(1985, 문학과지성사) 완간 이후 발표된 선생님의 후기 작품 중 한 편입니다. 시로 출발한 선생님은 소설가로서의 한 세계를 일구시다가 말년에 다시 시로 돌아와 "아침 식전마다" 아파트 단지를 산책하면서 "개나리와 철쭉과 넝쿨장미와 신록"에 대한 관심과 애정을 주지 못한 점에 대한 반성이 잘 드러나 있는 걸로 보면, "타자와의 관계 속에서 나를 확인해보려고 지금 여기까지 걸어왔다. 한데 아직도 막막하기만 하다."(1984년 12월)는 말씀이 새삼 가슴을 칩니다. 사실은 우주의 모든 생명체에 대한 생명 존중 사상이 아침 산책길 맑은 공기처럼 이 작품에 잘 스며들어 있음을 알기 때문입니다.

(<내가 읽은 황순원 문학>(황순원문학촌 소식지 『소나기마을』 2020년 봄호)

13. 노벨문학상 시인의 시에 대한 시

말로, 언어는 없고 말로 다가오는 사람들이 지겨워
눈 덮인 섬을 향한다.
야성은 말이 없다.
쓰이지 않은 페이지들이 사방팔방 펼쳐져 있다!
눈 속에 순록馴鹿의 발자국을 만난다.
언어, 말 없는 언어.

-토마스 트란스트뢰메르, 「1979년 삼월에」 전문
(스웨덴, 2011년 수상)

시를 좋아한다는 것-
여기서 '시'란 과연 무엇일까?
이 질문에 대한 여러 가지 불확실한 대답들은
이미 나왔다.
몰라, 정말 모르겠다.
마치 구조를 기다리며 난간에 매달리듯
무작정 그것을 꽉 붙들고 있을 뿐.

-비스라바 쉼보르스카, 「어떤 사람들은 시를 좋아한다」 부분
(폴란드, 1996년 수상)

우리가 사랑에 이끌려 나오는 순간 눈은 얼마나 천천히 내리는지 기억해 두는 것
우리가 가까이 있는 이에게 사랑을 상기시키는 순간 축축한 아스팔트 위로 깔려진 하늘을 기억해 두는 것

-조지프 브로드스키, 「시에 대한 정의」 부분
(소련→미국, 1987년 수상)

그러니까 그 나이였어… 시가
나를 찾아왔어. 몰라. 그게 어디서 왔는지, 모르겠어.
겨울에서인지, 강에서인지.
언제 어떻게 왔는지 모르겠어. 아냐, 그건 목소리가 아니었고,
말도 아니었으며, 침묵도 아니었어.

-파블로 네루다, 「시詩」 부분

(칠레, 1971년 수상)

14. 문학을 사랑하는 분에게

1.

"가야 할 때 가지 않으면, 가고 싶을 때 갈 수 없다."

2013년 1월 24일에 개봉한 로저 도널드슨 감독, 안소니 홉킨스 주연(버트 먼로 역)의 감동 실화 영화 「세상에서 가장 빠른 인디언」에 나오는 대사입니다. 이 영화의 제목에서 '인디언'은 바이크(오토바이)의 브랜드 이름으로 1920년산 시속 54마일의 구형 바이크를 말합니다.

1962년 63세의 나이에 1920년식 '인디언'이라는 낡은 바이크를 본인이 직접 개조하여, 얼마나 빨리 달리는지 달려보고 싶은 꿈을 실현하기 위해, 뉴질랜드에서 지구 반 바퀴를 돌아 미국 유타주에 위치한 보너빌 스피드웨이라고 불리는 소금 평야에서 열리는 바이크 대회에 참가합니다. 주인공은 보너빌 대회에 아홉 번이나 참가하여 세계 신기록을 세 번이나 세우고, 68세 때인 1967년에는 47년 된 바이크로 1,000CC급에서도 세계 신기록을 달성하기에 이르지요. 주위에서 다들 너무 늙었다고 핀잔과 우려의 목소리도 아랑곳하지 않고 자신의 꿈을 이루는 모습이 매우 감동적입니다. 저는 이 대사를 이렇게 바꿔 봅니다.

"써야 할 때 쓰지 않으면, 쓰고 싶을 때 쓸 수 없다."

2.

공부는 한자로 '工夫'라고 씁니다. '工'은 하늘과 땅을 연결한다는 뜻이고, 이 하늘과 땅을 연결하는 주체는 사람이기에 '夫'가 되는 것이랍니다. 신영복 교수는 공부는 살아가는 것 그 자체이기에 우리는 살아가기 위해서 공부해야 한다고 말씀하십니다. 공부는 모든 살아있는 생명의 존재 형식이며, 세계 인식과 자기 성찰이 곧 공부라는 것이지요. 이처럼 공부란 세계 인식과 인간에 대한 성찰이면서 동시에 미래의 창조라고 강조하십니다. 얼마 전에 입적하신 송광사 범일보성 방장 스님께서 "법문을 실천하는 것! 그것이 '지금 내가 스스로 가니 가는 곳마다 만나는구나'입니다. 정성껏 스스로 가면 틀림없이 만나게 됩니다. 내 공부는 내가 해야 합니다."라고 설하신 것도 같은 의미가 아닐까요.

그러면 우리는 왜 공부해야 할까요? 물론 '사람'이기 때문입니다. 프란치스코 교황님의 회칙 『찬미받으소서』(2015, 한국천주교중앙협의회)에 보면 이런 말씀이 나옵니다.

> 우리 한 사람 한 사람은 단순히 어떤 '것'이 아니라 어떤 '인격'입니다. 요한 바오로 2세 성인께서는 모든 인간에 대한 창조주의 특별한 사랑은 "인간에게 한없는 존엄을 부여"하였다고 말씀하셨습니다. 베네딕토 16세 교황께서는 "우리 한 사람 한 사람은 하느님께서 뜻하시고 사랑하시고 필요로 하시는 존재입니다."라고 말씀하셨습니다.

그렇습니다. 인간 존재의 가치, 존재의 이유는 분명합니다. 우리가 잘 알고 있듯, '수확체증의 법칙'과 '수확체감의 법칙'만 보아도 그렇습니다. '수확체증의 법칙'은 모든 일에 긍정적인 사고방식으로 정열적이고 즐거워하며 감사하는 삶을 살게 합니다. 반면 '수확체감의 법칙'은 과거에 안주하면서 부정적인 인식에 사로잡혀 남의 탓만 하거나 책임을 전가하고 원망만 합니다. 우리는 공부를 함으로써 '수확체증의 법칙' 속에서 행복한 삶을 영위할 수 있음을 확신합니다.

3.

포르투갈 작가로는 처음으로 노벨문학상을 수상한 주제 사라마구의 소설 『눈먼 자들의 도시』를 읽고 나서, 이 소설이 말하는 "눈이 멀었다"라는 사실은 무엇을 함축하고 있을까를 곰곰이 생각해보지 않을 수 없었습니다. 그리고 곧 단순히 눈이 멀었다는 것이 아니라 우리가 소유하고 있는 모든 것을 잃었다는 사실을 암시하고 있다는 사실을 깨달았습니다. 현대 산업사회에서 우리는 자신이 가지고 있는 것으로 자신의 가치와 존재를 확인하지만, 이 소설은 결국 '우리가 가지고 있는 것을 잃었을 때에야 비로소 가지고 있는 것이 무엇인지 알게 된다'는 사실을 깨닫게 된다는 겁니다.

이 소설은 오늘날 우리가 물질적 소유에 눈이 멀었을 뿐 아니라 그 소유를 위해 우리의 인간성마저 말살되고, 인습과 편견, 고정 관념과 정형화된 삶에서 해방되기를, 다시 말해 다시금 눈을 뜨기를 바라고 있습니다. 이렇게 다시 눈을 뜨기 위해서는 인간에 대한 신뢰와 삶의 가치가 얼마나 중요한가에 대한 성찰과 서로의 고통을 나누고 서로 의지하며 함께하는 우주와의 협동 의식이 절실합니다. 이것이 바로 휴머니즘이며 시인의 존재 가치입니다.

4.

세상은 '열려있는 책', 즉 '오픈 북(Open Book)'이지요. 이 '오픈 북

(Open Book)'은 재즈 피아노의 대가인 프레드 허쉬가 가장 최근에 낸 스튜디오 앨범 이름입니다만, 아름답고 평화로운 세상은 눈뜬 자에게만 보이는 열려있는 책이 아닐까요. 우리 모두가 '눈뜬 자들의 도시'를 만들기 위해 늘 마음속에 품고 가까이 하지 않으면 안 되는 것 중에 '문학'이 있습니다. 『훈계의 책』은 "눈이 보이면, 보라. 볼 수 있으면 관찰하라."고 훈계합니다. '문학'은 바로 이 훈계를 받아들인 결과물인 정신적 자산이지요.

문학文學의 '문文'이라는 문자는 본래 사람의 몸에 심장을 그려 넣은 모습입니다. 즉, '문文'은 사람의 몸에 주술적 그림을 그려 넣었던 문화를 알게 하는 중요한 단서인데요, 좀더 자세히 말하면, 죽은 사람의 가슴에 심장을 그려 넣음으로써 부활을 기원하는 의식의 한 과정이었지요. 다시 말해 우리가 지금 말하는 글자로서의 기록이 아닌 주술적 그림이라는 뜻입니다. 당사자들의 모든 감정과 애원과 느낌이 듬뿍 담긴 그림으로 후일 인간의 모든 기록을 상징하게 된 것입니다. 그 기록 중에서도 감성이 담긴 기록을 말하는 '문학文學'인 것입니다. 그리고 본래의 '문文'이라는 문자의 의미를 가장 잘 전달하는 것은 역시 '시'입니다.

마르셀 레몽은 『프랑스 현대시사』에서 이렇게 말합니다.

> "인간이 여전히 생명을 부지하고 살며 기쁨을 믿으며 희망에 집착하며 - 마치 "깊은 숲속에서 길을 잃은 사냥꾼의 부르는 소리"처럼 - 충만함을 찾아 헤매는 것이 마땅한 일이라면, 시인은 항상 인간의 옆에서 욕망을 자극하고 또 그 욕망을 다스려주는 맑은 물을 가져오는 자가 아니겠는가?"

프란치스코 교황님의 말씀 하나를 더 소개해드립니다.

"사물을 참으로 존재하는 그대로 보고 고통과 슬픔에 공감하는 사람은, 삶의 깊은 곳까지 다다를 수 있고 진정한 행복을 찾을 수 있습니다."

-『기뻐하고 즐거워하여라』(2018, 한국천주교중앙협의회)

15. 시를 쓰고자 하시는 분에게

1. 자신과 이웃은 물론 우주 삼라만상을 사랑하십시오. "내가 너희를 사랑한 것처럼 너희도 서로 사랑하여라"(요한 15. 12). 하느님이 창조하신 우주 삼라만상은 우리에게 알게 모르게 찾아오거나 스며들고 번짐으로써 시를 쓰게 해줄 것입니다.

2. 두려워하지 마세요. 나도 시를 쓸 수 있을까, 내가 쓴 시가 정말 시라고 할 수 있을까, 지레 겁먹지 마세요. 두려움은 곧 교만입니다. 그냥 오늘 보고 들은 것, 생각했던 것을 아무 부담 없이 종이 위에 한 번 써보세요. 시가 되고 안 되고는 그다음입니다.

3. 지금 이 순간에 나도 시를 쓸 수 있다는 믿음을 가지세요. "너희의 믿음이 약한 탓이다. 내가 진실로 너희에게 말한다. 너희가 겨자씨 한 알만 한 믿음이라도 있으면, 이 산더러 '여기서 저기로 옮겨 가라' 하더라도 그대로 옮겨 갈 것이다. 너희가 못할 일은 하나도 없을 것이다(마태 17, 20)." 믿음은 곧 자신감입니다.

4. 좋은 작품(시 또는 시집)을 읽으며 각 행과 연의 의미를 생각해보거나 마음속에 그림을 그려보세요. 그리고 문장이나 단어를 곰곰이 새겨보며, 이 문장이나 이 단어 말고 달리 표현해도 좋은 문장이나 또 다른 적확한 단어는 없는지 살펴보도록 하세요.

5. 시 쓰는 것도 하나의 치유입니다. 안셀름 그륀의 말처럼 치유는 관심을 가지고 가까이 다가감으로써, 아래로 내려감으로써, 상대에게 자신을 맞춰감으로써 이루어지듯 시 쓰기도 이와 다르지 않습니다.

6. 시를 쓴다는 것은 의식이 깨어있음을, 감각이 깨어있음을 확인하는 과정입니다. "시인은 안개를 뚫고 날아온 부엉이처럼 깨어있어야 한다" (잉게보르크 바하만).

7. 자기가 쓴 작품에 대해 남의 시선이나 평가(또는 비판)에 너무 민감하지 마세요. 사사건건 그렇게 민감하다 보면 상처를 받게 되고, 한번 받은 상처는 그 상처와 화해하기 전까지 작품을 쓸 수 없게 될지도 모릅니다.

8. 평가와 인정은 다릅니다. "우리는 누구나 다 자신이 유일회적인 존재, 이 세상에 존재할 가치가 충분히 있는 멋진 존재로 인정받기를 원한다"(존 브레도스호). 자기가 쓴 작품은 이미 자기 스스로가 인정한 것입니다. 그러니 먼저 한 줄이 써진 것에 감사하면 그 뒤부터는 훨씬 수월하게 작품을 쓸 수 있게 됩니다.

9. 자기 자신은 우선적으로 깊은 내면에서는 고독한 존재임을 인정하세요. 헤르만 헤세는 인간으로서 존재한다는 것은 고독하게 존재하는 것을 의미하는 것으로 이해하고 있습니다. "최종적인 고독을 아는 사람은 최종적인 사물들을 알게 된다"(니체). "시를 생각하면서 새벽잠을 깨고 시를 쓰며 자정을 넘길 때처럼 내 영혼과 가장 똑바로 마주볼 때는 없다"(오탁번). 고독, 혼자 있는 것은 곧 자신의 존재를 경험하는 것으로 이때 침묵 속에서 들려오는 시혼의 발걸음에 귀를 기울이세요.

16. 동물에 관하여 시 쓰기

"나는 시를 일종의 동물처럼 생각하고 있는 것 같다. 시는 동물과도 같이 그것 자신의 생명을 지닌다. 나는 동물을 동물들 자신의 관점으로 바라보기 시작했던 것이다. 마음속에 새로운 시 한 편을 움트게 하는 특이한 흥분, 가볍게 도취된 채 무심결에 이루게 되는 집중, 그런 다음엔 윤곽, 부피와 색채와 깨끗이 마무리된 형태, 이것이 사냥이며, 시는 새로운 종류의 생명체, 여러분 자신의 생명 외부에 있는 생명을 지닌 새로운 종種인 것이다. 아주 선명하게 상상함으로써 그리고 살아있는 언어를 찾아냄으로써." -테드 휴즈, 『詩作法』(한기찬 역, 청하, 1982)

하얀 털 햇볕에 반짝이며
내 앞을 폴짝 뛰어가던 고양이
순간, 멈추고
고개를 들어 숲 깊은 곳을 응시한다
뒷짐 지고 걷던 나도
멈춰 서서 고양이 응시하는 쪽을 바라보니
여태 들어보지 못한 딱따구리
나무 쪼는 소리 바람결에 딱따구르르
고양이와 내가 동시에
딱따구리 소리 한 두름 눈으로 들었으니
오늘도 숲에 들어 한 식구 맞이했다

허형만 「응시」 전문

고요한 숲길이 들썩거리는 소리 들렸다 먼 데서 다가오는 바람 소리인가 바람 한 점 없는데 점점 소리가 가까워진다 순간, 바로 내 앞에서 멈춰 선 고라니 한 마리 한참 나를 바라보더니 마른 발자국 소리를 남기고 제

갈 길 간다 겨울 빈산이 다시 고요하다 고라니와 내가 서로 물끄러미 바라보며 우리는 웃었던가 그리워했던가 우리는 적이 아니지 서로의 은신처는 관심이 없지 오직 우리는 서로 마음을 건넸던가 빈산이 비로소 포근해지고 하늘에선 내게 보낼 전갈이라도 있다는 듯 서서히 눈발이 듣기 시작한다 헐겁던 적막이 마침내 조밀해진다

허형만 「고라니를 만나다」 전문

보슬비 오시는 날
날마다 찾아가는 산길을 걷는데
저만치 산까치 대여섯 마리
보슬보슬 젖는 길에서
신나게 뛰놀고 있다
나도 함께 뛰고 싶어 우산을 접고
비에 젖으며 가만가만 다가가는데
눈치 빠른 산까치들
후르르 나뭇가지 위로 날아오른다
하이고, 못 본 척 그냥 되돌아갈걸
미안해하며 비에 젖어 걷는다
젖어라 시여
심장 깊이 젖어라 시여
산까치도 젖으며 노래하나니
산딸기도 젖으며 붉게 익나니
보슬보슬 젖은 시는 부드럽나니
젖어라 시여
뼛속까지 젖어라 시여

허형만 「산까치」 전문

17. 바람과 기후에 관하여 시 쓰기

“모든 생물체는 자연自然의 바로미터이며 기후가 변함에 따라 같이 변화한다. 만일 의식이 있는 정신을 라디오의 스피커로서, 그리고 육체를 내부 장치와 안전핀으로서 가정할 수 있다면 기후는 거기에 달린 스위치를 작동하는 어떤 것이리라. 나는 당신이 무한히 변화무쌍한 날씨에 관한 당신 자신의 감정을 붙들어 당신이 썼을 때 기쁨을 느끼게 되기를 희망한다. 염두에 두어야 할 한 가지 점은, 소재素材는 가능한 한 명확하고 또 되도록 어떤 특별한 기억에 바탕을 두는 것이 좋다.” -테드 휴즈, 『詩作法』(한기찬 역, 청하, 1982)

빗방울이 무겁다면 저렇게 매달릴 수 없지
가벼워야 무거움을 뿌리치고
무거움 속내의 처절함도 훌훌 털고
저렇게 매달릴 수 있지
나뭇가지에 매달리고 나뭇잎에 매달리고
그래도 매달릴 곳 없으면 허공에라도 매달리지
이 몸도 수만 리 밖 마음 밖에서
터지는 우레 소리에 매달렸으므로
앉아서 매달리고 서서 매달리고
무거운 무게만큼 설 수 없었던 한 생애가 아득하지
빗방울이 무겁다면 저렇게 문장이 될 수 없지
그래서 빗방울은 아득히 사무치는 문장이지

허형만 「가벼운 빗방울」 전문

새 한 마리 날지 않아도
바람의 머리칼 선명하다

흰 구름이 산허리를 살며시
감싸 안은 게 퍽 조심스러워 보인다

알몸의 나무들도 아주 미세하게
가냘픈 숨결로 온몸을 떤다

겨울 산은 떨림으로 가득하다
떨림이 있어 우주가 존재한다

허형만 「빈 산」 전문

명지바람 스치고
땅이 하얀 꽃잎들을
온몸으로 융숭히 받고 있어요.

나무초리를 타고
미끄러져 내려오는 햇살에
반짝 빛나는 꽃잎들.

융숭깊은 땅과 꽃잎들이 한 몸인
지금 이 순간
멧비둘기 노래도 멈췄어요.

허형만 「숲길에서」 전문

18. 사람에 관하여 시 쓰기

"첫째는 하나의 성격이, 정확한 묘사의 섬광으로써 마치 당신의 존재 속에 들어오기라도 하듯 생생하게 클로즈업되어 표현된 것. 둘째는 한 인물의 전 생애가 그것에서 나온 한두 가지 전형적인 사건-그것으로부터 그 인물의 일반적인 사고방식과 감정을 알 수 있는 그러한 사건-을 서술함으로써 제시될 수 있다는 것." -테드 휴즈, 『詩作法』(한기찬 역, 청하, 1982)

신선봉이 어느 날 사람 옷 입고 세상에 나와
세상을 거닐다 다시 산으로 돌아갔다 세상 사람들은
그를 이성선이라고도 하고 시인이라고도 하고 그가
육십 년을 살았다고도 전하나 그를 다스렸던
설악산이 보기엔 그는 풀잎이었고 이슬이었고
별이었고 구름이었다 적요의 골짜기를 흐르는
한 줄기 바람이었다

그가 세상을 건너간 뒤
세상엔
무엇 하나 건드려진 게 없었다
무엇 하나 상한 게 없었다

허형만 「이성선 시인」 전문

저 소리가 천지를 울린다

저 소리 하나가 천둥이고 저 소리 하나가 산내리바람이다

저 소리가 피 머금은 울음덩이다

저 소리 하나가 굽이굽이 천 리를 흐르는 수심 깊은 강물이다

오호라, 저 소리가 능운이다

저 소리 하나가 구름을 뚫고 저 소리 하나가 육신을 벗는다

*장사익: 우리 시대 최고의 노랫꾼

허형만 「장사익」 전문

우리는 국어시간을
기다렸다 자유의 시간
해방의 시간을 기다렸다
우리의 국어 시간엔
체언도 용언도 없었고
족집게식 문제풀이도 없었다
비 오는 날엔 빗소리가 정겨워
몇 편의 시와
몇 편의 소설이
교과서 안팎을 넘나들며
우리와 함께 살아 숨 쉬었다
바람 부는 날은 바람 부는 날대로
덜컹거리며 흔들리던 유리창
너머 먼 산등성이로
우리의 꿈을 방목하곤 했다
우울의 시대라 불렸던
육십 년대 초
우리의 국어 시간은 참으로
자유였고 해방이었다
그때 국어선생님이
바로 문병란 시인이었다
내 나이 서른 넘은 뒤
웃음으로 주례를 서주신 분이었다.

허형만 「문병란 시인」 전문

19. 풍경에 관하여 시 쓰기

"풍경을 가치 있게 만들어 주는 것, 단지 그 속에 있는 요소들을 제시함에 있어서가 아니라 그 요소를 이루는 사물과 생명체, 인간 사이의 만남을 부여하는 데 있어서, 풍경이 우리로 하여금 의식케 해 주는 인간적인 생생한 감정을 창조하는 것이 중요하다." -테드 휴즈, 『詩作法』(한기찬 역, 청하, 1982)

가까이 다가서기 전에는
아무것도 가진 것 없어 보이는
아무것도 피울 수 없을 것처럼 보이는
겨울 들판을 거닐며
매운바람 끝자락도 맞을 만치 맞으면
오히려 더욱 따사로움을 알았다
듬성듬성 아직은 덜 녹은 눈발이
땅의 품안으로 녹아들기를 꿈꾸며 뒤척이고
논두렁 밭두렁 사이사이
초록빛 싱싱한 키 작은 들풀 또한 고만고만 모여 앉아
저만치 밀려오는 햇살을 기다리고 있었다
신발 아래 질척거리며 달라붙는
흙의 무게가 삶의 무게만큼 힘겨웠지만
여기서만은 우리가 알고 있는
아픔이란 아픔은 모두 편히 쉬고 있음도 알았다
겨울 들판을 거닐며
겨울 들판이나 사람이나
가까이 다가서지도 않으면서
아무것도 가진 것 없을 거라고
아무것도 키울 수 없을 거라고

함부로 말하지 않기로 했다

허형만 「겨울 들판을 거닐며」 전문

밤새 머물지 못한 영혼들이 있었으리

그래 새벽은 안개를 낳고
떠다니는 영혼, 그 중에서도
상처받은 영혼들을 감싸주고 있으리

허형만 「안개」 전문

02 시창작을 위한 명상

1. 무기여 잘 있거라

헤밍웨이는 「무기여 잘 있거라」의 마지막 페이지를 39번이나 고쳐 썼다.

2. 100년의 기다림

세계적 명작 「모비 딕」의 작가 허먼 멜빌은 1840년대에 첫 소설을 완성했다. 그러나 1891년 죽을 때까지도 그는 문학 비평가들에게조차 알려지지 않은 무명작가에 불과했다. 1901년 미국 문학사에 그에 관한 내용은 단 한 줄로 간략하게 기록되었고, 그가 비로소 명성을 되찾게 된 1921년까지 그의 흔적은 미국 문학사의 어느 곳에서도 남아 있지 않았다. 그러나 오늘날 그는 '월트 휘트먼과 더불어 미국이 낳은 가장 위대한 작가'라고 극찬받고 있으며 그의 작품인 「모비딕」은 세

익스피어의 「햄릿」, 단테의 「신곡」과 같은 수준의 문학작품으로 평가되고 있다.

3. 여가

여가는 일에 끼어들어 관여하는 사람의 태도가 아니라, 자신을 열어두는 사람의 태도이다. 그것은 움켜쥐는 사람의 태도가 아니라, 놓아주는 사람, 자신을 놓아주고 내맡기는 사람의 태도이다. 잠자는 사람이 자신을 탁 내맡기는 것과 같다. (요셉 피퍼, 『여가와 경신』)

4. 하버드대학 도서관에 붙어 있는 명문 30훈 중 다섯 가지

1) 지금 자면 꿈을 꾸지만 지금 공부하면 꿈을 이룬다.
2) 불가능이란 노력하지 않는 자의 변명이다.
3) 가장 위대한 일은 남들이 자고 있을 때 이루어진다.
4) 고통이 없으면 얻는 것도 없다.
5) 피할 수 없는 고통이라면 즐겨라.

5. 文

갑골문자에서 '文'이라는 문자는 사람의 몸에 심장을 그려 넣은 모습이다. 즉, 文은 죽은 사람의 가슴에 심장을 그려 넣음으로써 부활을 기원하는 한 의식이었다. 다시 말해 주술적 그림이라는 뜻이다. 당사자들의 모든 감정과 애원과 느낌이 듬뿍 담긴 그림으로 후일 인간의 모든 기록을 상징하게 되었다. 그 기록 중에서도 감성이 담긴 기록을 말하는 학문이 바로 文學인 것이다.

6. 태양은 거기에 없다

태양은 지구로부터 92,000,000마일 떨어져 있다. 태양광선이 지구에 도달하는 데는 8분 38초가 걸린다. 그러나 사실상 빛이 지구에 도달하는 동안 태양은 이미 다른 곳으로 움직이기 때문에 우리가 눈으로 보는 태양은 8분 38초 전의 태양이다.

7. 별

스스로 빛을 내는 가스덩어리로 우리 지구도 하나의 별이다.

8. 블랙홀

블랙홀은 중력이 붕괴된 결과로 생기는 강력한 중력장을 가지는 천체이다. 천체학자들은 우리 은하계에만 약 10억 개의 블랙홀이 존재하며 블랙홀이 우주에서 차지하는 비중은 90퍼센트에 이른다고 주장하고 있다.

9. 우주광선(cosmic rays)

강력 충전 분자들로 이루어진 우주광선들이 지구를 향해 쉴 새 없이 쏟아지고 있다. 일반적으로 우주광선이 지나간 자리는 육안으로 분별하기 어려운 물방울이나 구름 성운 등이 생긴다.

10. 빛과 소리

빛은 1초에 지구를 7바퀴 반을 돈다.
소리는 해수면에서 1초에 332m 속도로 달린다.

11. 쑥

오늘날 약국에 표시하는 R은 원래 목성을 나타내던 천문학의 기호였다. 중세에 들어와서 의사들이 목성의 정기가 인체에 어떤 영향을 미친다고 믿기 시작했을 때부터 R을 쓰기 시작했다. 목성은 질병을 치료하는 데 가장 큰 효력이 있는 천체로 간주되었다. 어떤 한의사들은 쑥이 목성의 정기를 받아 자란다고 믿고 있다.

12. 지렁이

지렁이는 폐가 없기 때문에 피부를 통해 숨을 쉬며 특정한 종류의 지렁이는 10개가 넘는 심장을 갖고 있다. 또한 지렁이는 한 몸에 중요한 기관이 여러 개 있으므로 반으로 잘라도 곧 두 마리의 지렁이로 재생되어 살 수 있다.

13. 개구리

개구리는 청각기관이 눈에도 달려있어서 눈으로 보고 듣는 것이 모두 다 가능하다.

14. 동양 신화 속에 흐르는 인간의 행복

"나와 자연이 촘촘하게 연결돼 있음을 아는 거다. 그걸 통해 자연의 리듬과 같이 사는 거다. 그래서 내가 혼자가 아니라는 것, 자연과 우주와 연결된 생명임을 아는 거다. 거기에는 상처와 고통에 대한 자연 치유력이 흐르고 있다."(정재서 이화여대 교수, 「동양신화의 재발견」, 중앙일보 2013년 10월 1일자)

15. 알버트 슈바이처(Albert Schweitzer)

파도는 출렁이는 바다 표면에 지나지 않을 뿐, 파도 혼자 독립적으로 존재할 수 없다. 이처럼 나도 나 자신만을 위한 삶을 살 수 없고 나의 삶 또한 내 주변에 일어나는 모든 것들과의 경험을 통해 늘 존재할 뿐이다. 다른 모든 생명도 나의 생명과 같으며 신비한 가치를 지녔고 따라서 존중하는 의미를 지닌다.

16. 다람쥐

수백만 그루의 나무는 다람쥐에 의해서 심어진다. 다람쥐는 자기가 먹으려고 땅속에다 숨겨놓은 나무 열매를 못 찾아서 그 열매가 자라서 자동으로 숲을 이룬다.

17. 오케스트라 지휘자 마에스트로 로린 마젤

≪뉴스위크≫에서 토스카니니 이후 가장 뛰어난 오케스트라 지휘자로 일컫는 마에스트로 로린 마젤을 '열정'과 '연민'의 지휘자라고 소개하면서 이런 말을 쓰고 있다. "삶 없이 음악은 존재하지 않는다. 열정 없이 삶은 존재하지 않으며, 연민 없이 열정도 존재하지 않는다."

18. 미국의 화가 놀만 록웰

록웰이 파리에 가서 그림 공부를 해보았지만, 자신이 하는 예술활동에 점점 자신감을 잃고 의기소침해 있던 어느 날, 갑작스러운 발견을 하게 된다. 그것은 일상적인 풍경과 사람들이 결코 지루하거나 따분하지 않다는 것이었다. 문제는 우리가 호기심을 잃어버리고 그 일상에 대해 감사하는 마음을 잃어버린다는 것이다. 결국 예술가로서 자신에게 필요한 것은 새로운 장면scene이 아니라 새로운 관점view point이라는 것을 깨닫게 된 것이다.

19. 애정과 열정을 담아

"너희가 남의 것을 다루는 데에 성실하지 못하면, 누가 너희에게 너희의 몫을 내주겠느냐?"(루카복음 16,12)

20. 『훈계의 책』에서

눈이 보이면, 보라. 볼 수 있으면, 관찰하라.

21. 루카복음 10,23-24

그리고 예수님께서는 돌아서서 제자들에게 따로 이르셨다. "너희가 보는 것을 보는 눈은 행복하다. 내가 너희에게 말한다. 많은 예언자와 임금이 너희가 보는 것을 보려고 하였지만 보지 못하였고, 너희가 듣는 것을 들으려고 하였지만 듣지 못하였다."

22. 마르티니, 에코 공저 『무엇을 믿을 것인가』에서

우리가 살고 사랑하고 우리 스스로를 성화하기 위한 (.....) 우리 세계는 얼굴이라고 하는 이타성의 중심들이 존재하고 있다는 사실에 의해서 주어지는 것이다. 바라볼 얼굴, 존중할 얼굴, 어루만질 얼굴들이 존재하기에 우리 세계도 존재한다.

23. 아주 작고 하찮은, 대수롭지 않은 사물, 혹은 사람을

"아주 작은 일에 성실한 사람은 큰일에도 성실하고, 아주 작은 일에 불의한 사람은 큰일에도 불의하다"(루카복음 16,10)

24. 참된 겸손

우리 그리스도인이 데레사 성녀에게서 꼭 배우고 본받아야 할 것 가운데 하나가 '참된 겸손'이라고 할 수 있습니다. 성녀는 겸손이야말로, 참된 자신을 발견하고 주님과 일치하는 길을 걸으며 기도하는 데 반드시 필요하다고 강조합니다. (『매일미사』 2014. 10. 15)

25. 공부하라

자연은 순리가 있어. 그것을 거역하면 문제가 생겨. 사람도 순서를 벗어나 억지로 하면 문제가 일어나지. 만남도 그러해. 억지로 만나면 얼마 못 가서 갈라서기 마련이야. 뭔고 하면 욕심을 버려야 해. 허욕을 절에서는 번뇌 망상이라 하제. 요것에 빠져 기어코 끌고 가는 것이 있는데 바로 '고집'이야. 고집이 바로 『금강경』에 나오는 아집이고 아상이야. 아상이 없으면 문은 다 열리는 거여. 요새 사람들 공부해야 해. 그리고 공부는 죽을 때까지 해야 해. (송광사 방장 보성 큰스님, 『송광사』 2014. 10월호)

26. 梅香처럼 시인에게서는 詩香이

"오동은 천년을 늙어도 가락을 품고 있고/매화는 한평생 추워도 향기를 팔지 않는다/달은 천 번을 이즈러져도 그대로이고/버들은 백 번

을 꺾여도 새 가지가 올라온다" (조선 중기의 문인 신흠의 「野言」에서)

27. 시인의 자세

고려 말, 선지식이신 나옹스님에게 누님이 한 분 계셨습니다. 누님은 나옹스님의 절에 자주 놀러오곤 했습니다. 절의 큰스님이 동생이기에 우쭐한 마음도 내고, 공부하기보다 놀기를 좋아했습니다. 주위에서 잔소리를 하면, "내 동생이 도인인데 무슨 걱정이냐. 극락 갈 때 동생 발목 잡고 가면 되지" 하였습니다. 이런 누님을 지켜보던 나옹스님이 하루는 시자에게 저녁밥을 주지 않도록 했습니다. 공양을 마치고 나옹스님이 누님에게 가서 물었습니다. "누님, 배부르시죠?" "밥은 자네가 먹고 내 배가 왜 부르겠는가?" "그러면 염불기도는 내가 하는데 극락은 누님이 어떻게 갑니까?" (송광사 주지 무상 스님, 『송광사』 2014년 2월호)

28. 나

이 세상에는 나를 아는 사람들의 수만큼의 내가 존재한다. 각각의 '나'는 모양도 크기도 색깔도 제각각이다. 내 마음속의 나와 타인 속의 내가 일치하지 않는다는 사실. 심지어는 전혀 다른 모습일 수도 있다는 사실. 그리고 타인의 마음속의 나는 나의 전유물이 아님을 수긍하는 것. 세상을 있는 그대로 보는 지혜이다. (『송광사』 2014년 3월호)

29. 선인장 가시

원기둥 모양으로 분홍색 꽃을 피우는 이 녀석(낚싯바늘선인장)의 특징은 가시가 제 몸을 향해 구부러져 있다는 점이다. (.....) 어떤 선인장 가시는 구부러져 자신을 겨냥하고 있고 어떤 선인장 가시는 밖으로 뻗쳐 외부를 겨냥하고 있다. 그 겨울, 그녀의 눈은 항상 절박해 보인다. 밖으로 뻗은 가시처럼. 당신을 원해, 당신을 원해, 그런 눈빛. 사랑해주지 않으면 무엇이든 찌를 기세인 그런 눈빛. (박범신, 『소소한 풍경』, 자음과모음, 2014)

30. '집합체'가 아니라 '전체'다

언젠가 소설 수업시간에 들었던 선생님의 말이 떠오른다. "좋은 소설은 말이야, 인물 플롯 배경 등 부분 부분이 모여 전체를 이룰 때 비로소 완성돼. 집합체가 아니야. 집합체는 다시 나눌 수 있지만 전체가 돼봐. 다시 분리 못해. 소설만 뭐 그렇겠냐. 미학적 완성이란 그런 것일 테지. 예술이나 사랑이나 모두!" (박범신, 『소소한 풍경』, 자음과모음, 2014)

31. 안토니오 가우디(1852~1926, 스페인 출생. 건축가)

직선은 인간의 선이고 곡선은 신의 선이다. 자연에는 직선이 존재하지 않는다.

32. 롤랑 바르트(1915~1980, 프랑스)

우리를 둘러싸고 있는 일상의 광경 그 자체가 신화이다. 아무런 이상도 느끼지 않는 사람은 그 마음이 비어 있는 것이다.

인간은 예술을 통해서 존재하지 않는, 존재한 적 없는 그리고 존재할 수 없는 것에 강렬한 감동을 받을 수 있다.

33. 체코의 낭만주의 시인 마차(1810~1836)의 절친한 친구며 전기

작가인 사비나(1813~1877)의 말

"'조화는 대비의 결과'라고 말하고 나서 계속해서 '세계는 모두 대립적인 요소들로 구성되어 있다. 그리고.....'라고 말할 때, 그가 '그런데 시는' 하고 말참견을 하면서, '참된 시란 그 세계가 독창적이고 생동할수록, 은밀한 유사관계가 이루어지고 있는 대립이 더욱더 상반적으로 된다.'"라고 말했다.

34. 프란치스코 교황

나는 등반가에게 조언해 줄 수는 있지만, 그를 위해 대신 산을 올라줄 수는 없다.

35. 라몬 고메스 데 라 세르나(1888~1963, 스페인)의 「그레게리아」

서로 반대 방향으로 달리는 두 기차의 창문을 통해 서로를 바라보았다. 그런데 사랑의 힘이 너무 커서 갑자기 이 두 기차가 같은 방향으로 달리기 시작했다.

36. 조르주 상드(1804~1876, 프랑스)의 「말하는 떡갈나무」

내게 말을 해주었던 묵은 떡갈나무여, 내 자손들에게도 이따금 좋은 말을 들려다오. 그리하여 내가 그대를 사랑했듯이 그들도 그대를 사랑하기를!

37. 라이너 마리아 릴케, 『보릅스베데의 풍경 화가들』

풍경은 확실하다. 거기에 우연은 없다. 떨어지는 나뭇잎은, 그것이 떨어짐으로써, 우주의 가장 위대한 법칙 하나를 실현한다. 결코 망설이는 법이 없고 모든 순간마다 안정되고 느긋하게 완성되는 이 법칙성이야말로 자연을 젊은이를 위한 사건으로 만드는 것이다.

38. 임어당 『생활의 발견』

사자는 들 토끼를 습격하는데도 큰 코끼리를 습격하는 것과 같은 힘을 쓴다. 자연 또한 새, 물고기, 꽃, 풀잎, 새의 날개, 물고기의 비늘, 꽃잎, 나뭇잎 등을 만들어내는 데도 온 정력을 소비하는 것이다. 그러므로 세상에서 눈이 휘둥그레지게 하고 가슴을 서늘케 하는 것은 석굴이나 기묘한 경치만이 하는 것이 아니다.

39. 사르트르 『존재와 무』

단순히 자기 존재로 있는 것이 아니고 자기 존재로 있어야 할 것으로 있는 하나의 존재만이 하나의 장래를 가질 수 있다.

40. 역경 「자아치구自我致寇」

내가 원수를 만났다. 만나고 나니 바로 내가 나의 원수임을 알았다.

41. 하이데거 『예술작품의 근원』-시와 사색의 원초적 혈연성

인간의 사색은 존재가 언어가 되는 터전을 제공하는 일이다. 언어가 되는 존재의 집이란 이런 일을 바꾸어 말한 것이다. 사색하는 자와 시를 쓰는 자는 언어가 거처하는 숙소의 지킴이다.

42. 허만하, 「릴케와 쉬페르비엘에서 보는 〈시적 인식〉」(『예술가』2014

년 가을호)

릴케와 쉬페르비엘은 감성과 지성이 하나로 통합된 <시적 인식>이라 부를 수밖에 없는 방법으로 세계를 대상화했던 것이다. 눈에 보이는 것 안에서 눈에 보이지 않는 것을 보는 일이 시인이 해야 할 일이 아니겠는가. 시 정신은 안과 밖을 함께 가진다.

43. 시오노 나나미 『르네상스를 만든 사람들』

레오나르도 다 빈치만큼 평생을 '왜'로 일관한 사람은 없습니다. 내가 상상하는 레오나르도는 '페르케, 페르케, 페르케' 하고 혼자 중얼거리면서 방안을 오락가락하는 모습입니다. '페르케perche'는 이탈리아어로 '왜'라는 뜻이지요.

계속 '왜'냐고 물으면서 스스로 대답을 생각해보는 방법밖에 없을지도 모릅니다. 레오나르도는 관찰과 사색을 통해 얻은 착상을 글로 쓰거나 그림으로 그려서 사색의 깊이를 더해가는 작업을 계속한 게 아닐까요. 글이나 그림으로 표현하면 생각이 좀더 명료해지니까요.

"레오나르도는 본질적으로 겸허한 사람이었어요." "겸허함은 창작자에게는 필수불가결한 겁니까?" "필수불가결합니다. 누구에게도 지지 않는다는 오만함도 필수불가결한 조건이지만."

44. 석영중 『러시아 현대시학』

작고한 러시아의 망명시인 이오시프 브로드스키의 표현대로 시인은 어떤 의미에서 언어에 <중독된> 사람이다. 시인이 자신의 세계관과 사상과 감정을 압축된 텍스트로 빚어내는데 사용하는 말은 어느 순간 매체로서의 기능을 뛰어넘어 시인의 구상과 의도를 지배하고 더 나아가 그의 존재 자체를 대신하게 된다.

“시를 쓰는 사람은/언어가 그에게 가르쳐주기 때문에/아니 좀더 간단히 말해서/언어가 다음에 올 시행을 불러주기 때문에/시를 쓴다.” -이오시프 브로드스키

“이 세상 모든 것이 다 말하여졌고/못다 한 말 하나도 없네/하지만 사람들에게 영원히 빛나는 것은/못다 한 말의 빛이라네.” -N.마트베예바

45. 얀 무카르브스키 「시적 언어란 무엇인가」

시적 언어는 언제나 장식적인 표현이 아니다. 샬다Salda의 유명한 진술에 의하면, 네루다Neruda는 “길거리에서 닦이지 않고 정돈되지 않은 단어들을 주워다가 영원한 전달자로 만드는 놀랄 만한 대담성”을 지니고 있었다고 한다. 시적 언어는 감정의 표현을 드러내는 언어인 정서적 언어와도 다르다. 근본적인 차이는 이 두 언어가 지향하는 방향성에 놓여 있다. (결국)시적 언어(표현)의 목표는 초개인적이며 불변하는 가치의 창조에 있는 것이다.

46. 노벨문학상 수상자 쇼잉카

작가란 아직 해결되지 않은 것을 변화시켜야 한다. 문학이란 뱀처럼 껍질을 벗는 것, 새로운 생명을 탄생시키는 것. 진보는 직선이 아니라 순환이다.

47. 노벨문학상 수상자 르 클레지오

나를 위해 글을 쓴다. 내가 만족하기 위해 글을 쓴다.

48. 미국 소설가 솔 벨로우

사상가들과 과학자들은 계통적이고 체계적인 연구를 통해서 이 세계를 이해하려고 하지만, 작가들은 작가 자신밖에 없으므로 자신의 내면세계로 내려가 직관과 인상의 힘으로 불가시세계에 묻힌 진리를 가시세계로 끌어올려 구현시킨다.

49. 『잃어버린 시간을 찾아서』의 소설가 마르셀 프루스트

작가에게 인간정신의 적극적인 활동을 요구한다. 적극적인 활동이란 고통스러운 노력을 지불함으로써 자연스러운 호소에 응답해야 하는 것을 말하며, 동시에 직관으로부터 본질적이고 영원한 어떤 진리를 끌어내는 것을 말한다. 이러한 작업이 곧 '예술의 특성'이다.

50. 『채털리부인의 사랑』의 소설가 DH 로렌스

그가 즐겨 다루는 주제는 남을 자기식으로 규정하고 소유하려는 인간의 자세, 거짓, 점잖음, 옹색한 관습의 편견 따위들이 어떻게 사랑을 포함한 모든 자연스럽고 생생한 인간관계를 왜곡시키는가, 이 모든 제약을 어떻게 이기고 생생한 인간관계가 성립되는가 하는 것들이다.

51. 아파치 인디언의 시

이제 두 사람은 비를 맞지 않으리라. 서로가 서로에게 지붕이 되어줄 테니까. 이제 두 사람은 춥지 않으리라. 서로가 서로에게 따뜻함이 될 테니까. 이제 두 사람은 더이상 외롭지 않으리라. 서로가 서로에게

동행이 될 테니까. 이제 두 사람은 두 개의 몸이지만 두 사람 앞에는 오직 하나의 인생만이 있으리라. 이제 그대들의 집으로 들어가라. 함께 있는 날들 속으로 들어가라. 이 대지 위에 그대들은 오랫동안 행복하리라.

52. 언령言靈

말에는 정령이 깃들어 있다. 입에서 나온다고 해서 다 말이 아닌 것처럼. 생각도 없이 되는대로 쓴 한 편의 시가 어느 날 재앙이 되어 내게 돌아오는 법이다. 말 한마디, 시 한 구절도 삼가지 않을 수 없다. 어찌 함부로 붓을 놀릴 것이랴.

53. 시창작 정신

아무도 완벽하지 않다. 하지만 어느 누가 그 '아무나'이고 싶겠는가?

(Nobody is perfect, but who wants to be nobody)

54. 영국 속담

벌은 물을 마셔서 꿀을 만들고, 뱀은 물을 마셔서 독을 만든다.

55. 명나라의 사진의 말

(알맞은 한 글자의 선택을 위해 심혈을 쏟는 것을) 비유하자면 사람이 급히 모자를 사려고 시장에 들어가 여러 개를 꺼내놓고 하나하나 써보면 반드시 마음에 쏙 드는 것이 있는 것과 같은 이치다. 모자

고르는 법을 쓸 수만 있다면 시안詩眼은 공교롭지 않음이 없다.

56. 조선 후기 문인 이옥李鈺의 「이언인」

시는 만물이 사람에게 가탁하여 짓게 하는 것이다. 물 흐르듯 귀와 눈으로 들어와서 단전 위를 맴돌다가 끊임없이 입과 손을 따라 나오니, 시인과는 상관하지 않는다.

57. 송나라 평론가 엄우嚴羽

불섭이로不涉理路 불락언전不落言筌: 이치의 길에 빠지지 않고, 언어의 그물에 걸려들지 않는 것이야말로 최상승의 법문이다. -시인이 언어에 이끌려 다니지 말고, 언어를 주재하라는 주문. 사변의 늪에 빠져들지 말라. 또한 표현의 기교에도 지나치게 빠져들지 말라.

58. 연암 박지원 「답경지答京之」

아침에 일어나니 푸른 나무 그늘진 뜨락에서 이따금 새가 지저귄다. 부채를 들어 책상을 치며 외쳐 말하기를, "이것은 내 날아가고 날아오는 글자 飛去飛來之字이고, 서로 울고 서로 화답하는 글 相鳴相和之書이로다" 하였다. 오색 채색을 문장이라고 말한다면, 문장으로 이보다 나은 것은 없을 것이다. 오늘 나는 책을 읽었다. - 글자로 씌어지지 않고 글로 표현되지 않은 살아 숨쉬는 '不字不書之文'을 읽고 있다. 이것이 생취生趣 또는 생의生意다.

59. 이병주 대하소설 『산하』의 딱 한 줄 서문

햇빛에 바래면 역사가 되고, 달빛에 물들면 신화가 된다.

60. 사회학자 리처드 세넷 『장인』

완벽주의와 씨름하다 보면 나 자신을 의심하는 일을 해 보이려는 꼴이 되고 만다. 이 지경에 이르면 제작자의 정신 상태는 지금 만드는 물건이 해야 할 일보다도 제작자 본인의 역량을 보여주겠다는 쪽으로 더 쏠리게 된다. - 훌륭한 장인은 역설적으로 '완벽주의'를 피해야 한다는 충고.

61. 위대한 영성가 토마스 머튼 『토마스 머튼의 단상-통회하는 한 방관자의 생각』

루이빌 중심에 있는 4번가와 월넛 가의 한 모퉁이에서 나는 감격하여 어찌할 바를 몰랐다. 거리를 오가는 이 사람들을 모두 사랑하며 그들은 나의 것이며 나는 그들의 것이며, 비록 서로 낯선 사람들이지만 우리는 서로 이질적인 사람일 수 없다는 것을 갑자기 깨달았던 것이다. ..... 다르다는 착각에서 벗어났다는 느낌에 너무도 안심하고 기쁜 나머지 하마터면 큰 소리로 웃음을 터뜨릴 뻔했다. ..... 감사합니다. 하느님, 제가 다른 사람들과 같고 다른 사람들 가운데 하나인 것에 감사드립니다.

62. 98세 재미화가 김병기(2014년 12월 과천 국립현대미술관에서 회고전)

난 실존주의자. 지금이 제일 행복하며, 매일매일 힘을 얻는다. 우리는 뭘 하든 철저하게 살아야 하고, 적극적으로 사랑해야 한다. (중앙일보, 2014. 10. 21일자)

63. 모성을 위로하는 악기, 마두금馬頭琴

몽골의 전통 악기인 '마두금馬頭琴(모린호르 Morin Khuur)'은 악기의 끝 부분에 말 머리 장식이 달려있어 붙여진 이름이다. 찰현악기(현을 활로 마찰해서 소리를 내는 악기)의 일종으로 말총이나 명주실 등으로 만든 두 줄의 현을 켜서 연주한다. 고비 사막 부근에 사는 몽골 유목민들은 주요 이동 수단이자 양식과 털을 내주는 유용한 가축, 낙타를 위해 종종 마두금을 연주한다. 난산의 고통을 겪은 어미 낙타를 달래어 새끼에게 젖을 물리게 할 때이다. 낙타 울음 같은 마두금 소리에 "괜찮아, 힘내" 하는 가사를 입혀 노래하면 어느새 어미 낙타는 눈물을 흘리며 새끼를 돌본다. 몽골 사람들은 마두금을 켜는 것으로 어미 낙타를 위로하고 모성애를 자극한다. (『월간 엘로히스트』 2014년 10월호)

64. 달걀에 숨은 비밀

달걀은 우리에게 매우 익숙한 먹을거리다. 그러나 달걀은 그 자체가 살아있는 하나의 세포이기 때문에 유정란의 경우, 어미 닭이 3주만 정성스럽게 품어주면 마술처럼 그 안에서 병아리가 태어난다. 어떠한 생명의 징후도 보이지 않던 달걀에서 살아있는 생명이 탄생하는 것이다. (『월간 엘로히스트』 2014년 10월호)

65. 뇌가 싫어하는 것

익숙해진다는 것은 대뇌와 소뇌 안에 절차 기억 프로그램이 완벽하게 갖추어져 있음을 의미한다. 프로그램이 완성되면 그 동작은 무의식적으로 수행할 수 있게 된다. 하지만 그것은 뇌의 입장에서 보면 하품나게 지루한 일이다. 그래서 익숙하지 않은 낯선 일에 자꾸 도전

장을 내미는 것이 좋다. (요네야마 기미히로)

66. 인간

인간이라는 존재는 여인숙과 같다. 매일 아침 새로운 손님이 도착한다. 기쁨, 절망, 슬픔, 그리고 약간의 순간적인 깨달음 등이 예기치 않은 방문객처럼 찾아온다. 그 모두를 환영하고 맞아들이라. 그리고 각각의 손님을 존중하라. (시인 잘란루디 루미)

67. 만공 큰스님 말씀

같은 나무라도 목수를 잘 만나야 큰집 대들보로 다듬어지는 법. 땔나무꾼을 만나면 장작밖에 안 되어 불에 타 없어진다. 같은 흙이라도 솜씨 좋은 도공이 빚으면 고려청자가 되는 법. 솜씨 무딘 그릇장이가 빚으면 죽사발밖에 안 된다.

아무 나무나 목수만 잘 만나면 대들보가 되고 아무 흙이나 도공만 잘 만나면 고려청자가 되는 줄 아느냐? 나무도 나무 나름이고 흙도 흙 나름인 게야. 작대기감밖에 안될 나무를 목수가 무슨 재주로 대들보를 만들겠으며, 기왓장이나 구울 흙을 도공이 무슨 재주로 고려청자를 빚을 수 있겠어?

68. '바라봄'(觀)

옛날 어느 깊은 산에 오래 수도한 스님 한 분이 살고 계셨다. 어느 날, 찾아온 젊은 수행자와 이런 이야기를 나누었다. "어떻게 살아야 할까요?" "사슴이 옹달샘을 바라보듯 살면 어떨까?" "참 좋군요. 하지만 저는 좀 다르게 살고 싶습니다." "어떻게 말인가?" "옹달샘이 사슴을 바라보듯 살면 어떨까요?” “좋군, 나도 그렇게 살고 싶네.”

69. 시

예술이란 곧 사람이 사람답게 살아가는 한 방도이다. ‘사람’은 ‘살다’와 ‘알다’가 어우러진 낱말이다. 즉 삶을 아는 것이 사람이라는 뜻이다. 왜 사는지, 어떻게 살아야 하는지를 알고, 어떤 삶이 보람차고 어떤 삶이 헛된지 알고, 무엇이 값진 삶이며 무엇이 싸구려 삶인지 아는 것이 사람이라는 말이다. 따라서 예술은 삶의 결정체이다. 특히 시가 대표적이다.

70. 18개의 물독

중국의 서성(書聖) 중의 서성, 즉 계관서성인 왕희지는 글씨를 쓰는데 무슨 비결이 있기에 오늘날까지도 그토록 추앙받고 있을까? 그 비결은 바로 정원에 놓여있는 18개의 물독에 있었다. 왕희지의 일곱째 아들인 왕헌지는 매우 총명하고 서예 솜씨가 출중했다. 그러나 놀기를 좋아하는 게 흠이었는데, 어느 날 아들이 아버지처럼 잘 쓸 수 있는 비결을 물으니 왕희지가 정원에 있는 물독 18개를 가리키며 “네가 이 안의 물을 다 쓰고 난 후라야 그 비결을 찾을 수 있을 것이다.”라고 대답했다.

71. 인디언의 말(류시화 엮음, 『나는 왜 너가 아니고 나인가』)

대지를 잘 돌보라. 우리는 대지를 조상들로부터 물려받은 것이 아니다. 우리의 아이들로부터 잠시 빌린 것이다. -오래된 인디언 격언 우리의 아이들과 아직 태어나지 않은 더 많은 아이들을 위해 이 숲을 보호해야만 한다. 자신을 위해 말하지 못하는 새와 동물, 물고기와 나무들을 위해 이 숲을 보호해야만 한다.

-인디언 눅스크 족 세습 추장 콰치나스

어떤 식으로든 서로 연결되지 않은 것이란 존재하지 않는다. 모두가 서로 연결되어 있어서 우리가 하는 모든 행동은 우주 전체에 영향을 미친다.

-인디언 위네바고 족 루벤 스네이크

어느 곳이나 다 세상의 중심이다. -인디언 오클리라 라코다 족 헤하카 사파

대지는 우리가 언제나 살아온 집이며, 앞으로도 살아갈 집이다.

-인디언 치카쇼 족 린다 호건

우리가 이 세상을 소중히 여기지 않으면 세상 또한 우리를 소중히 여기지 않는다. 세상은 아름다움을 발견하는 자에게는 아름다움을 주고, 슬픔을 발견하는 자에게는 슬픔을 준다. 기쁨이나 지혜 같은 것들도 마찬가지다. 세상은 우리가 생각하는 것의 반영이다. 따라서 우리가 세상의 신비를 무시하고 마음대로 땅을 파헤치고 나무를 베어 넘긴다면, 언젠가 세상 또한 우리를 삶 밖으로 내동댕이칠 것이다. 우리는 대자연의 반격을 잊어선 안 된다. 이 세계 역시 우리 인간과 마찬가지로 살아 있는 하나의 생명체다. 그 생명체에게 위협을 가하면 안 된다. 이것은 단순한 경고가 아니라 진심으로 말하는 것이다. 당신들도 가만히 생각해 보면 알 것이다.

-인디언 카이오와 족 빅 클라우드

당신들의 땅인 어머니 대지가 죽어가면, 당신들은 서서히 영적인 죽음을 맞이하게 된다. -인디언 서부 쇼쇼니 족 캐리 댄

심지어 막대기와 돌멩이까지도 우주를 가득 채우고 있는 신비한 힘의 표현이며, 그 자체로 영적인 본질을 지니고 있다.

-수 족 인디언들의 격언

우리는 서로 연결되어 있으며 우리 모두는 하나이다.

-인디언 오네이다 족 팸 콜로라도

72.「연기」 - 브레히트

호숫가 나무 아래 작은 집
지붕에서 연기가 올라간다.
만약 연기가 없다면
집과 나무와 호수는
얼마나 쓸쓸할까.

73. 사르트르의 스위스 출신 조각가 자코메티 작품 해설

인간은 사과나 개와 같은 사물처럼 경험의 대상으로 파악될 수 없다. 사과나 개는 있는 그대로 존재하는 존재로서 그것 자체로 충족된 존재이다. 인간은 충족되지 않은 욕망을 가진 존재다. 충족되지 않은 욕망을 품고 있다는 것은 늘 결핍되어 있다는 뜻이다. 인간의 의식은 그 결핍을 채우기 위해 항상 무언가를 갈망한다.

74. 베르나르 베르베르 장편소설 『뇌』 상권

1) 우리는 '된다, 된다' 하면서 미래의 성공 쪽으로 자신을 이끌어 갈 수도 있고, '난 안돼, 난 안돼' 하면서 실패하는 쪽으로 스스로를 몰아갈 수도 있습니다. 어떤 사람들은 남에게 무슨 부탁을 할 때, "폐를 끼쳐서 죄송합니다만....." 하는 식으로 말을 시작합니다. 또 어떤 사람들은 무슨 일을 해도 좋으냐고 물을 때, "이거 하면 안 되나요?" 하고 묻습니다. 여러분도 그런 사람들을 보신 적이 있죠? 그들은 자기들의 요구가 거절되는 쪽으로 상대방을 유도하는 셈입니다. 무심결에 그런 행동을 하는 것이지요.

2) 예전에 어떤 백과사전에서 이런 이야기를 읽은 적이 있어요. 한 선원이 실수로 냉동 컨테이너에 갇혔다가 죽은 채로 발견되었어요. 그런데 사실을 알고 보니, 그는 얼어 죽은 것이 아니라 스스로 춥다고 생각했기 때문에 죽었다는 거예요. 그는 컨테이너 벽에 유리 조각으로 자기가 느낀 고통을 기록해 놓았어요. 손발이 얼어붙는 느낌을 생생하게 묘사했다는 겁니다. 하지만 목적지에 도착해서 다른 선원들이 그의 시체를 발견했을 때, 그들은 냉동 시스템이 작동되지 않고 있음을 확인했습니다. 그 선원은 스스로 춥다고 생각했던 것이고 그 확신이 그를 죽인 셈이지요.

3) 변화를 두려워하는 것은 인간의 내재적인 속성인지도 모른다. 인간은 자기 습관에 어떤 변화가 생기는 것보다 설령 위험할지라도 자기에게 익숙한 것을 더 좋아한다.

75. 베르나르 베르베르 장편소설 『뇌』 하권

1) 아기가 어머니 뱃속에서 나올 때 가장 먼저 느끼는 것은 빛이다.

공기는 그다음이다.

2) 인간의 뇌는 우주에서 가장 복잡한 구조이다.

3) 「마태오복음」 5장 3절 "행복하여라, 마음이 가난한 사람들! 하늘나라가 그들의 것이다."라는 말이 있어요. 소박하고 겸허한 마음으로 살면 누구나 행복할 수 있는 거 아닌가요? (마음이 가난한 사람= 불어 역으로는 마음이 소박한 사람 → 마음이 소박하고 겸허한 사람)

4) 실패하는 사람은 핑곗거리를 찾아내고, 성공하는 사람은 수단을 찾아낸다.

5) 뇌를 많이 쓰고 공부를 많이 하면 우리 뉴런의 접속 상태가 점점 좋아지죠. 뇌에 지식과 정보라는 영양을 많이 공급하면 할수록, 뇌는 점점 강해지는 겁니다.

6) 사랑에는 세 가지의 종류가 있다. 첫째는 에로스, 곧 육체적 사랑이다. 이는 성기와 관계가 있다. 둘째는 아가페, 곧 감정적 사랑이다. 이는 심장과 관계가 있다. 셋째는 필리아, 곧 정신적 사랑이다. 이는 뇌와 관계가 있다.

7) 단 한 방울의 물이 대양을 넘치게 할 수 있어요. 의식의 확대란 바로 그 점을 깨달을 때 실현되는 것이 아닐까 싶어요.

76. 나이 듦에 대하여

나이가 든다는 것은 덕이 깊어지고 성숙해가는 과정이다. 죽음도 인간의 성숙이 완결된 상태다. 여기서 나이 듦에 대한 지극히 긍정적인 고대 동양의 사유를 발견할 수 있다. 노화는 심신이 쇠잔해지며 쓸모없어지는 과정이 아닌 것이다. 나이가 들어간다는 것은 바로 자아의 완성인 군자와 진인(眞人)을 향해 한 걸음씩 다가가는 여정이라고 할 수 있다. 달리 말하면, 어느 광고 카피처럼, 노화란 나이가 드는 게 아니라 멋이 드는 것이라는 이야기이다. (채인택 논설위원, <중앙일보> 2014년 10월 25일자)

77. 좋은 글쓰기 10가지

1) 중요한 것은 문장에 실린 생각이지 문장 자체는 아니다. 2) 나쁜 문장이란 덜 숙성된 생각의 결과물이다. 3) 좋은 글은 마음속에 흐르는 노래처럼 리듬을 타고 온다. 4) 왠지 모르게 끌리는 글의 힘은 그 진실성에 숨어있다. 5) 소소한 일상을 꾹꾹 눌러쓰다 보면 진심이 된다. 6) 단풍잎에 무심한 눈길을 주는 순간, 삶이라는 꽃이 피어난다. 7) 이름을 붙일 수 없는 것에다 이름을 지어 붙여라. 8) 가장 쓰기 어려운 것이야말로 정말 써야 하는 '그것'이다. 9) 아침부터 저녁까지 쓰고 생각하며 의미로 가득 찬 삶을 살아라. 10) 끝까지 포기하지 않고 글을 쓰는 게 바로 재능이다. (장석주, 『글쓰기는 재능이다』)

78. 노년이 축복이 되려면

은퇴와 노후는 꽃다발을 받아야 할 기쁨이자 축복이다. 행복한 노후를 위해서는 준비가 필요하다. 1930년대 미국의 배우이자 감독이었던 가슨 캐닌의 "젊음은 자연의 선물이지만, 노년은 자신이 만든 예술작품이다. (Youth is the gift of nature, but age is a work of art)"라는 말이 떠오른다. (이수창 생명보험협회 회장)

79. 할리우드 스타 배우 러셀 크로

"호주에서 활동하던 당시 매일 아침 5시에 일어나 시드니 공원을 찾아 솔잎을 헤치고 땅바닥에 소원을 적었습니다. 지금 생각하면 우스운 일이지만, 그 시간에 깨어있는 배우는 나 하나일 거라 생각하며 마음을 다졌죠. 그런 노력이 지금의 나를 만든 것 같습니다." (인터뷰: 중앙일보 장성란 기자)

80. 인간미에 대하여

'인간미'를 한자로 쓰면 人間美가 아니라 人間味다. 눈을 즐겁게 하는 인간보다는 가슴을 덥혀주는 인간이 기억에 오래 남는다. 외모나 실력은 감탄의 대상이지만 수양과 덕성은 감동의 영역이다. 스포츠의 세계라고 다를까. 체격과 체력보다는 체온이 생명의 본질에 가깝다. 단맛만 좋아하면 성장에 해롭다. 쓴맛, 신맛, 짠맛, 매운맛 다 본 사람에게서 인간미가 나는 건 당연한 이치다. (주철환 PD)

81. 영감(靈感)

"봐라. 빛나는 악상이 없이도 멋진 곡을 쓸 수 있지 않느냐. 겸손하여라. 천재적인 악상이 너에게 필요한 것이 아니다. 평범한 재료를 가지고 성실하게 작업하는 연습이 중요하다. 그렇게 하면 너는 꼭 너만큼의 곡을 낳을 수 있을 것이다." 이렇게 가르치는 나 역시 영감을 기다리지 않는다. 농담이 섞인 것이기는 하지만 나는 "곡을 주기로 한 약속시간이 나의 영감이다."라고 말하곤 한다. (이건용 작곡가. 서울시 오페라단 단장)

82. 긍정의 힘

20세기 일본 작가에 관한 것을 읽은 게 있는데 그 사람이 이렇게 말했답니다. “사람은 계속해서 시도해야 한다. 설령 그것이 마치 한 마리 새가 가옥의 화재를 진화하기 위해 날개에 몇 방울 물을 실어 날랐다가 다시 몇 방울 더 구하기 위해 되돌아가는 짓과 같다고 하더라도 그러하다.” 가능성은 크지 않아요. 하지만 ..... 만약 도로상에서 차 사고가 난 지 10분 후에 당신이 현장에 도착했는데 사람들이 고속도로 사방에 피를 흘리고 누워있다면 당신은 할 수 있는 모든 일을 해서 그들을 구급차에 태워 병원에 데려가겠지요. 그들의 생존가능성이 얼마나 되는지 짐작해보려고 하면서 주변에 서 있지는 않을 거란 말입니다. (퓰리처상 수상 시인 W. S. Merwin)

83. 사랑의 핵심

사람들이 사랑이라는 혼란에 빠졌다고 생각한다. 두 가지 종류의 사랑이 있다. ‘사랑하는 것’과 ‘사랑받는 것’이다. 어린이였을 때 우리는 사랑받는다. 엄마가 우리에게 음식을 주고 아빠가 우리를 안아준다. 그래서 우리는 사랑이란 우리의 삶을 나이스(nice)하게 하는 무엇이라고 체험한다. 하지만 어른이 된 다음에는 사랑을 줘야 한다. 아무리 퇴근 후 지쳤더라도 아이들을 돌봐야 한다. 어른이 된 다음에도 받는 사랑만 알면 혼란에 빠지게 된다. 오늘날 어렸을 때의 받는 사랑밖에 모르는 어른들이 너무 많다. 다른 인간을 위해 나를 희생해가며 뭔가를 줘야 된다는 것을 모르는 것이다. (스위스 출신 에세이 작가 알랭 드 보통이 중앙일보 김환영 논설위원과의 인터뷰 중에서)

84. 시의 위기

시의 위기는 책을 읽지 않는 대중의 변심 탓으로 돌려지는 경우가 있다. 하지만 위기는 독자층의 엷은 두께에서만 초래되는 것은 아니다. 오늘날 많은 시가 이제까지 시에 전통적으로 요구되어 왔던 기쁨과 지혜로부터 멀어지고 있는 데도 큰 원인이 있다. 시인은 뛰어난 감수성과 언어감각으로 기쁨을 주고 생각하는 사람으로서 성찰의 계기를 마련해주는 것이 요구된다. (...) 언어를 통해 시인은 기쁨 속에 지혜를 줄 수 있어야 한다. 시인은 설령 그 궁극을 보여주지 못한다고 해도 세상에 대한 더 깊은 이해로 나아가면서 최소한 그 방향을 가리킬 수 있어야 한다. (양균원, 『욕망의 고삐를 늦추다』)

85. 「성 프란치스코와 암퇘지」-미국 시인 골웨이 키넬

봉오리는/모든 만물에 있다./꽃을 피우지 않는 것에게도/왜냐하면 모든 것은 그 내면으로부터/스스로를 축복하며 피어나기 때문./그러나 때로는 어떤 것에게 그것의 사랑스러움을/다시 가르쳐주고/봉오리의 이마에 손을 얹으며/말로, 손길로 다시 말해 주는 것이 필요하다./정말 사랑스럽다고./그것이 다시금 자신의 내면으로부터 스스로를 축복하며/꽃을 피울 때까지.

(다른 사람의 기대에 맞추며 경쟁하려 하지 마세요. 본래의 나로 존재하세요. 나에게 필요한 일은 꽃봉오리에게 하듯이 '너는 사랑스러워!'하고 스스로에게 말하면서 축복해주는 입니다. 그리고 다른 사람의 봉오리를 발견하고 축복해주세요. 모든 꽃은 스스로를 축복한 결과입니다. 그 자기 축복의 과정이 없으면 봉오리는 '꽃'이라는 완성을 경험할 수 없습니다. 여러분! 축복합니다. 서로에게 축복의 인사를 나누세요.)

86. 미국 시인 메리 올리버

세상을 살기 위해서는/세 가지를 할 수 있어야 한다./죽을 수밖에 없는 것들을 사랑하기./자신의 삶이 그것들에 의지하고 있음을 깨닫고/그들을 가슴 깊이 끌어안기./그리고 놓아줄 때가 되면 놓아주기.

87. 아르헨티나 시인 보르헤스

과일의 맛이 과일 자체에 있는 것이 아니라 미각과의 만남에 있는 것처럼 시의 의미는 종이에 인쇄된 단어들 속이 아니라 독자와의 교감 속에 있다.

88. 「시인의 숙명」-옥따비오 빠스

말? 그렇다. 그건 공기다.
대기 속에 사라지니까.
이 말들 속에 나 또한 사라지게 하라.
그러다가 어느 입술에 감도는 대기이게 하라.
정처 없이 떠도는 바람
떠돌며 바람을 흩뜨리는 바람.

빛도 스스로의 빛 속에 사라지나니.

89. 수정

인류 최초로 달에 착륙한 우주선은 달에 착륙하기까지 정상 궤도에서 이탈할 때가 많았다. 그런데도 무사히 달에 도착할 수 있었던 이유는 목표점을 항상 주시하고 있었기 때문이었다. 아폴로 11호의 선장 닐 암스트롱은 말했다. "우주선이 조금이라도 궤도를 벗어나면 곧바로 수정했습니다. 벗어나면 수정하고, 벗어나면 또 수정하면서 목표점인 달까지 무사히 도착할 수 있었지요." (월간 『엘로히스트』 2015년 1월호)

90. 풀잠자리

실제로 풀잠자리는 서로 노래를 하며 이야기하는 곤충인데 그 소리가 인간의 귀에는 들리지 않는다. (최재천, 『생명이 있는 것은 다 아름답다』)

91. 절대적 순수의 시인 정신

창자를 비운 몸무게를 싸리 줄기에 매달고 살을 에는 내설악 칼바람과 시린 겨울 햇살 따가움에 번갈아 시달리며 더덕같이 부드러워지는 용대리 덕장 황태 행렬의 암갈색 침묵. (허만하, 「강원도의 Ecce Homo」 2연)

92. 러시아 망명시인 이오시프 브로드스키

시를 쓰는 사람은 언어가 그에게 가르쳐주기 때문에, 아니 좀 더 간단히 말해서 언어가 다음에 올 시행을 불러주기 때문에 시를 쓴다. (석영중, 『러시아 현대시학』)

93. 러시아 시인 오시프 만델슈탐

시란 자신의 올곧음에 대한 시인의 의식이다. (석영중, 『러시아 현대시학』)

94. 러시아 시인 블라디미르 마야코프스키

말은 시인의 목적이며 또한 더 나아가 스스로의 목적이다. 인간에게 시인이 영향을 줄 수 있는 이유는 그의 시가 건전한 사상을 담는 트렁크라는 사실 때문이 아니라 그가 모든 순환적 관념에 대해 독자적인 표현을 발견할 수 있다는 사실 때문이다. 따라서 아무리 흥미로운 전기적 사실이나 아름다운 정경이라 할지라도 <오로지 말로 응고될 때에만> 가치가 있다. (석영중, 『러시아 현대시학』)

95. 현대시가 어렵다고 생각되고 있는 몇 가지 이유

첫째. 시인으로 하여금 모호한 표현을 아니 할 수 없게끔 하는 개인적 원인을 생각할 수 있다. 그 모호한 표현은 유감스럽기는 하지만 어쨌든 시인이 자기를 표현하고 있다는 점만이라도 가상한 일이라고 나는 생각한다.

둘째. 시가 난해한 것은 바로 그 참신 신기함에 기인한다. 우리들은 워즈워드, 셸리, 키츠, 테니슨, 브라우닝이 차례차례로 조소를 받아온 일을 알고 있다. 그러나 브라우닝이야말로 난해하다고 일컬어지는 최초의 시인이었음을 주의해야 한다. 그들보다 앞선 시인들에게 적개심을 품은 비평가들은 그 시인들이 어렵다고 생각하더라도 그저 바보라고 불렀을 뿐이었다.

셋째. 독자가 그 문제의 시가 아무래도 어려울 것 같다는 말을 듣는다든지 혹은 스스로 어렵다고 생각하는 데서 비롯된다고 본다. 일반 독자는 어느 시의 의미가 모호하다는 말만 들어도 그 시를 거의 감상 못할 만큼 겁을 집어먹기 쉬운 것이다. 독자는 모름지기 민감한 마음가짐으로 감상을 시작해야 할 텐데, 함부로 슬기로움을 휘두르거나 무턱대고 밑도 끝도 없는 것을 찾아보려고 덤비거나, 혹은 꼼수에 휘말려 들지 않겠다는 일심으로 자신의 감성을 흐리게 하는 것이다.

넷째. 독자가 보통 같으면 능히 이해할 수 있는 것을 시인이 생략하는 데서 오는 어려움이다. 이런 경우, 독자는 당황해서 생략된 것을 더듬거리며 찾으려 하지도 않고, 또 시인이 표현할 의사도 없는 터무니없는 '의미'를 찾아 골치를 앓는 것이다. 시의 '의미'가 지니는 중요한 효용은 시가 독자에게 영향을 미치는 동시에 독자의 어떤 습성을 만족시켜 주고 독자의 기분을 풀어주며, 가라앉혀 주는 것으로 생각한다. (T. S. 엘리어트, 이승근 역, 『시의 효용과 비평의 효용』)

96. 빛

『빛의 손Hands of light』을 써서 널리 알려진 미국의 심리학자 바바라 앤 브렌난Barbara Ann Brennan은 '빛은 생명의 다른 이름'이라고 했다. 곧 모든 생명은 저마다 빛을 가지고 있으며, 그 빛의 상태는 그것들의 심리나 물리적인 상태에 따라 달라진다고 했다. 과학자들의 말에 따르면 우주 안에 있는 모든 존재는 빛의 파동이요 입자이다. 그리고 우주에는 우리 눈으로 볼 수 있는 빛뿐만이 아니라 눈으로 볼 수 없는 빛도 수없이 많다는 것이다.

97. 개미

일반적으로 개미는 페로몬의 흔적을 따라 둥지로 돌아가는 길을 찾을 줄 아는 것으로 알려져 있다. 하지만 최근 연구에 따르면 개미는 페로몬의 흔적뿐 아니라 시각적 기억력도 사용할 줄 안다는 사실이 확인됐다. 사막개미는 특히 정교한 방향 감각을 지닌 것으로 알려져 있다. 페로몬을 활용하기 어려운 환경이나 바람에 의해 주변 지형이 바뀌어도 길을 잃지 않을 수 있는 비결은 지구 자기장을 감지하는 생체 나침반을 가졌을 뿐만 아니라 편광필터처럼 작용하는 여러 겹의 눈을 지녔기 때문이라는 게 전문가들의 분석이다. 이와 더불어 뛰어난 기억력을 바탕으로 정교한 GPS 능력을 자랑하는 개미에 대한 연구 결과도 보고되고 있다. (서울신문 「핵잼 사이언스」, 2020년 4월 11일)

98. 오스트리아 시인 잉게보르크 바하만(1926~1973)

*시인은 안개를 뚫고 날아온 부엉이처럼 깨어있어야 한다. 아테네 여신의 새인 부엉이는 지혜와 깨어있음을 상징한다. 문학이 할 일은 '냉정하고 끊임없이' 새로운 감각과 새로운 의식으로 부엉이처럼 깨어있는 존재가 되어야 한다.

* 시인은 깨어있는 인식 능력을 가진 독자를 요구하며 단 한 줄의 문장, 단 하나의 단어도 결코 우연으로 쓰지 않고 시인 자신의 깨어있는 정신을 싣고자 각고의 고통을 치른 언어를 선택한다.

* 바하만은 작가란 기존의 '일상어'와 끊임없이 싸워 '새로운 걸음을 하는, 새로운 정신이 깃든, 새로운 언어'를 찾아내야 한다고 강조하며 감각과 감성을 새롭게 해서 진실한 언어를 찾고자 적극적인 노력을 한 시인이다.

* 시인에게 완전한 것이란 참된 언어가 구현된 세계다. 나의 말이여 나를 구속해다오.

99. 터키 혁명시인 나짐 히크메트(1902~1963)

진정한 여행

가장 훌륭한 시는 아직 쓰이지 않았다.
가장 아름다운 노래는 아직 불려지지 않았다.
최고의 날들은 아직 살지 않은 날들
가장 넓은 바다는 아직 항해되지 않았고
가장 먼 여행은 아직 끝나지 않았다.
불멸의 춤은 아직 추어지지 않았으며
가장 빛나는 별은 아직 발견되지 않은 별
무엇을 해야 할지 더 이상 알 수 없을 때
그때 비로소 진정한 무엇인가를 할 수 있다.
어느 길로 가야 할지 더 이상 알 수 없을 때
그때가 비로소 진정한 여행의 시작이다.

100. 칠레의 시인 파블로 네루다(1904~1973)

* 시는 내 구원자이자 치유이며 숨통이다. 숨을 쉬어야 살 수 있듯이, 시를 쓰지 않으면 살 수 없다.

* 시인의 삶은 그의 시에 반영되어야 하며, 그것은 예술의 법칙, 인생의 법칙이다.

* 영화 <일 포스티노> 마지막 장면에 자막으로 나오는 「시」

그러니까 그 나이였어… 시가
나를 찾아왔어, 몰라, 그게 어디서 왔는지,

모르겠어, 겨울에서인지 강에서인지,
언제 어떻게 왔는지 모르겠어(이하 생략)

* 우리 시인들은 낯선 사람들과 섞여 살아야 한다. 그리하여 낯선 사람들이 길거리에서, 해변에서, 낙엽 속에서 문득 시를 낭송할 수 있어야 한다. 우리들이 지은 시를 소중하게 낭송할 수 있어야 한다. 그럴 때만이 우리는 진정한 시인이며 시는 살아남을 수 있을 것이다.

* 눈물에서 입맞춤에 이르기까지, 고독에서 민중에 이르기까지, 그 모든 것이 내 시 속에 살아 움직이고 있다.

101. 아르헨티나 시인 로베르또 후아로스(1925~1995)

* 『수직의 시 1』(1958)이라는 시집 이후 계속 같은 이름으로 『제3의 수직의 시』(1965), 『제7의 수직의 시』(1982) 등 열권에 가까운 시집을 출간한 시인.

* 사색의 깊이가 이룩한 '놀랍도록 투명한 시어의 구축물' -옥타비오 파스
불타는 투명성의 시 -비센떼 알레익산드레

* 후아로스의 세상 바라보기는 무엇보다 만유인력이 지배하는, 모든 것이 (죽음을 향하여) 수직으로 떨어지는 인간 실존 현상에 대한 진지한 탐구이다.

* 후아로스는 말한다. "시인은 다른 세상을 창조하거나 만들어내는

수밖에 다른 길이 없는 사람이다. 시는 허구가 아니라 진실을 창조한다. 나는 시가 참 현실이라고 말한다. 그리고 그것이 나에게 주어진 능력 내에서 찾을 수 있는 가장 큰 진실이다. 왜냐하면 시가 영원의 참다운 의식을 되찾는 길이기 때문이다."

*자기 손을 베개 삼아 베는 것/하늘도 구름을 베고 눕는다/땅도 흙덩이를 베고 눕듯이/그리고 나무도/자기 이파리들과 함께 스러진다./(중략)/사람다운 사람은 모두/다시 옮길 수 없는 노래 하나를 원한다. -「제7의 수직의 시 1」

102. 아르헨티나 시인 호르헤 루이스 보르헤스(1899~1986)

* 보르헤스를 말하지 않고는 현대문학을 말할 수 없다. 무엇보다도 보르헤스 시는 늘 성실하고 진지한 사고의 깊이를 간직한 현대시의 고전이다.

* 1978년인가 마드리드에서 민용태 시인은 보르헤스를 만났다. 민용태 시인이 자기 시 중에 가장 마음에 드는 것이 어떤 시냐고 묻는 질문에 보르헤스는 "그건 앞으로 쓸 시지"라고 웃더니, 그래도 크게 싫지 않은 시가 「은혜의 시」라고 말했다.

> 누구도 이 고백을/비난이나 눈물로 격하시키지 말라/달인의 득도랄까, 신의 훌륭한 아이러니, 책과 밤을 내게 함께 내리신 이 큼직한 은혜
>
> -「은혜의 시」 부분

* 보르헤스는 시가 그의 생명도 삶도 그 어느 것도 대변하거나 살릴 수 없음을 안다. 그는 시를 믿지 않는다. 동시에 그는 시 없는, 책 없는 인생을 믿지 않는다.

103. 창작 과정과 시 (존 홀 휠록)

시인은 '영감'이라 불리는 거의 초자연적인 흥분과 통찰의 순간에 그가 말하고자 하는 내용에 적합한 언어를 찾는다. 영감의 상태가 지속되는 동안에 하나의 행行이나 연聯 또는 심지어 한 편의 시 전체가 거의 또는 전혀 의식적인 노력 없이 시인의 마음속에 형성되는 수가 있다. 물론 이것은 단순한 가설이 아니라 실제로 일어나고 있는 일이다.

창조의 기쁨과 성취감에 도취되어 있는 시인은 자신이 아무런 도움을 받지 않고 혼자 힘으로 성취할 수 있었다고는 생각하지 않는다.

T. S. Eliot의 서정시에 관한 언급 : "시인은 먼저 표현을 시도함으로써 자신이 말하고자 하는 것이 무엇인지 알게 되기 때문에, 작품이 서서히 그 형태를 갖추어 감에 따라 시를 쓰기 시작할 때 다소 막연했던 충동이 마침내 그 윤곽을 뚜렷이 드러내게 된다."

시인은 한동안 낯익은 사물을 낯설게 보게 된다. - 말하자면 낯익은 사물을 낯설게 경험하게 된다. 시는 의사전달의 충동에서 유래하는 것이 아니다. 시는 P. B. Shelley의 비유를 빌리자면, '친숙의 베일'에 가려져 있어서 우리가 보지 못하는 실재實在를 시인이 스스로 재발견할 때 생겨나는 것이다.

시의 본질인 진리를 포착하려면 야생동물을 생포할 때처럼 살금살금 접근해야 한다. 직접 공격해서는 결코 생포할 수 없을 것이다. 시인은 짐짓 무관심한 척하면서 한 걸음 한 걸음 조심스럽게 접근한다. 끝없는 시행착오 및 수정과 첨삭을 되풀이하면서 은밀하게 목표물의 주위를 어슬렁어슬렁 맴돈다. 한 줄씩 한 줄씩 그리고 한 문장씩 한 문장씩 차례차례 시의 형태와 윤곽이 서서히 드러난다. 그 순간에 시인은 언어의 그물을 던진다.

한 편의 시를 창작하는 과정에서 있을 수 있는 최악의 상황은 시의 진실 또는 시의 비밀을 설익은 형태로 진술함으로써 완전하게 드러내지 못하게 되는 경우이다. 시인이 너무 서두르거나 과욕을 부린 나머지 점진적 명료화의 과정 중에서 어느 한 단계라도 회피할 때 이와 같은 상황이 일어나게 된다.

시인은 여하한 경험도 결코 당연하게 받아들이지 않는 사람, 항상 어린아이로 살아가는 사람들처럼 경이감과 즐거움이 넘치는 사람이다. 그렇지만 시를 쓸 때는 외과 의사처럼 냉철하고 분별력이 있어야 하며, 감정에 휩쓸림이 없이 초연해야 한다. 시인은 보통사람보다 더 열정적인 동시에 더 냉정해야 한다. 시인은 내면의 세계 또는 경험의 세계를 탐험하는 사람이고 시는 시인이 그 탐험에서 발견한 지식이라 한다면, 한 편의 시가 지닌 의의나 중요성은 그 탐험의 폭과 깊이에 달려있다.

*'점진적 명료화'의 과정: 시인은 처음에 막연한 충동에 이끌리어 시를 쓰기 시작한다. 시인 자신도 알 수 없는 막연한 충동에 어쩔 수 없이 이끌리어 적확的確한 표현을 찾다 보면, 처음에 막연하던 것이 점진적으로 구체적인 모습을 띠게 되고 그 의미가 명료해지게 된다.

104. 멕시코의 시인 라몬 로뻬스 벨라르데(1888~1921)

*라틴아메리카 현대시를 "가장 확실한 걸음걸이로 정착시킨" 시인으로 평가받는다. 시가 일상의 구체적 체험을 다룬다는 시법을 확립한 시인으로 일상을 야단스럽지 않고 친근한 목소리로 구체화한다.

*그의 시의 강점은 기발한 은유다. '기발한 은유'가 뜻하는 것은 일상적 테마를 평범하게 다루면서도 그것을 보는 시각을 전혀 엉뚱한 곳에서 끌어와 우리를 감동시키는 마술이라는 것이다. 오늘 기발하지 않은 이미지나 메타포는 고리타분하다. 고리타분하지 않으려면 말도 아닌 말을 붙이는 연습이 필요하다. ("나의 탐욕스러운 혈관에 우글거리는 개미들의 분노"-「개미들」, "불로 만든 혀, 내 마음을 대낮에 꺼내어 보여드리고 싶습니다"-「나의 마음은 어둠 속에서 빛으로 버려집니다」)

*벨라르데의 기발한 은유와 상징이 신선한 것은 시 소재의 바탕이 일상이며 쉽게 알 수 있는 현실인 데 있다. 땅에 있어야 높이 나는 새를 안다. 비행기를 타고 기러기 높이 나는 것을 보겠는가. 비약된 이미지는 이렇게 항상 땅, 현실, 구체적 상황 설정이 필요하다. 거기에 연상의 비약이 돋보인다. 벨라르데는 항상 쉽고 평이한 상황을 고

른다. 그러나 그의 눈은 멀고 깊은 곳에 있다.

*벨라르데는 말한다. "우리가 아는 것은 단 한 가지, 세상은 요술 같다는 것." "내 시의 말 한마디, 음절 하나도 내 뼈를 태워 나오지 않는 소리는 추방하려고 애를 쓴다."

105. 프란치스코 교황님 강론

사람이 다른 사람을 위에서 아래로 내려다 볼 수 있는 유일한 순간은 넘어진 사람을 일으켜 세우기 위해 도와줄 때뿐입니다. 이 외의 다른 경우에는 절대 위에서 아래로 사람을 내려다보아선 안 됩니다.

우리 모두의 마음 안에는 다른 사람을 파괴하려는 씨앗을 갖고 있습니다. 종종 타인을 반대하며 던지고 싶어 하는 비방과 단죄, 험담의 돌을 우리 손에서 내려놓도록 합시다. 우리가 다른 이들을 향해 험담을 던질 때, 우리는 돌을 던지는 셈이 됩니다.

우리 인간은 차이를 만들어내려는 경향을 지니고 있으며, 타인들의 가난으로 부를 축적하려고 합니다.

정신적인 피로는 우리가 살고 있는 순간의 나쁜 측면(불만족, 절망, 불평, 모든 것이 싫고 모든 것이 잘못됐다는 것 등)만 보게 하고, 우리가 보았던 좋았던 것들을 잊어버리게 합니다.

고대 신학자들이 말하는 '달의 신비'란 달은 스스로 빛을 내지 못하는 대신 태양의 빛을 반사한다는 점에 있습니다. 우리 또한 마찬가지로 우리 스스로는 빛을 발하지 못합니다.

교만과 오만함의 반대는 용서입니다.

03

시의 이해와 감상

1. 좋은 시를 쓰려면

좋은 시를 쓰려면 어린이의 마음, 어린이의 눈으로 사물을 보아야 한다. 영국의 경험주의 철학자 존 로크는 "태어날 때 인간의 마음은 어떠한 문자도 없는 백지상태"라고 말했다. 이 말은 곧 아이들이 장차 커서 발휘하게 될 재능의 종류와 가능성이 무한히 열려있다는 뜻으로 풀이될 수 있다. 그러나 이 말은 또한 시를 탄생시키는데도 그대로 적용된다. 시인은 태어날 때의 '백지상태'로 우주를 보고 우주와 소통해야 한다. 그래야 봄철 이 나라 산천 가득 돋아나는 쑥이 목성(천문학의 기호 R)의 정기를 받고 자란다는 사실, 목성은 질병을 치료하는데 가장 큰 효력이 있는 천체로 간주되었다는 사실을 알고 시 속에서 숨 쉬게 할 수가 있다. 시인은 늘 어린애의 마음, 어린애의 눈을 갖지 않으면 안 된다. 좋은 시는 친숙한 관습과의 결별에 있기 때문이다. 좋은 시는 타성에 젖은 뒤통수를 후려치기 때문이다.

나는 손주의 커가는 모습을 유심히 관찰하면서 손주로부터 나의 시에 대한 '통변(通變)'의 정신을 다잡는다. 통하여 변하는 정신, 이것이야말로 시가 갖추어야 할 핵심이지 않던가. 이 '통변'의 정신을 가르치는 어린아이의 천진성과 맑고 깨끗한 눈망울이 아니고서는 글자로 쓰이지 않고 글로 표현되지 않은 살아 숨 쉬는 글, '不字不書之文'을 읽을 수 없다. 이 시대 참으로 깨끗한 마음의 시인, 어린애의 마음으로 시를 쓰면서도 짐짓 그렇지 않은 듯 시치미를 떼는 시인인 오탁번은 그의 저서 『헛똑똑이의 詩 읽기』 첫장부터 이렇게 말한다. "그래서 요즘 나의 시 세계는 어린 소년 시절로 거짓말처럼 회귀하고 있다. 그렇다. 나는 이제 어린아이가 되는 데까지 돼 보는 거다. 점잖은 어른들은 어른 노릇을 하게 놔두고 나는 천등산과 박달재를 바라보며 배가 고파 울던 그 시절의 '탁번이'로 돌아가는 거다"라고. 이 얼마나 통쾌한가.

나도 어느덧 하래비가 되어
손주 녀석 사진을 품고 다닌다
방글방글 입으로 웃고
싱글싱글 눈으로 웃고
앙글앙글 소리 없이 웃는 모습이라니
배내똥도 향그러운
두 달도 채 안 된 손주 녀석
덕분에 이 하래비 또한
틈만 나면
남몰래 상글방글 웃는 모습이라니

-「하래비」 전문

두 달도 채 안 된 어린 아이의 웃음은 얼마나 맑고 향기로운가. 먼지 한 점도 묻지 않은 순수의 결정체를 보며 나도 어린아이가 되어 틈만 나면 그 웃음을 따라 배운다. 그리하여 나는 하늘이 주신 가장 귀한 선물, 하늘이 주신 가장 큰 축복인 손주에게 "아가의 눈동자는/밤하늘의 별보다 더 빛나고/아가의 웃음은/한낮의 햇살보다 더 환합니다/아가의 입에선/늘 향내가 풍기고/아가의 손은/늘 신비로운 꿈을 쥐었다 폅니다"라고 「아가를 위한 노래」를 바쳤다. 그렇다. 어린아이의 마음, 어린아이의 눈으로 우주와 접할 때 비로소 살아 영동靈動하는 운치, 즉 생취生趣를 느낄 수 있다. 이때 태어나는 시야말로 감동의 기운을 일으키며 그 시를 읽는 독자의 영혼을 어루만지는 스킨십의 효과를 준다. 미각과 같이 촉각도 8가지 이상의 자극을 가진 복합체이다. 촉각을 감지하는 신경세포는 손가락 끝, 입술, 혀 등에 가장 많은 수용체를 갖고 있다. 이러한 촉각의 감지 효과를 노리는 스킨십은 시에서 더 다양하고 깊고 은은하게 전달된다는 사실을 알아야 한다. 어렸을 적 서당에 다닐 때 어머니는 내 이름 부르기가 어려웠든지 꼭 "횡만아" 하고 부르셨다. 그 '횡만이' 시절의 눈과 마음이 녹아든 다음과 같은 시는 어떠한가.

조계사 가는 길

말표 검정고무신
청자표 하양고무신
네 줄로 나란히 좌판에 누워
일광욕을 즐기고 있다

노오란 은행잎 하나

살며시 내려와
고무신 콧속을 간지럼밥 먹인다

보살 셋, 발걸음 멈추고 환히 웃는 가을 한낮

-「가을」 전문

시월 하순
달마산 미황사 입구에
달마대사 배꼽 같은 동백꽃
환히 웃고 있었습니다

요거 몰랐지? 용용!
혓바닥 쏘옥 내밀며
놀려대고 있었습니다

저 멀리 산허리쯤에서
구름과 같이 놀던 가을이
서둘러 바랑을 메고
떠날 채비를 하는 게 보였습니다

-「동백꽃」 전문

바닷가 횟집 유리창 너머
하루의 노동을 마친 태양이
키 작은 소나무 가지에
걸터앉아 잠시 쉬고 있다
그 모습을 본 한 사람이
"솔광이다!"
큰소리를 지르는 바람에
좌중은 박장대소가 터졌다

더는 늙지 말자고
"이대로!"를 외치며 부딪치는
술잔 몇 순배 돈 후
다시 쳐다본 그 자리
키 작은 소나무도 벌겋게 취해 있었다
바닷물도 눈자위가 볼그족족했다

-「석양」 전문

2. 시를 쓰면서 생각해야 할 30가지

1. 주제에 대한 세밀한 해석이 중요하다.
2. 명확하지 않고 모호한 자기 논리에 빠지지 말라.
3. 자연과 인생에 대한 경이감을 놓치지 말라.
4. 마지막에 시적 진술을 마무리하는 힘과 긴장감을 끝까지 유지하라.
5. 시를 오랫동안 익혀야 한다. 오래 묵혀 충분한 발효를 거친 다음에야 좋은 작품이 된다.
6. 문장이나 문체의 완성도를 높여야 한다.
7. 기괴한 이미지로 난해하게 썼다고 해서 좋은 시라고 착각하지 말라.
8. 의식 또는 사유(사회적, 정치적, 미학적)가 시의 토대를 받쳐주어야 한다.
9. 시는 기본적으로 노래다. 운율 또는 리듬이 그것이다.
10. 실체가 명확해야 하고 흐름이 산만하지 않도록 유의하라.
11. 부분 부분이 풀어지지 않도록 압축하는 요령이 필요하다.
12. 구체적이지 못한 상투적 표현을 경계하라.
13. 지나치게 평면적인 제목은 피해라. 제목도 시에 포함된다.
14. 언어적 기교가 승한 시보다는 고유한 자기 목소리를 지닌 시가 좋다.
15. 감각적 리듬에만 주로 의지하다 보면 소품에 그치는 느낌을 준다.
16. 기시감이 느껴지는 표현은 삼가라.
17. 시적 사유와 문제의식을 끝까지 밀고 가야 한다.

18. 시는 운문의 세계이니 산문적 진술의 세계를 현란하게 드러내지 말라.
19. 시를 왜 써야 하는지 그 필연성마저 결여된 사유의 얄팍함을 경계하라.
20. 시의 본문은 물론이고 제목에까지 외래어나 외국어를 남발하지 말라.
21. 소재나 구조가 구태의연함으로써 신선미(참신성)가 부족하지 않는지 검토하라.
22. 구체적 일상과 실존의 경험을 통한 살아있는 이미지, 사물을 바라보는 번뜩이는 눈, 자신만의 문장을 가진 작품을 원한다.
23. 기성 시와 비슷한 착상의 시는 과감히 버려라.
24. 비약이 심한 문장은 오히려 부자연스럽다는 점을 명심하라.
25. 가능한 진술 대신 묘사를 통한 심적 상태를 제시하라.
26. 치열한 자기 인식과 긍정적 사유가 필요하다.
27. 시적 대상에 대한 따뜻한 시선이 중요하다.
28. 시적 감각이 신선하고 섬세하며 사유의 개성이 깊은 시를 신뢰한다.
29. 이 시대를 사는 우리의 내면적 삶을 성찰하게 하는 시가 좋다.
30. 이미지와 진술이 잘 조화된 자신만의 세계를 만들어가도록 노력하지 않으면 안 된다.

3. 시인들은 시간을 어떻게 사유思惟하는가?

후안 라몬 히메네스는 "시간과 기억은/지름길로 오지 않고/빛과 바람 타고 온다"라고 노래했다. "빛과 바람 타고" 오는 시간과 기억의 상징성은 우리와 세계와의 관계 속에서 존재의 내밀함을 파동으로 감지하게 한다. "존재하는 것이란 시간과 시간 사이에 끼어 있는 것"이라고 말한 하이데거의 사유思惟를 ≪계간문예≫ 2018년 겨울호에 발표된 시에 적용해보면 더욱 실감날 터이다.

참새들이 어디론가 날아가고
수도꼭지에선 물이 흘러내린다
잠그지 않은 수도의 물이 떨어지듯
시간은 언제나 같은 걸음으로 간다
사람들의 발길은 모두 제각각,
피어난 꽃들도 시들고 있다

어제는 이웃집에서 아기가 태어나고
오늘은 한 지기가 영영 멀리 떠났다

참새들이 기약한 듯 날아들고
수돗물 소리가 다시 들리어온다
참새들 지저귐이 그 소리에 끼어든다
아무런 일들도 없었던 것처럼 시간은
여전히 같은 보폭으로 간다
길을 더듬으며 나도 간다

-이태수, 「나도 간다」 전문

이태수 시인은 2018년에 제14시집 『거울이 나를 본다』와 대표 시선집 『먼 불빛』을 출간한 바 있다. 이태수 시인의 시간의 속도는 "잠그지 않은 수도의 물이 떨어지듯" "언제나 같은 걸음으로" 일정하다. 이 시간의 걸음 속에는 일상적 삶을 초월하는 꿈이 스며들어 있다. "오랜 세월 더 나은 세상을 꿈꾸어왔듯이"(「매미에게」) 어디론가 날아갔다가 다시 돌아온 "참새들 지저귐"이 수돗물 소리에 "끼어든" 것을 깨닫는 바로 그 순간은 "이웃집에서 아기가 태어"난 어제와 "한 지기가 영영 멀리 떠"난 오늘이라는 시간과 전혀 다르지 않다. 색즉시공 공즉시색色卽是空 空卽是色, 우리 앞에 "여전히 같은 보폭으로" 가는 시간, 시인은 "허물 벗고 싶어"(「매미에게」) "길을 더듬으며" 자아실현의 길 찾기에 집중한다.

그리움은
어둠 속에서 더욱 사무쳐온다
한 치의 앞도 아니 보이는
짙은 어둠 속에서
가랑잎 구르는 소리가
길을 흔든다
한때 젊고 늠름했던 시절에
소나기처럼
후둑후둑 달리는 불빛 하나
떠나간 그녀에 대한 마음이
그리움보다는 미움인가 했는데
솔솔솔솔 불던 솔바람이
어둠을 흔들어대자
하늘 열리는 곳에
별 하나 크게 떠 있다

화안한 길은
그렇게 열리고 있다

-구재기, 「화안한 길」 전문

구재기 시인 역시 2018년에 두 권의 시집, 『휘어진 가지』 『갈대밭에 갔었네』를 출간함으로써 20권의 시집을 우리에게 보여준 바 있다. 구재기 시인에게 있어 시간은 "젊고 늠름했던 시절"과 "떠나간 그녀에 대한" 그리움이 교차되면서 "화안한 길"을 바라보고 있는 현존재로 나타난다. 시인은 한때 "활활 타올랐던 붉은 불꽃으로/상처의 시간"(「내 몸에 간을 맞추다」)을 살았음을 고백한 적이 있다. 이 상처의 시간만큼 깊은 그녀에 대한 "그리움"과 "미움" 사이의 갈등은 마침내 "미워하는 마음으로/미움을 버릴 수"(「한 소식」) 없는 "어둠을 흔들어", 그 미움을 이겨낸 선한 마음의 "하늘이 열리는 곳"에 이른다. "하늘 열리는 곳에/별 하나 크게 떠" 있는 "화안한 길"은 그래서 시인의 과거와 현재의 시간이 녹아든 정신적 자유의 길이 분명하리라.

어딜 가나 널브러져있는 시간들을/줍는다, 내 것이 아닌 것들/당신 것도 아닌 것들, 그래,/누구의 것도 아닌 널브러진 골목들을/내가 걷는다, 내 것이 아닌 시간,/골목이 걷는다, 물론 당신 것도 아닌 골목/어딜 가나 실눈 뜨고 째려보는 시간/그래 마음껏 노려보거라, 내 것이 아닌 우울아/물론 당신 것도 아닌, 끝내 당신 것이라고/우기는 기쁨아, 우겨라, 마음 가는 대로/시도 아닌 것들/자꾸 시라고 우겨라/어딜 가나 널부러진 시, 언어, 부러진 문법/어긋난 사랑, 과잉된 시낭송, 과부하過負荷 걸린 절망/시가 생긴 이래, 시만 써서 밥 먹고 산 인류는/단 한 사람도 없었다/막노동만 해서 생계를 이어온 시인을/알고 있다 그의 이름만 알고 있다/오늘도 널브러진 시간들이/서점에도 못 가고 버려진다,/한 번도 읽혀진 적 없는/시간이 배설한 시간, 시를 주우며/내가 걷는다 허리가 아프다, 아프다,/아픈

것도 시시한 일,/詩, 혹은 시간, 아니면 골목

-김민홍, 「詩, 혹은 시간, 아니면 골목」 전문

김민홍의 시를 읽고 있노라면 시인이 "기타 들고"(「틈만 나면」) 노래를 불러주는 것만 같다. "어딜 가나 널브러져 있는 시간들" 속에서 시가 무엇이든지 간에 즐거움을 줄 수 있어야 한다면, 새로운 시적 경험과 연관된 시적 쾌감을 맛보는 시간이 필요하리라. 김민홍 시인은 말한다. 아니, 노래한다. "어딜 가나 널브러져 있는 시간들"과 "어딜 가나 널브러진 시"는 "내 것이 아닌 것들/당신 것도 아닌 것들, 그래,/누구의 것도 아닌" 것들이라고. 여기에서 "아닌 것"은 결코 부정이 아니다. 오히려 긍정적이고 희망적이다. 왜냐하면 우리에게 너무나 익숙해진 주변 세계, 즉 "시간들", "골목들", "우울", "시"와 같은 사물을 새롭게 드러내 보여주고자 하는 힘이 내장되어 있기 때문이다. "시간이 배설한 시간, 시를 주우며" 걷는 데 허리가 아프고, 아프고, "아픈 것도 시시한 일"이 되었을 때에야 비로소 "詩, 혹은 시간, 아니면 골목"이 각기의 존재를 새롭게 드러내 보여주면서 낯설게 경험하게 하는 게 아니겠는가.

한편, ≪계간문예≫가 마련한 특집 중에서 2017년에 등단한 ≪계간문예≫ 출신 시인, 김새록, 문경원, 박진호, 장만숙의 작품들은 신예들답게 신선해서 좋았다. 한마디 덧붙이자면, 2018년에 출간된 계간문예창작원 시창작동우회 사화집 『운현시사雲峴詩社』의 일독을 독자들께 권한다. (≪계간문예≫ 2019년 봄호 '이 계절의 시')

4. 모든 것은 서로 연결되어 있다

≪계간문예≫의 편집 특징은 '특별기획'과 '기획특집'에 있다. 특히 2019년 봄호 '특별기획 1'은 신춘문예 시 · 시조 당선자 신작특집으로 꾸며져 당선작과 비교해서 읽어볼 수 있다는 점에서 반가웠다. 또한 '본지 출신 작가 신작특집'은 지속적으로 출신 문인들의 작품활동을 보장해주고 있다는 점에서 출신 작가들의 긍지와 자부심을 심어주기에 충분한 기획이 아닐 수 없다. 전 장르에 걸쳐 촘촘하게 편집 방향을 전개해가기란 쉽지 않을 터인데도 매 호마다 그 수고를 마다하지 않는다. 특히 봄호부터 새로 시작한 차윤옥의 '독서산책'은 독서 대중들에게 앞으로 많은 기대를 모을 것으로 보인다. 이번 봄호에도 많은 시 작품이 발표되어 봄꽃 속에서 시와 함께할 수 있는 호사를 누리면서 얼마 전에 읽었던 오르테의 『돈키호테 성찰』과 하이데거의 『존재와 시간』을 떠올렸다. 사물이 없이 내가 있을 수 없고 내가 없으면 사물 또한 없다고 생각한 오르테, 사물과의 관계에서뿐 아니라 타인과의 관계에서도 예상치 못한 사건과 조우를 통해서 이루어지는 자신의 생각을 통찰한 하이데거의 글은 우리가 시를 통해 우리 모두는 하나이고, 우리 모두는 연결되어 있다는 사실을 다시금 상기시켜주기에 충분했다.

아메리카 원주민들, 오네이다 족이든 체로키 족이든 라코타 족이든 인디언들은 "우리는 모두 연결되어 있으며, 우리 모두는 하나이다."라는 정신으로 모든 생명체의 존재 가치를 가슴에 품고 산다. '우리 모두는 연결되어 있고', '모든 살아있는 것들이 서로 연결되어 있다'고 믿는, 이것이 곧 인디언들의 존재 이유였다. 프란치스코 교황님 역시 『찬미받으소서』에서 “이 세상의 그 어떤 것도 우리와 무관하지 않습니다. (…) 인간에 대한 온유, 연민, 배려의 마음이 없다면 자연의 다른 피조물과도 깊은 친교를 올바로 느낄 수 없습니다. 모든 것은 서로 연결되어 있습니다.”라고 말씀하셨다. 미국의 시인이자 화가인 커밍스가 노래한 “나의 눈이 눈을 떴다”라는 시 구절처럼 우리의 삶 속에서 이 우주의 모든 것이 연결되어 있다는 인식이야말로 시인이 갖추어야 할 필수적인 정신이 아닐까 싶다.

> 김치 썰고 간장 넣고/열무김치 콩나물/식은 밥에/비벼진/국물의 건더기들/서로가/서로를 뒤집어/무지개로 피어난다//빨간 사람 파란 사람/검은 사람 노란 사람/섞이고/흩어지고/뭉치고 비벼져서/지구가/맛있나 보다/된장국도 후루룩
>
> -강대선, 「비빔밥」 전문

강대선 시인은 올해 동아일보 신춘문예 시조와 광주일보 신춘문예 시 당선자이다. 동아일보 당선작 「마당 깊은 집」에 대하여 심사위원들은 “묘사 능력의 우수함, 그리고 시대의식이 배면에 깔려있다는 점, 풍요로운 서정성을 표현해낼 수 있다는 사실”을 발견했다. 특히 「비빔밥」의 경우, 첫째 수에서는 밥과 반찬이 하나로 비벼지면서 “서로가/서로를 뒤집어/무지개로 피어”나는 관계성, 그리고 둘째 수에서는 지구상의 모든 사람들의 하나 됨, “섞이고/흩어지고/뭉치고 비벼져서/지구가 맛있”기를 꿈꾸는 시인의 정신세계를 보여주고 있다. 오세영 시인도 「비빔밥」이라는 시에서 “음식나라에선/비빔밥이 민주국가다” “음식나라에선/비빔밥이 공화국이다” “음식나라에선/비빔밥이 복지국가다”라고 노래한 적이 있다.

기차역을 닮은 노란색 사이공 중앙우체국/커다란 시계가 달린 아치형 입구 아래/멀리서 온 수많은 사람들/그 속에 하얀 아오자이를 입은 소녀 하나/우표첩을 들고 국제전보 부스 앞에 서 있다/누구를 기다리는 것일까/뜨거운 여름을 식히는 스콜이 지나가고/뙤약볕 잠시 멈칫하고 서늘한 바람 드는데/곰삭은 붉은 벽돌을 차곡차곡 쌓아올린 길 건너/콜로니얼 양식 사이공 노트르담 대성당/뾰족한 두 첨탑 앞 그늘 없는 광장에/홀로 서 계신 성모의 눈빛은 멀고 아득하다/사람들 잠시 머물다 다시 먼 길 떠나는데/두 손 모아 성체를 들고 기도하는 그는 언제부터 이곳에서 서 있는 것일까/멀리서부터 비를 품은 검은 구름 밀려오는데//우체국과 성당을 오가며 나는/날이 저물도록 누군가를 기다렸을/때론 노랗고 때론 붉었을 그 사람을 생각한다

-곽효환, <우체국과 성당> 전문

이 시의 배경은 사이공 중앙우체국 입구와 사이공 노트르담 대성당 광장이다. 화자인 "나"는 우체국 입구의 "멀리서 온 수많은 사람들/그 속에 하얀 아오자이를 입은 소녀"와 길 건너편 노트르담 대성당 광장 성모상 앞에서 "두 손 모아 성체를 들고 기도하는 그"를 발견하고 "누군가를 기다렸을" 그들의 존재 의미를 "생각한다". 시집 『너는』에 수록된 「비움과 틈새의 시간」이란 시에서 "배꽃과 복사꽃 만발했던 자리에/코스모스와 키 큰 해바라기 몸 흔들고/배롱나무 더 붉게 물드는/세상의 풀과 나무와 산과 강이/제각각의 빛깔을 머금고 뒤섞이는 시간"이라고 노래했듯, 곽효환의 '틈새와 사이'는 항상 긴장으로 가득하다. 그러기에 이 시 또한 사이공 시내에서의 길 이편(우체국)과 저편(성당)이라는 틈새와 사이의 축적된 공간 속에서 '비움'과 '있음'이라는 투명한 긴장감을 느끼게 한다. 왜 그럴까. 그 이유는 아마 화자인 "나"와 "소녀"와 "그"가 남남인 듯 사실은 남남이 아닌, 어떤 식으로든 서로 연결되지 않은 것이란 존재하지 않는다는 시적 인

식 때문이지 않을까. 함께 발표된 「영원한 심장」에서 "홍강"과 "흐엉강"과 "메콩강"이 "마음이 어질고 바지런한 이 나라 사람들의 가슴에서 가슴으로 꿈틀거리며 이어지"고 있듯 말이다.

> 별이 무너졌다/낮게 어깨를 누른 담장 너머로/어느 비루한 흔적 지워가는/별이 졌다/ 초롱꽃 푸르게 빛나던/미선나무 곁가지에 놀러왔다 슬며시/숨어버린 그 별무리들/가슴 설렌 일이/ 어디 한두 번이었을까/숨결조차 가지런한/딛고 온 발자국이 꽃으로 분화하던 언저리/고개 꺾은 바람만/꽃잎 속에 웅크리고/지난겨울 떨어져간 아득한 이야기들은/봄 오는 길목에서 들꽃으로나 볼 수 있을까/언제나 풍경으로 다가와 반가웠던/해와 달/별과 구름들/어느 숲에서 하루를 지즐대고 있을까/이 겨울, 맨살로 맞서며/무너진 허공 속을/홀로 버티고 섰기에
>
> -배문석, 「미선나무가 외로운 까닭」 전문

배문석의 위 시와 함께 발표된 「막차」에서는 "어둠 헤쳐 가는 달", "아침마다 뜨는 해", "막차 타고 가는 저녁"이 모두 "홀로 가는 길"이기에 외롭다고 말한다. 그러면 이 시에서 "미선나무"가 외로운 까닭은 왜일까. 그 이유는 "초롱꽃 푸르게 빛나던/미선나무"가 "이 겨울, 맨살로 맞서며/무너진 허공 속을/홀로 버티고 섰기" 때문이다. "별이 무너졌다", "별이 졌다"로 상징화된 결별(또는 낙화)의 아픔이 "해와 달/별과 구름들"과 같은 우주적 사유로 확장되면서 '외로움'이 더욱 깊어짐을 느끼게 한다. 여기에서 '외롭다'라는 의미는 별, 해, 달, 구름이 늘 함께하면서 "초롱꽃 푸르게" 피웠던 '있음'이 겨울이 되어 '비움'의 현실로 바뀜으로써 느끼는 '홀로'라는 미선나무 내면의 감정에 불과하다. 따라서 배문석 시인의 시적 인식은 우주 속에서 존재하는 모든 사물, 생명은 그 존재 자체가 당연하거나 타자성이 아니라

우리와 무관하지 않다는 진리, 우리는 서로 연결되어 있으며, 우리 모두는 하나라는 점을 깨달으면 '외롭지 않다'라는 사실에 있다. 세상은 한 권의 '열려있는 책'이라는 엄연한 존재의 이유와 신비, 그리고 그 풍경의 경이로운 힘을 깨닫지 못할 때 그 어떤 존재이든 외로울 수밖에 없다는 사실 앞에 숙연해지지 않을 수 없다.

> 눈발 비집고/드러낸 뜨거워진 얼굴/먼저 총명聰明 위에/단단한 몸속 힘줄로/왜 그리 붉게/불을 켠 것일까//사랑하지 않고는/견딜 수 없는 기다림에/매서운 설한에도/꽃불 붙은 영혼을/피워 올려/뉘게 보내려는 것일까//겨우내 눈발을 머리에 이고 달관한/붉디붉은 꽃잎 속에/고이 품어/움켜쥔 그리움은/뭘 욕망하는 것일까//맨발로 건너온 겨울밤에도/열불 나는 동백꽃은/활활 타는 정념情念에/마음조차 설레고/새빨간 볼마저 눈부신데/불꽃을 잠재울 새봄은/어느 길목에서 서성일까
>
> -김훈동, 「동백꽃」 전문

A. 뒤마의 「동백꽃을 가지 여인」에 의하면 불, 꽃, 그것들의 공통분모는 사람들이 그 주기의 순간에 따라 붉거나 흰 그 위에 핀을 꽂는 동백꽃과도 같이 지나가는 시간이 곧 여인의 아름다움이라고 했다. 김훈동의 「동백꽃」 또한 동백꽃을 가진 '여인'을 떠올리게 하는데, "붉게 불을 켠", "영혼을 피워", "움켜쥔 그리움", 이 모두가 동백꽃의 심상이 여성성임을 암시하고 있다. "세상 첫 만난 새싹처럼/설렘뿐"이라는, 함께 발표된 「자리」에서처럼 동백꽃은 "활활 타는 정념情念에/마음조차 설레고/새빨간 볼마저 눈부"시다. 결국, 동백꽃은 "불꽃" 그 자체이기에 "맨발로 건너온 겨울밤" 지나 이 "불꽃"을 "잠재울 새봄"을 기다리는 마음, 그것은 곧 겨울에서 봄으로 이어지는 자연의 순환과 생명성을 노래함으로써 세계 속에서 계절이든 꽃이든

사람이든 서로 연관되어 있지 않은 것은 하나도 없음을 시인은 보여주고 있다. 이 시를 읽으며 "사물을 참으로 존재하는 그대로 보고 고통과 슬픔에 공감하는 사람은 삶의 깊은 곳까지 다다를 수 있다"고 하신 프란치스코 교황님의 말씀(『기뻐하고 즐거워하여라』, 2018)을 떠올렸음을 고백한다. (≪계간문예≫ 2019년 여름호 '이 계절의 시')

5. 존재의 본질과 마주한 시적 성찰

독일의 철학자이자 미학자인 테오도어 아도르노(1903~1969)는 "존재의 본질에 마주한 자아의 유한한 무력함의 증인이 바로 최종 작품이 된다."라고 말한 바 있다. 시는 실재의 번뜩임인 진리를 찾아나서는 과정에 있다. 이 과정에서 우리는 비로소 삶의 신비를 발견하게 된다. 시를 사랑하고, 시를 쓰고, 시를 읽는 이유가 여기에 있다.

≪계간문예≫가 지속적으로 신춘문예 당선자들을 초대해서 특집으로 마련하고 있는데, 여름호에는 주로 지역 신문의 당선자들의 신작을 모신 것은 그만큼 등단자들을 예우하는 차원뿐 아니라 독자들을 배려하는 기획자의 따뜻한 마음일 거라 생각하니 그지없이 반가웠다. 그중에서 2019년 부산일보 시 당선자인 권녕하의 「통일론」을 보기로 하자.

> 과학시간에 아이들과 휴대용 전등 만들기를 했다/두 개의 건전지를 다른 극끼리 마주 붙였다/갈라졌던 나라도 그렇듯, 급하게 잘못 연결하면/문제가 생길 수 있다고 아이들에게 설명해주었다/잘 연결되지 않을까 모두 걱정이 되어/청테이프로 몇 번을 칭칭 동여매었다/이어 양 끝에 색깔이 다른 전선을 각각 붙였다/붉고 푸른 색 옷을 입고 있었을 뿐/전선의 속은 모두 노란색 구리였다/아이들은 두 전선 속이 다른 줄로 알고 있지만/스위치를 만들고 전선을 각각 소켓다리에 연결했다/좀 더 밝으라고 전구 주위에 은박지를 바르고/마무리로 소켓에 전구를 끼우고 스위치를 켰다/서로 다른 양극과 음극이 모여 싱싱한 빛이 만들어졌다/수업이 끝날 때 아이들에게 이야기해 주었다/전등은 정전이 되었거나 밤길을 다닐 때도 필요하지만/너희들의 앞길을 밝혀줄 것이라고
>
> -권녕하, 「통일론」 전문

이 시에 대해 2019년 부산일보 신춘문예 당선작 심사평을 읽다 보

니 당선작으로 뽑힌 「거미」와 함께 응모된 작품으로 심사위원(강은교, 강영환)들은 "통일을 불을 밝히는 전구에 비교하여 표현"했다고 평했다. 권녕하 시인은 당선 소감에서 자신의 시를 "절친"으로 말하고 있다. 그러니 당선작과 함께 주목받은 이 작품도 "절친"임에 틀림없다. 화자는 과학 교사로 "휴대용 전등 만들기" 수업 중이다. 이 수업은 이론이 아니라 학생과 교사가 함께 실제로 수업 목적에 맞는 재료를 갖고 직접 만드는 과정을 통해서 수업 목표를 달성하는 것인데, "두 개의 건전지"와 "갈라졌던 나라", "붉고 푸른색" 전선과 "양극과 음극"이 상징하는 남한과 북한, "전선의 속은 모두 노란색 구리"라는 점을 강조함과 동시에 '우리는 하나'라는 한민족 동일체 의식을 절묘하게 학생들에게 암시함으로써 우리 민족의 통일의 필요성을 강조하고 있다. 휴대용 전등이 완성되어 마침내 "싱싱한 빛이" 만들어졌을 때 화자는 말한다. 이 전등처럼 앞으로 통일이 되면 "너희들의 앞길을 밝혀줄 것"이라고.

> 한입 베어 먹다 맞닥뜨린/사과 씨 하나//수천 년의 햇살과 비바람을 기억하는 그는/몸짓을 키우려고 욕심 부리지도/화려한 치장으로 눈속임하지도/달고 맛있는 속살을 원하지도 않는다//자신을 드러내지 않고/가장 깊은 곳에 웅크린 그는/다만 때를 기다릴 뿐이다//무심코 뱉어버린 이 작은 씨/사과나무를 키우는 힘이다/가지마다 사과를 붙잡을 힘이다//길바닥에 납작 엎드린 질경이도/가슴에 수많은 씨앗을 품고 있다
>
> -한순안, 「세상의 중심에는 씨가 있다」 전문

이 시는 화자의 시적 존재 의식이 독자로 하여금 사유의 깊이에 스스로 도달하게 하는 힘을 갖고 있다. "사과 씨 하나"를 통해 우주로 확산되는 시적 상상력은 퓰리처상 수상자 트레이시 K. 스미스가 노

래한 "세상에 우리만 있다고 생각하는 것은" 아마도 큰 실수일 거라며 우주와 우리의 삶이 하나라는 인식을 강조한 점과 통한다. "수천 년의 햇살과 비바람을 기억하는" 씨의 존재는 생명을 내포하는 신비한 잠재력을 상징한다. 이 신비한 잠재력은 곧 신비한 생명의 중심으로 "사과나무를 키우는 힘"이자 동시에 "가지마다 사과를 붙잡을 힘"이 된다. 씨가 내포하고 있는 이 존재론적 상상력은 "한입 베어 먹다 맞닥뜨린" 놀라운 경험을 통해 살아 숨 쉰다. 왜냐하면 누구든 사과를 먹다 보면 씨와 맞닥뜨리기 마련인, 이 당연한 상태에서 시인은 깨어나 생명의 놀라운 모습을 발견하고 있기 때문이다. 이러한 놀라움은 시를 늘 새롭게 하기 마련이다.

> 언제 입었는지/한참 된 것 같은 셔츠 주머니 속에/너댓 개 밥알이 뭉친 채 마른 채로 들어 있다/밥을 먹다 칠칠맞게 흘린 건가//말라비틀어진 밥알을 꺼내/버리려다 말고 오래 만지작거리며 들여다본다//언제 한 번은/셔츠 주머니에 단추 하나가 들어 있었는데/늪지를 함께 건던 당신이/내 셔츠에서 떨어진 단추를 주워 건넸다는 걸/더듬더듬하여 알게 되었다//넣어 담아둘 것이 있어서 주머니는 마음을 닮았다던가/뒤집어 보일 수 있어서 주머니는 마음하고 다르다던가/넣어 두면 아무 의미라도 되게/있는 듯 마는 듯 주머니 하나 가슴에 들여 놓고 산다
>
> -이병률, 「셔츠 주머니」 전문

"시 정신은 안과 바깥을 함께 가진다." 허만하 시인이 릴케가 발명한 '열려있는 세계'에 유사한 공간을 쉬페르비엘이 '수직성의 공간'이라 이름 지을 수 있는 독자적인 언어 공간을 말한 것에 관해 설명하면서 한 말이다. 즉, 이 두 시인이 생각하는 공간을 도상적으로 번역했을 때 종이접기의 접음금이 된다는 것, 이 종이접기의 접음금은 내면 공간과 외부 공간을 함께 가지는 집합점으로써 '시적 인식'은

바로 이 접음금에서 이루어진다는 것이다. (허만하, 「릴케와 쉬페르비엘에서 보는 <시적 인식>」, ≪예술가≫ 제18호, 2014년 가을호, 13쪽). 허만하 시인이 언급하는 시적 인식론에 공감하면서 이병률의 시를 읽어보면 "셔츠 주머니"와 "마음"이 접음금의 외부 공간과 내면 공간임을 알 수 있다. 화자의 셔츠 주머니 속에 있는 "말라비틀어진 밥알"과 "단추 하나"의 존재 의미는 어찌 보면 시인의 잠재의식, 나아가 눈에 보이지 않는 것을 보는 일이 곧 시인이 해야 할 일이라는 '시적 인식'에 다름 아니다. "주머니"와 "마음"이 "넣어 담아둘 것이 있어서" 닮았다. 반면 주머니는 "뒤집어 보일 수" 있지만 "마음"은 뒤집어 보일 수 없으니 서로 다르다. 그래서 화자는 "넣어 두면 아무 의미라도 되게/있는 듯 마는 듯 주머니 하나 가슴에 들여놓고 산다"라고 말한다. 사실 모든 존재라는 게 의미를 부여하지 않으면 아무런 존재가치가 없다. "아무 의미라도 되게" "가슴에 들여 놓"는 마음이 바로 시 정신임을 이 작품은 가르치고 있다.

이번 여름호에서 특별히 최영규 시인의 「전어설법錢魚說法」과 그 작품을 해설한 손희락 시인의 글이 돋보였다. 또한 기획특집으로 '시집 속에서 詩를 찾다'와 '시낭송가 15인이 추천한 애송시'를 읽다 보면 좋은 시란 어떤 것인가를 체득할 수 있어 고마웠다. 또한 '자유 · 평화 · 통일'을 주제로 계간문예작가회(회장 박성배)에서 무크지 『상상탐구』 제5호를 출간했는데 참여 시인만 무려 1백아홉 분에 달했다. 시 외에도 짧은 소설 열한 분, 수필 스물다섯 분, 동시 여섯 분, 동화 다섯 분, 문학평론 한 분 등 50~60년대에 등단하신 원로부터 2천 년대 최근에 등단하신 분들까지 참여하여 자유와 평화와 통일을 노래한 이 방대한 책은 우리 문학사에서 새로운 이정표가 될 것 같다.
(≪계간문예≫ 2019년 가을호 '이 계절의 시')

6. 발견과 경탄, 절대 순수의 서정성

오스트레일리아 원주민의 격언에 "우리는 모두 이 시간, 이 장소의 방문객이다. 여기에 온 우리의 목적은 관찰하고 배우고 성장하고, 모든 걸 존중하고 사랑하며 그런 다음 집으로 돌아가는 것이다."라는 말이 있다. 우리의 스승들은 끊임없이 독려하신다. 눈을 뜨라. 떴으면 발견하라. 발견했으면 관찰하라. 관찰하면서 통찰하라. 이 과정에서 경탄할 줄 알아야 하고 신비로움을 맛보라. 그러기 위해서 깨어있으라고. 니체는 호메로스가 어떻게 동시대의 다른 시인들보다 훨씬 구체적으로 묘사하고 표현할 수 있었는지에 대해 그만큼 많이 관찰했기 때문이라고 말했다. 하이데거는 릴케의 작품을 논하면서 "시인들은 최초의 발자국을 찍는 자들"이라고 말했다. 그리스 철학자 헤라클레이토스가 "예기치 않던 것을" 살피라고, 그리고 잉케보르크 바하만은 "시인은 안개를 뚫고 날아온 부엉이처럼 깨어있어야 한다"고 당부했다. 그러기에 존 홀 휠록이 "시인은 내면의 세계 또는 경험의 세계를 탐험하는 사람이고 시는 그 탐험에서 발견한 지식"이라고 친절하게 설명해주는 것을 오늘 우리는 겸손하게 경청해야 하지 않을까.

상배했다는 소식이 들리고
절필했다는 소문이 퍼지고
칩거한다는 말이 들렸다

빈 소주병으로 빈방을 빙 둘러놓고
부슬비가 전해주는 하늘의 말씀
사흘째 밤새워 귀 기울인다 하더니

시마詩魔에 씌웠나보다

새 붓으로 쓰는 구절마다 절창이다
새 펜촉으로 쓴 시마다 연서다
새 색연필로 그리는 작품마다 천국이다

그 천국은 시방
요절한 시인들의 기행이
정사情死를 유혹하는 위험한 파격이다

-김창완, 「봄나무 시인詩人」 전문

김창완 시인의 소시집이 눈에 띈다. '시로 쓴 시론 <자연의 변증법>'이라는 부제가 붙은 이 소시집에서 김창완 시인은 "'나무는 시집'이고 '봄나무는 시인'이라는 등의 발상에서 '자연이 곧 시다. 고로 시는 곧 자연'이라는 변증법적 비유와 상징의 언저리를 맴돌고 있다."고 '시작 메모'에서 밝히고 있다. 총 11편 중 첫 번째 작품인 「봄나무 시인詩人」은 봄나무와 요절한 시인의 작품을 연관시키면서 "새 붓" "새 펜촉" "새 색연필"로 치환된 봄나무의 새잎, 새 생명을 요절한 시인들의 솟구쳐 나오는 창작 시들과 동일한 현상으로 파악하고 있다.

1연과 2연은 작고한 천재시인 박정만과 조정권 시인을 떠올리게 한다. 나와 함께 군산에서 밤새껏 술을 마셨던 젊은 날의 박정만이 작고하기 전 아예 두문불출하며 그렇게 술을 많이 마셨다고 했다. 술 속에서 "시마詩魔에 씌웠"는지 한꺼번에 시집을 몇 권이나 쏟아냈다. 조정권 시인을 조문 갔던 날, 영정 안에서 "좋은 시 쓰자"고, 평소에 우리끼리 하던 말을 새삼스럽게 또 하고 있는 것 같았다. 이들이 쓴 시가 "구절마다 절창"이고, "시마다 연서"이고, "작품마다 천국"이었음을 봄나무에서 돋아나고 있는 새 생명들이 대신 전해주는 경이로움 앞에 숙연해진다. 그렇구나. 봄이면 나무들은 시인이 되는구나. 시인은 봄에 피어나는 새 생명을 닮아 우주에 "최초의 발자국을 찍는"(하이데거) 새로운 시를 쓰는구나.

> 아침 창밖에서 산새 한 마리,
> "또로로롱…아유 배고파!"
>
> 나는 창문 열고
> 쌀 한 줌 뿌려주었다.
>
> 그런데, 새는 먹지 않고
> 포르르 산으로 날아갔다.
>
> 얼마 후, 떼 지어 날아오더니
> 콕 콕 콕 콕 쪼아 먹으며,
> "아, 참 맛있다!
> 이렇게 친구 불러 함께 먹으니…"
>
> -정용원, 「맛있는 식사」 전문

정용원의 동심의 시는 요즘처럼 세상이 시끄럽고 흐릴 때일수록 많은 사람들이 읽고 맑아졌으면 좋겠다는 생각을 갖게 한다. 동시는 한사코 아이들만을 위한 시가 아니라 아이들은 물론이고 어른들을 위한 그야말로 맑은 샘물인 동심의 시라는 것을 우리는 잘 알고 있다. 프로이트는 "문학적 성향의 최초의 흔적을 찾아야 한다면 어린아이들에게서 찾아야 하지 않을까? (…) 문학 창조자는 결국 놀이를 하는 아이와 동일한 것을 하고 있는 것이다"(『창조적인 작가와 몽상』). 그렇다. 진정한 시인은 어린아이의 시선으로 경이로워하고 찬미한다. 창밖에 날아온 산새 한 마리를 발견한 눈은 바로 어린아이의 눈이다. 그래 그 산새가 배고플까 봐 "창문 열고/ 쌀 한 줌 뿌려주었"으나 그 산새는 먹지 않고 산으로 날아가 친구들을 불러 모아 "함께" 먹는다. 이 아름다운 광경이 우리가 진정으로 바라는 새 세상이다. 아프리카 원주민 부족의 아이들이 부르짖는 '우리가 있기에 내가 있다'는 "우분투!"를 "친구 불러 함께" 먹는 산새에서 발견한 나는 J.P.리샤르가 "인간이 왕래할 수 없는 풍경이란 없다."(『시와 깊이』)란 말을 떠올렸다.

당신 안엔 마두금 두 줄 현이 있네/가슴 속 울음통만으로 천년의 벽을 허물게 하네/허문 자리에 홀로 쌓아올린 돌탑이/목울대를 세워 초원을 달리는 말발굽소리를 불러내네

때론 지나가는 바람에 기울어지고 차가운 빗줄기와 폭설에 무너져 내렸으리, 당신의 감은 눈자위 꾹 다문 입술 안으로 쟁여둔 더운 눈물이 현을 울릴 때 비로소 가까워지는 당신과 나의 거리, 얼마나 말이 부질없는지, 어떤 대꾸도 소용없는지,

밤새 젖지 않는 물소리에/목젖은 붓고 명치 아래 통증은 깊어져/마두금 두 줄 안에서 피눈물로 넘치는 당신의 강/뿌리까지 핏빛으로 물들어/피뿌리꽃으로 피어나는 당신의 심금이 보이네/토하고 비어야 울린다는 득음의 흐미/빗장을 열고 꽃으로 피어나는/신의 소리를 만나네

-김금용, 「흐미 1」 전문

'흐미khoomei'란 몽골 투바족 전통 음악의 한 창법이다. 흐미는 목에

서 나는 소리가 높낮이가 다른 두 개, 즉 높은 음과 낮은 음을 동시에 내며 노래하는 것을 말하는 것으로 흐미와 함께 몽골을 대표하는 두 줄의 현으로 된 전통악기 마두금과 잘 어울린다. 김금용 시인은 이 흐미와 마두금을 들으며 "목울대를 세워 초원을 달리는 말발굽 소리"를 가슴에 품는다. 몽골인들이 흐미와 마두금으로 불러들이는 바람소리, 새소리, 물소리와 같이 자연의 소리, 우주의 숨결을 귀 기울여 들으며 시인은 "비로소 가까워지는 당신과 나의 거리, 얼마나 말이 부질없는지, 어떤 대꾸도 소용없는지" 온몸으로 깨닫는다. 하이데거식으로 말하자면 귀 기울이고 따를 때만, 듣는 것이 되는 것이라서 "토하고 비어야 울린다는 득음의 흐미/빗장을 열고 꽃으로 피어나는/신의 소리를 만나"는 것이다. 이 황홀한 만남이 있어 "초원에선 길이 필요 없는 것/마음 가리키는 대로 길 나설 뿐이다"(「흐미 2」). 그래야 "당신과 나의 거리"가 가까워져 천천히 스며들 게 아닌가.

나의 꿈은
지상에 내려앉는 것.
땅에 닿기 전
나무에 꽃에 닿아도 좋은 것.
너에게 가는 것.
뜨거운 너의 살에
천천히
아, 천천히
스며드는 것.

-박덕규, 「눈의 여왕」 전문

서로가 서로에게 스며든다는 건 소통이고 이해이고 사랑이다. 김금용의 「흐미」가 "빗장을 열고 꽃으로 피어나는/신의 소리를 만나"는 일이나 박덕규의 눈이 "지상에 내려앉는 것", "나무에 꽃에" 닿는 것, 나아가 "너에게" 가서 "뜨거운 너의 살에" "스며드는 것" 모두가 오늘날 각박한 세상 물정에 시달리고 있는 영혼들을 위로하고 맑은 물을 제공하는 역할을 하는 게 아닐까. 사실 인간이 모르는 순간순간마다 자연은 자연과 서로 스며드는 일을 멈추지 않는다. 그것도 "천천히" 말이다. 어디 한사코 눈뿐이랴. 빗방울도 그렇고, 햇살도 그렇고, 달빛도 그렇지 않은가. 눈[雪]이 "지상에 내려앉는" 꿈을 이루면서 "천천히" 스며드는 걸 발견하는 박덕규 시인의 맑은 눈[目]이야말로 말라르메가 "시는 창조하는 혼 안에 절대적인 순수와 빛을 가지지 않으면 안 된다."고 말한 점을 상기하게 한다. 다음과 같은 홍진기의 시조 「고와라」도 마찬가지다.

> 사랑을 모르면서 우린 서로 사랑했네//바람처럼 스치면서 구름처럼 지나가며//멀거니/바라만 보고/감미롭다 하였네.
>
> 어스름이 오디처럼 익어가는 밤저녁에//여태도 시들지 않아 봄처럼 자라는 꿈//고와라/꽃잎에 달린 이슬/향그러운 꿈이여.

(≪계간문예≫ 2019년 겨울호 '이 계절의 시')

7. 시인들은 시공時空 현상을 어떻게 의식할까

나는 어떤 장르의 작품이든 그 작품을 읽을 때마다 프랑스의 노벨 문학상 수상자 지드의 말처럼 "모든 예술작품은 하나의 문제를 해결한 결과이다"에 대입해보는 버릇이 있다. 에즈라 파운드가 상기시키곤 하던 '시도 하나의 예술'이기에 시를 읽을 때에도 이 버릇은 예외가 아니다. 그렇다면 '하나의 문제를 해결'하기 위해 시인들은 시공時空 현상을 어떻게 의식할까.

> 참말로 오랜 버르장이다/서너 시간 초저녁잠 자고/일찌감치 눈꺼풀 털면/주섬주섬 옷을 꿰차고/방문을 딴 다음 바깥을 살핀다//어둑 풍광은 바뀌지 않았고/눈비조차 쏟아진 바 없으니/진작 세워둔 듯 풍수(風水)의/한 켠이 한참 풀려나가서/봄날의 노란 꽃잎들만 반짝인다//아무런 일도 없었구나/돌쳐서 아내의 방문 따돌리고/햇볕 제대로 든 적 없는/내 쪽방의 어눌함 찾아서/적막의 횃불을 밝혀놓느니//겹으로 쌓인 먼지투성이의/그 밤을 해방시키기나 할 양/내 정신의 기관차를 좇아/바퀴 소리 요란한 들판 내달으며/푸르고 기찬 세상을 줄행랑 놓는다
>
> -성춘복 「내 하루의 시작」 전문

시공時空 현상을 의식해야 할 필요성은 예술이 갖는 기본이다. 특히 시는 시간 매체 속에서 작용하는 예술임을 잘 알고 있는 성춘복의 시는 매우 자전적이다. 성춘복은 2013년 봄에만 무려 두 권의 시집, 즉 제18시집 『길 밖에서』와 제19시집 『반백년의 나들이』를 연이어 상재했다. 위의 시 「내 하루의 시작」을 이해하기 위해서는 우선 제18시집 '책머리에' 밝힌 "형식과 같은 것은 뒤켠에 숨고 본질적이고 창조적인 것의 영원함이 표적이 된다. 가만히 앉았노라면 창밖으로 보낸 시

선도 '설렘'이 되고, 진작 버렸던 것도 떠남의 '아쉬움'으로 남아 헤아릴 도리가 없어진다."라는 고백을 귀담아 들을 필요가 있다.

성춘복의 하루는 "어둑 풍광은 바뀌지 않"은 시간에 일어나는 것으로 시작된다. 어둑 풍광과 "노란 꽃잎들만 반짝인" 색채 대비를 통해 하루의 출발이 밝음을 암시한다. 그리고 "햇볕 제대로 든 적 없는/내 쪽방의 어눌함 찾아서/적막의 횃불을 밝혀" 시인으로서의 창작에 임할 시간임을 알린다. 이어 "내 정신의 기관차를 좇아/바퀴 소리 요란한 들판 내달으며/푸르고 기찬 세상을 줄행랑 놓는" 창조적 에너지를 품고 작품을 쓰는 시간적 과정을 지속시킨다.

> 언젠가 나는 「사랑법-그림자」라는 시를 쓴 일이 있다. 거기에서 '나는 나를 미행하는 한 물체를 섬뜩하게 어느 날 보았다. 내 몰골을 빼닮은 유령이듯 밤낮없이 그는 내 곁에서 나를 감시하는 충복이었다. (중략) '어느 날 나를 닮은 또 하나의 내가 어눌하게 서 있었다.' 라고 나의 그림자가 나와 함께 유숙(留宿)하며 '만약 네 한 몸 바로 추스르지 않으면 너는 나와 함께 영원히 소멸되리라'는 경고로 나의 행동을 조정한다는 어조(語調)에서 문득 나는 너의 정체를 유추하기도 했으나 시간이 지날수록 네가 나에 대한 강한 집념 탓인지 나의 언행을 예사롭지 않게 관찰하고 있는 거 같아서 별로 탐탁하게 받아들이지 않았는데, 나의 잠자리에서나 그 꿈속에서까지 나를 챙기는 너의 심사는 과연 누구의 사주(使嗾)인가. 네가 나와 일심동체(一心同體)를 염원하는 황홀한 이 세상은 이루어질 수 있을 것인가 안타까운 현실적 의문만 매섭게 남아 있네.
>
> -김송배 「나와 너의 장법(章法)·2」 전문

그림자는 원시인들 사이에, 아니 현대인들에게도 때로 또 하나의 자아, 혹은 영혼이라고 생각한다. 이승훈에 의하면 태양이 정신의 빛을 상징한다면 그림자는 육체의 부정적 이중성, 혹은 육체가 표상하는 악과 비열한 측면을 상징한다. 김송배의 시에서 그림자는 "나를 미행하는 한 물체"이고, "나를 감시하는 충복"이며, "나와 함께 유숙留宿하며 나의 행동을 조정"하는 정체이다. '나'와 그림자는 서로 대비되거나 분리되는 것이 아닌, 한 몸이고, 한 정신이며, 한 영혼으로 나타난다. 다시 말하면 그림자는 '나'와의 이중적 부정성이 아닌 "일심동체一心同體"를 염원하는" 정신적 본능에 다름 아니다.

그렇다면 김송배가 생각하는 그림자는 과연 어떤 존재인가. "나의 잠자리에서나 그 꿈속에서까지 나를 챙기는 너의 심사는 과연 누구의 사주使嗾인가." 하며 고뇌하듯 공간 속에서처럼 시간 속에서도 현실적 삶을 넘어서는 절대적 존재이다. 이처럼 절대적 존재임에도 불구하고 "나"와 그림자가 일심동체 되는 "황홀한 이 세상은 이루어질 수 있을 것인가 안타까운 현실적 의문만 매섭게 남"는 이유는 또 무엇일까. 그것은 아마도 한 삶의 공간과 시간 속에서 본래의 온전한 "나"의 정신과 영혼을 지키고자 하는 진정성 때문이지 않을까.

> 어린아이 발바닥만한 내 작은 골방에는/몇 권의 책이 놓여 있는 책꽂이와/낡았지만 고운 소리의 오디오기 한 대와/앉은뱅이책상과 필통 하나/차를 끓이는 커피포트/ 그리고 하늘이 멀리 보이는 창문이 있다//창밖으로는/계절이 지나가는/봄, 여름이 보이고/낙엽 지는 가을/함박눈이 창틀에 소복이 쌓이는 겨울이 보이고//이 작은 공간은/우주에 떠 있는 섬처럼/전화벨 소리도 들리지 않고/아이들의 문을 여닫는 소리/아내의 발소리도 들리지 않는다//아주 가끔/창가에 밤톨만한 굴뚝새가 제집처럼 날아와/눈을 맞추고 훌쩍 날아가 버리면//골방은 다시 숲속처럼 고요해//날아간 굴뚝새를 속절없이 기다리며/심심한 몸짓으로/창에 비스듬히 기대어 있노라면/잔디밭의 달팽이도/하늘에 긴 사연의 편지를 쓰고 있는지/홀로 적막하다//나는 섬처럼 작은 이 공간에서/잠시의 나른한 여유가 즐겁다.

-김남호 「골방」 전문

김남호의 감각은 공간과 시간 속에서 투명하게 열려있다. 모호함이 없다. 모호함이 없다는 말은 미궁적 추구를 원하지 않는다는 말과 다르지 않다. "어린아이 발바닥만한 내 작은 골방"은 그래서 밝은 사유의 공간이며 "창밖"은 시간의 두께가 중층을 이루며 신선한 풍경을 만든다. "골방"이라는 "섬처럼 작은 공간"과 창밖으로 보이는 모든 우주적 생명체의 존재적 시간성이 대비를 이룸으로써 마치 공기의 감각처럼 새로움을 얻는다.

김남호의 이 시를 읽으며 시는 언어에 대한 명상보다는 삶에 대한 명상에서 훨씬 더 귀중한 자양분을 얻는다는 마르셀 레몽의 말을 떠올린다. 그것은 아마도 "다시 숲속처럼 고요"한 골방이라는 공간에서 "홀로 적막"한 시간 속에 "잠시의 나른한 여유가" 즐거운 이유 때문이 아닐까. (≪월간문학≫ 2013. 6월호 시평)

8. 시란 무엇인가?

지금은 정년 퇴임한 지가 한참 되었지만, 내가 대학 강단에서 강의할 때 존 홀 휠록의 『시란 무엇인가』(박병희 역주, 울산대출판부)를 교재로 사용한 적이 있었다. 왜냐하면 이 책은 시의 본질이라는 전체 주제에 초점을 맞춰 아홉 가지의 상이한 방향에서 다각도로 조명하고 있는데, 그 어떤 이론서보다 시와 시인에 대해 명쾌한 해답을 주고 있었기 때문이다. 시란 무엇인가. 도대체 시가 무엇이기에 60년대 초에 등단하여 평생을 시만 써온 원로시인으로 하여금 '밥이 중하냐 시가 중하냐'고 고민하게 하는가.

> 밥이 중하냐 시가 중하냐/이제 정직해지자//헌데, 그대는 왜/밥이 안 되는 시를 쓰나/배고픈 시를 버리지 못하나//밥만 먹어도 배고픈 밥/배부른 돼지보다/배고픈 시인의 길//왜 그대는 배고픈 시/맹물로 피를 만드는/배고픈 그 문학 버리지 못하나//알지 못해라 배고픈 시/직업이 안 되고 밥이 안 되는 시/그 시 버리지 못하는 시인의 마음//오늘도 또 하나의 소크라테스/또 하나의 이태백은 외치고 있다//살찐 돼지보다 시인의 길 원하여/밥과 시 두 갈랫길에 서서/차라리 나는 시를 앓고 있다/온몸으로 끙끙 앓고 있다.
>
> -문병란「밥과 시」 전문

누군가 시인에게 "밥이 중하냐 시가 중하냐"고 묻는다면 시인은 분명히 "시가 중하다"고 답할 것이다. 그러면 또 묻는다. "밥이 안 되는 시", "배고픈 시", 나아가 "직업이 안 되고 밥이 안 되는 시", "배고픈 시인의 길"을 왜 버리지 못하는가 하고. 그러면 시인은 대답한다. "맹물로 피를 만드는" 것이 시라고. 그래서 소크라테스처럼 이태백처럼 "살찐 돼지보다 시인의 길"을 선택한다고. 그렇다. 언어적 재능과 시적 재능의 만남이 탄생시키는 시의 입장에서는 비록 돈이 안 될지라도 시인이 자신을 버리지 않기를 바라고 있는지도 모른다. 그래서 시인은 시와 밥 중에서 시를 선택하는 것이고, "나는 시를 앓고 있다/온몸으로 끙끙 앓고 있다"고 고백할 수 있는 것이다. 원로시인의 시들지 않은 꿋꿋한 시정신, 시에 대한 절실함이 읽혀진다.

> 눈 쌓인 들판에서 봅니다/미움의 틈새 어디 있습니까/느낌 속으로 파고 들면/빛나는 것 참 많습니다/추운 것은 흰 것에 감싸이고/흰 것은 햇빛과 만나/맨살로 함께 뒹굽니다/우두커니 서서 구경하다가/마침내 스치는 바람의 속말/움켜쥐려 손을 쳐듭니다/그래도 관념의 옷 벗지 못합니다/열망의 겨울과 인륜의 경계에서.
>
> -김용재, 「경계」 전문

프란시스 베이컨은 『위대한 회복』에서 '자연은 감성과 오성보다 몇 배 더 오묘하다.'고 말한 바 있다. 사실 이 우주에서 가는 곳마다 우리는 온갖 신비와 마주치게 된다. 그러니 자연은 시인을 얼마나 감동시키는지 모른다. 눈 쌓인 들판으로 나가보라. 무엇이 보이는가. 화자는 말한다. "미움의 틈새 어디" 있느냐고. 눈 쌓인 들판에는 미움의 틈새도 보이지 않는다는 시적 인식이야말로 자연의 신비요 감동에 다름아니다. 미움의 틈새가 없으니 "흰 것"은 추위를 감싸는 다사로움을 보이고, "햇빛과 만나/맨살로 함께" 뒹굴 수 있는 것이 아니겠는가. 우리네 삶이 곧 이래야 된다는 거 아니겠는가.

> 버리고 버리고 /마지막 한 잎마저 버린/겨울나무는 말한다//그동안 우리는/얼마나 많은 것을 채우려 했던가,//흰 눈 푹푹 쌓이는 오늘 같은 날/한

때, 화려했던 꽃과 무성하던 이파리 다 보내고/저 홀로 겨울을 맞는//벗음으로써 가장 아름다운 것을 입는/나목으로부터 배운다//채우기만 하고 버리지 못했다면/저 많은 눈에 허린들 휘지 않았을까/가지가 꺾이다 못해 뿌리째 뽑히기도 했을 테지.

-김돌담길, 「나도 발가벗은 나무가 되고 싶다」 전문

자연의 순환적 생명력을 상징하는 것으로 나무 만한 소재도 드물 것이다. 특히 추위 속에서도 순결함을 상징하는 겨울과 함께 존재하고 있는 나무, "마지막 한 잎마저 버린/겨울나무"의 경우, 삶과 감각을 마비시키는 자연과는 달리 시인에게는 새로운 깨달음의 감각을 불러일으킨다는 점에서 이 시는 자신의 내면적 존재를 가식 없이 보여준다. 겨울나무를 통해 "그동안 우리는/얼마나 많은 것을 채우려 했던가"를 반성한다. 자신을 되돌아보는 일, 그것은 시인이 겨울나무를 단순히 낭만주의적 감성만으로 바라보지 않고 있다는 사실을 증명한다. "벗음으로써 가장 아름다운 것을 입는" 것은 표피적인 흰 눈과의 상관성을 떠나 시인 내면의 새로운 감성, 시적 경이로움의 또 다른 상징으로 읽힌다.

최종 목적지는 어디였을까/무엇을 찾아서/바삐 가던 길이었을까//길바닥 비참한 죽음/햇볕에 말라가는 내장을 보며/모른 척 그냥 지나칠 수 없었다//아슬아슬 기어가다 멈춘 생(生)/사람은 사람이 화장(火葬)을 하고/벌레는 바람이 장례를 치른다//마지막 전하는 애도의 한 마디/다음 생에선,/푸른 하늘 높이 나는 나비 되거라

-홍계숙, 「벌레의 죽음 앞에서」 전문

로드 킬에 관한 시는 종종 접해왔지만, 길바닥에 비참하게 죽어 있

는 벌레의 "햇볕에 말라가는 내장을 보며/모른 척 그냥 지나칠 수 없"어 쓴 시는 모처럼 읽는다. 서두에서 소개한 휠록은 "시인은 한동안 낯익은 사물을 낯설게 보게 된다. 말하자면 낯익은 사물을 낯설게 경험하게 된다."고 말했다. 시인이 시를 쓰기 위해 좀 더 유심하게 관찰해야 함은 당연한 것이지만, "아슬아슬 기어가다" 길바닥에서 내장이 말라가는 벌레의 시체는 곧 그것이 사람의 생과 하등 다를 바 없다는 절박감으로 읽히는 이유는 무엇일까. "사람은 사람이 화장火葬을 하고/벌레는 바람이 장례를 치"를지라도, 결국은 이 우주 속에서 모든 생명체는, 그것이 벌레이든 사람이든 본질적으로 하나라는 사실을 새롭게 절감할 때에야 비로소 시인이고 시가 아니겠는가. 그래야 원로시인처럼 비록 밥이 안 되는 시이지만, 시인으로서 시를 온몸으로 끙끙 앓을 수 있는 게 아니겠는가. (≪월간문학≫ 2013. 5월호 시평)

9. 풍경의 신선함을 창조한 감각

≪월간문학≫ 2013년 3월호 「편집후기」는 "≪월간문학≫과 ≪계절문학≫의 품격을 좋은 작품으로 회원 여러분 스스로 높여주시기 바랍니다."로 끝맺는다. 좋은 작품만이 잡지의 품격을 높여준다는, 그리고 좋은 작품만이 글 쓴 자신의 품격 또한 높아진다는, 편집자의 비장한(?) 부탁으로 들렸다. 이 말은 묘하게도 지난 2월호 「권두언」에서 한국 문단과 문인들에게 경종을 울린 신세훈 시인의 "문인 스스로 뼈아프게 반성해야 할 일 몇 가지"를 떠올리게 했다. 한국 문단의 병폐를 도려내고자 하신 대선배 시인의 충고는 참으로 무섭고도 매서웠다. 그래서일까. 3월호의 시는 독자들이 좋아했을 것 같다.

> 잠깐 성글게 뿌리는 첫 겨울비를/큰길가 버스 정류장 노점 안에서 긋는다/때마침 입성 그냥 그대로/차가운 빗속을 뛰어가던 중늙은 얼굴이/멈칫 나를 알겠다는 듯 고개 까닥 싱긋 웃고 지나간다/걸어 초등학교 통학했던 야트막한 둑길과 야산,/강제수용당한 논밭들이/ 감쪽같이 대단지 아파트와 고층 상가들로 몸 바꾼,/그렇지, 열세 살 적 어려서 떠났던 여기 세거지(世居地)에 와/모처럼 나를 아는 그 시절 후배 만났군,/그런데 누구더라/저만큼 뛰어가는 그의 생소한 뒤통수에/곧추선 반백의 머리올 몇 유독 성근 빗낱에 더 춥게 젖는다/물탕 튀기며 질주하는 자동차들,/네거리 횡단보도에 멈춰 선 낯선 신도시 사람들/그 길 건너 아파트 등 뒤에 걸린/남서쪽 먼 하늘이 이내 번하게 개어 오지만/빗물에 뜬 이 고장 낯설음들은 콸콸 하수구로 쏟아지고 빠진다/실낱만큼도 아니게, 아니 실낱만은 하게/정작 고향은 나를 아는/이름도 기억에 없는/그 중늙은 후배의 입가에나 남았군.
>
> -홍신선, 「첫 겨울비」 전문

첫 겨울비 오는 날 화자는 "열세 살 적 어려서 떠났던 세거지世居地"

에 와 그간의 변화된 모습에 놀란다. "걸어 초등학교 통학했던 야트막한 둑길과 야산,/강제수용당한 논밭들이" "낯선 신도시"로 변해버린 세거지의 풍경은 그곳의 사람들조차 낯설기 마련인 법. "정작 고향은" 이미 고향이 아님을 실감하는 화자의 여행은 이미 시간을 지나온 셈이 되었다. 고향을 잃어버린 현대인의 초상, 그것은 우리들 삶의 근원으로 되돌아갈 수 없는, 탄생과 일치하지 않는 대지를 바라보는 풍경이 아니겠는가. 이러한 풍경은 다음 시에서 더 구체화된다.

> 재개발의 억센 바람에 사람들이 흩어지자/돈 되는 쇠붙이부터 부리나케 뜯겨 나갔다/대문도 창틀도 없어진 집들은, 이왕지사/어서 철거해달라고 헌 벽으로 배를 내밀었다/낙엽과 쓰레기는 구석구석 자릴 틀었고/(중략)/마을 곳곳에 써 있는 구호들/LH와 안양시장은 이주대책을 해결하라!/갈 곳 없는 덕천 주민, 여기가 무덤이다!/상가 세입자의 생존권을 보장하라!/뻘겋고 뭉툭한 획들이 절박한 혈서이다/LH가 인수한 건물들에는, 손대지 말라!/시뻘건 X자, 등기부의 주말朱抹보다 진하다/혈서와 주말, 외쳐대는 소리 각각이지만/글자의 색깔은 똑같은 핏빛이다.
>
> -박공수, 「이음동색」 부분

이 시는 삶의 근원이자 터전을 "재개발"이라는 이름에게 빼앗긴 철거민들의 생존권에 관한 오늘의 현실을 충격적이면서도 적나라하게 보여주고 있다. 재개발지역을 지나다보면 흔히 볼 수 있는 상황이지만, 그러나 이 시가 우리에게 새롭게 읽히는 이유는 시인의 감각이 예민하다는데 있다. 앞의 시 「첫 겨울비」의 현실이 되기까지의 시간이 결코 정지된 것이 아니라는 점, 그리고 권력은 결국 "핏빛"으로 대변되는 황폐한 인간성을 만드는 괴물이라는 점을 이 시가 보여주고 있기 때문이다. 이처럼 현실적인 감각 속에서도 자신의 내면에 불을 밝히는 신선한 풍경도 있다.

> 목음(木音) 창호(窓戶) 연구원에 춘양목이 앉아 있다/뿌리 머리 다 잘린 채/300년 솟아오른 송진덩이를 이고 있다/몸속에 또아리 튼 옹이/기울어진 몸을 받쳐주고 있다/잘라도 잘라내도 자라나는 커다란 혹을/온몸으로 이고 있는 등신불이다//면벽 300년 시침 초침 단단한 물굽이가/푸른 핏줄에 꼭꼭 새겨 넣은 말씀 나이테가/이고 있는 큰 광주리에 쌓여/마침내 광배 환한 송진꽃이 되었다//장좌불와 300년이면 내게도 광배 환한 꽃 한 송이 필까/붉은 옹이 켜켜이 노래되어 넘칠까//미황사 대웅전 꽃살문 먼지 속에/부처님나무 기침 소리 들린다. -이혜선, 「불이(不二), 옹이광배」 전문

이 시는 우리에게 상상력과 언어의 작용이 얼마나 중요한가를 잘 보여주고 있다. 300년 된 춘양목 한 그루, 그것도 "뿌리 머리 다 잘린 채/300년 솟아오른 송진덩이를 이고 있"는 나무를 통해 시인의 사유가 얼마나 깊어질 수 있는가를 증명하고 있기 때문이다. "목음木音 창호窓戶 연구원에" 앉아 있는 춘양목은 비록 몸통뿐이지만 나무로서의 자신의 모습을 잃은 게 아니다. 오히려 "면벽 300년" 동안 "푸른 핏줄에 꼭꼭 새겨 넣은 말씀 나이테"가 쌓여 "광배 환한 송진꽃"으로 피어 있는 거룩한 생명이다. 이렇게 나무의 가장 은밀한 깊이에까지 파고드는 시적 감각은 마침내 나무와 내면적 존재와의 교감을 이루어냄으로써 "시는 기쁨에서 시작하여 예지로 끝난다"라고 말한 프로스트의 말을 떠올리게 한다. 그래서 우리는 이 시와 같은 풍경의 신선함을 창조한 작품에 매료된다. (≪월간문학≫ 2013년 4월호 월평)

10. 시의 네 번째 음성

≪광주문학≫ 2012년 겨울호는 우리에게 시 읽는 재미와 시인을 통하여 말하는 자아의 음성을 들을 수 있어 기뻤다. 존 홀 휠록은 "시인의 목소리가 아니라 무의식적인 예지叡智의 순간에, 모든 자아selves를 포함하는 더 오래되고 더 현명한 어떤 자아가 시인을 통해서 말하는 음성"을 시의 "네 번째 음성"이라고 설파한 바 있다. 이 "네 번째 음성"은 물론 엘리엇의 시의 "세 가지 음성"(시인 자신에게 말하는 시인의 음성, 독자에게 말하는 시인의 음성, 가상적 인물이 다른 또 하나의 가상적 인물에게 말할 때의 시인의 음성) 이외에 하나의 음성을 더 설정한 것으로, 시인의 음성이 아니면서 시인의 입을 통해 울려 나오는, 그리고 시인이 창조해낸 것이 아니라 단지 발견해낸, 이러한 음성을 듣는다는 것은 기쁜 일이 아닐 수 없다.

> 맨 처음 어느 종족이 너에게 금을 그었을까
>
> 그의 손끝에서 신석기의 햇살과 빗줄기가 새겨지고
> 그 틈 사이로 바람이 살짝 비끼어 갔을 것이다
>
> 흙테를 하나씩 빚어 올리는 그 순간에
> 아이들 웃음소리도 섞여들고 모닥불빛 또한 몰래 숨어들었을 것이다
>
> 그의 숨소리가 흙테 위를 조심스럽게 눌러 주었을 그 때처럼
> 내 호흡이 가만가만 깨금발을 딛는다
>
> 그의 눈빛과 나의 눈빛이 만나기 위해서 칠백 도를 넘어서는
> 뜨거움을 너는 견뎌야만 했을 것이다

그래서 그의 심장의 파동까지 온전히 담아내고서
육천여 년의 시간을 건너 이렇게 너와 나는 만나고 있는 것이다

밤하늘의 별들을 바라보던
그 크고 선량한 갈색 눈빛을 고스란히 말해 주면서

-강대선「빗살무늬 눈빛」전문

강대선의 이 시에서 우리가 듣는 네 번째 음성은 무엇일까. 그것은 '흙'이라는 자연의 모습이 '불'에 의해서 다시 새롭게 태어나는 생명의 음성이 아닐까. "맨 처음 어느 종족"에 의해 토기가 빚어지고, 빚어진 그 토기에 그어지는 빗살무늬마다 "신석기의 햇살과 빗줄기가 새겨지고/그 틈 사이로 바람이 살짝 비끼어 갔을 것"이라든가 이어서 "아이들 웃음소리도 섞여들고 모닥불빛 또한 몰래 숨어들었을 것"이라는 기막힌 상상력은 토기를 빚기 위한 수고로움이나 고단함을 뛰어넘는 행복감, 친밀감을 주기에 충분하다.

빗살무늬 토기를 마주 보며 "그의 눈빛과 나의 눈빛"의 만남으로 더욱 심화되는 이 행복감과 친밀감은 어디서 오는 것일까. 그것은 아마도 "육천여 년의 시간"과 "칠백 도를 넘어서는 뜨거움"을 견딘 결과였기 때문일 터이다. 시간과 공간이 일치했을 때, 그때 우주의 힘은 놀라운 위력을 발휘한다. 그 놀라운 위력이 이 시에서는 지금, 이 순간, "밤하늘의 별들을 바라보던/그 크고 선량한 갈색 눈빛"과의 만남으로 황홀하게 펼쳐지고 있다.

작두로 볏짚 썰 듯 새벽을 절단했다
새벽시장을 황구처럼 어슬렁이다가
백석의 시 '모닥불'을 보았다

불황의 칼바람 안주 삼아
깡소주로 시장기를 달랜 노숙자들

바짓가랭이 갯내 털어가며
생선 패대기를 한
더벅머리 아저씨
백사장 같은 배때기 자랑하고
장단에 맞춰 정 떼고 눕는 생선
녹슨 못자국 같은 그 눈빛들
고모 자살할 때도 보았다

모닥불 살풋 도니
옆 잠자는 새우들
붉은 부메랑의 아픔들
뱃속 태아처럼 웅크린다
굽어 사는 너의 삶
누가
새우등을 삶의 축소판이라 했는고.

-이근자, 「새우등」 전문

이근자의 시에서 우리는 서민들의 고달픈 삶이 어떠한 것인가를 가슴으로 듣는다. 새벽시장은 서민들의 삶이 새우등처럼 웅크려 있는 곳이다. "불황의 칼바람 안주 삼아/깡소주로 시장기를 달랜 노숙자들"이 모닥불 앞에 모여 있는 광경을 그냥 지나치지 않은 화자는 이 모닥불에서 백석 시인의 시 「모닥불」을 떠올린다. 백석의 시 「모닥불」은 우리 주변에 있는 가랑닢, 헌신짝, 짚검불이나 머리카락, 헝겊조각, 개터럭 같이 하찮은 것들 모두 함께 타면서 그 주위에 더부살이도 아이도 붓장사도 땜쟁이도, 심지어 큰개도 강아지도 모두 더불어 쪼이게 하는 따뜻한 '힘'을 보여준다.

여기 「새우등」 역시 새벽시장에서 타오르는 모닥불을 보고 "백석의 시 '모닥불'을" 떠올리며 노숙자들과 모닥불의 합일 정신을 우리에게 보여주고 있을 뿐 아니라 나아가 모닥불 주변의 "정 떼고 눕는 생선"이나 "뱃속 태아처럼 웅크린" 새우에게까지 연민의 정을 보내고 있다는 점에서, 그리고 "누가/새우등을 삶의 축소판이라" 했느냐는 절박한 목소리는 독자의 혼을 깨우기에 충분한 음성이다.

너무 고요하다.

풀잎에 맺힌 이슬
이슬에 고인 햇빛
굴러 떨어지며 흩어진다.

가늘게 땅이 흔들리고
이슬을 퉁긴 풀잎이
몸짓을 가눈다.

아련한 현기
멀리 천둥이 지나간다.

너무 고요하다.

-위증, 「풀잎」 전문

내가 시의 네 번째 음성을 기다리듯 모든 시인들이 기다리는 음성은 바로 이 제4의 음성이다. 아무리 숙련된 기교를 부린다 해도 제4의 음성은 아무에게서나 울려 나오는 게 아니다. 그 음성은 시인의 소리가 아니기 때문에, 감정의 뿌리까지 드러내 놓아야 하기 때문에 그렇다. 나는 위증의 「풀잎」을 읽으며 - 아니다. 시는 읽는 게 아니다. - 「풀잎」에서 울리는 네 번째 음성을 들으며, "우리와 함께 떠오르는 영혼, 우리의 생명의 별은 다른 곳으로 진다"라는 워즈워드의 시행을 떠올렸다.

이 시에서의 "이슬", "햇빛", "천둥"과 같은 하늘에서 내려오는 것들은 모두 성스러운 특성을 지닌다고 한다. 이와 같은 성스러운 것을 모두 품으며 "몸짓을" 가누는 "풀잎"이 곧 우주의 표상이며 생명의 숨결임을 이 시는 우리에게 암시하고 있다. 이 시에서 들리는 음성을 귀 기울여 들어보라. "고요하다". 그냥 고요한 게 아니라 "너무 고요하다." 왜 그럴까. "풀잎"은 인간적 존재와 자연적 존재를 동시에 상징하고 있는 탓에 하늘에서 내려온 모든 생명을 다스리는 힘을 갖고 있되, 그 힘을 드러내지 않기 때문이다.

예리한
바늘 하나
한 땀씩
건너는 땅

고행의
십자가를
수없이 업고 가니

영혼의
빈 처처마다
고이는
참회 눈물.

-이명희, 「십자수를 놓으며」 전문

시조가 우리를 달뜨게 하는 것은 갈고 다듬은 언어가 크낙한 울림으로 가슴을 치기 때문이다. 이명희의 시조는 우리네 아픈 영혼을 "참회 눈물"로 치유하는 힘을 갖고 있다. 초장에서 십자수를 한 땀 한 땀 놓아가는 과정을 중장에서 "고행의/십자가를/수없이 업고 가"는 종교적 고행으로 환치시킴으로써 십자수와 "십자가"의 교묘한 호응을 보여주고 있다. 이는 곧 십자수를 놓는 과정이 "고행"에 다름 아니며, 그 한 땀 한 땀이 종장에 이르러 "영혼의/빈 처처마다/고이는/참회 눈물"임을 깨닫기까지 얼마나 지난한 몸짓인가를 암시한다. 이 작품이 우리로 하여금 다시 한번 생을 돌아보게 하는 것은 십자수를 놓는 일이나 시를 쓰는 일이 결코 다르지 않기 때문일 터이다.

맑은 물줄기가 굽은 등 펴 보이며
붉은 멍이 번진 남강의 촉석루 돌아
저무는 햇살을 안고 하루를 접는 시간

부르면 올 것같이 돌아보는 바람소리
의암별곡義巖別曲 슬픈 가락으로 남은 흔적 닦으며
깍지 낀 열 손가락에 망울진 한을 푼다.

-이보영, 「저무는 촉석루」 전문

이보영의 시조는 저물어가는 진주 촉석루에서 자연의 질서를 발견해내고, 이 질서를 다시 창조하고 있다는 점에서 감동을 준다. 우리가 경험한 바로는 자연 현상은 결코 자신의 질서를 그냥 드러내 보여주지 않는다. 브로노브스키가 『과학과 인간의 가치(Science and Human

Values)』에서 명쾌하게 설파한 과학자의 질서 발견론은 과학자의 발견 의지와 시인의 시적 탐구가 결국 하나임을 암시한다. 다시 말해서, 질서는 발견해야 하며, 깊은 의미에서 질서는 창조해야 하는 것이기 때문이다. 이 시의 장점은 이 두 가지를 모두 갖추고 있다는 데 있다.

마지막으로, 최근에 읽은 시집 중에서 조숙형의 『붉은 카펫』(고요아침)은 시력 20여 년 만에 출간한 첫 시집으로서 우리에게 절절한 '시의 네 번째 음성'을 들려주고 있음에 감동했다. 특히 "사람다운 사람 하나가/그 위를 걸어 나에게로 온다/따사로운 햇살이 눈부시다." (「붉은 카펫」)에서 보여주는 맑고 순수한 정신, 시인으로서의 자세가 나를 사로잡았다. (≪광주문학≫ 2012년 겨울호 계간평)

11. 월간 ≪시詩≫ 추천시인상 심사평

1. 2015년 10월호 (제3회)

강동희의 응모작품은 우선 상당한 수련의 흔적이 엿보인다. 시는 천재성만으로 써지는 게 아니라 부단히 노력한 결과의 정신적인 소산임을 작품이 말해 주고 있다. 「이면도로」에서 보여주는 자유분방한 표현력은 길고양이와 비둘기 그리고 플라타너스에 이르기까지 생명의 숨결을 되살려낸다. 「새삼이라는 풀」은 풀의 삶과 민초의 현실적인 어려운 삶을 명료하게 대비시켰다. 「장마」 「오줌을 누는 동안」 「박정옥 금식」은 감정의 조절과 언어적 명상이 돋보인다. 나이에 비해 건강하고 신선한 시세계를 보여준 강동희 시인의 앞날이 기대된다.

기성서의 「포장마차」 「빈집」 「옛날이야기」 「이순」 「굴뚝새 되어」 등 5편을 당선작으로 추천한다. 기성서 시의 특징은 지나간 시간을 현재로 되돌려 음미하게 하는 매력을 지니고 있다. 「포장마차」에서는 "가파른 언덕배기에 사는 사람들"과 포장마차 주인의 따뜻한 인간미를, 「옛날이야기」에서는 50년대 유행했던 나이롱을 통해 오늘날 가짜 상품, 가짜 인간을 비춰보게 한다. 한편 「굴뚝새 되어」는 스타케미칼에서 정리해고된 차광호씨에 대한 일반인의 무관심을 시적 관심사로 떠올렸다는 점에서, 「빈집」은 떠나버린 고향에 대한 연민의 정이 녹아들었다는 점에서, 그리고 「이순」은 이순의 나이에 무거운 삶을 "헐렁하게" 비우고자 하는 마음이 각각 공감을 준다. 앞으로도 더욱 정진하기를 빈다.

염정금의 응모작들은 우선, 시적 대상과 표현이 신선하다. 시는 무엇을 쓸까가 아니라 어떻게 쓸까에 집중해야 하는 것이기에 염정금의 시들은 새롭게 읽힌다. 「카카오톡, 카카오스토리」는 스마트폰을 통한 대화의 수단에 관한 관심의 표현으로 현대인의 일상을 들여다보게 한다. 「민달팽이 유니온」은 전세난에 시달리는 대학생들의 현실이야기를 재치 있게 표현했고, 「시각언어」는 일상에서 보이는 사물을 시각적으로 보여주고 있다. 그리고 「모아모아 세탁소」와 「걸레의 변천사」는 삶의 현장이 시적 명상 속에서 꾸밈없이 드러나 있으면서 동시에 삶의 희망을 노래하고자 하는 맑은 심성이 돋보인다. 시인으로서 이제 첫걸음이다. 앞으로 당선작을 뛰어넘을 치열한 작품을 기다린다.

2. 2015년 11월호 (제4회)

제4회 추천시인상에 응모한 많은 응모작 중 최종심에 오른 응모자는 7명으로 압축되었다. 이 분들 중에서 심상운 시인과 진지한 논의 결과 김태우, 유재순, 조온현 등 세 분을 당선시키는 데 합의를 보았다.

조온현의 「두물머리」 「냉장고」 「먼지」 「매일 헤어지는 것들」 「개심사 세심동」 등 추천작들은 그동안 시 쓰기의 수련을 확인할 수 있는 작품이었다. 특히 조온현의 장점은 일상적 삶에 대한 따뜻한 시선과 생각의 깊이를 언어로 길어 올리는 힘이 돋보인다. 「두물머리」의 삶의 명상은 일반적으로 간과하기 쉬운 생에 관한 시인의 독특한 통찰을 보여주고 있다. 특히 "우린 떠나가는 물/오직 가서 가을이 이만큼 왔다고/단풍잎 하나 싣고 가면 그뿐이다"처럼 삶의 여정 속에서 '가벼움'과 '비움'의 의미가 무엇인지 우리에게 다시 생각하게 한다. 「매일 헤어지는 것들」에서 "내가 아는/그 얼마 안 되는 것들" 또한 스스로를 내려놓았을 때만 보이는 절창이다.

김태우의 응모작들은 소재의 특이성과 우주적 상상력이 눈에 띄는데 그 중 「들꽃」 「청년을 위하여」 「아침 햇살」 「하늘 청소부」 「소방관」을 당선작으로 뽑는다. "내가 떠난 이곳 지구별에서/아름다운 들꽃이 계속 피어나는 것을/모든 것이 하나로 연결된 여기에서 보리라!"고 표현한 「들꽃」의 우주적 상상력은 김태우의 시적 인식이 얼마나 깊은가를 단적으로 보여주기에 충분하다. 「아침햇살」에서 "어둠은 사라지고/아침 햇살 밝게 비추어/처음 보듯이/두 번 다시 못 볼 듯이/온 세상이 신비이다"고 노래할 수 있다는 것은 삶의 경이와 신비로움에 대한 평소의 삶을 대하는 것 같아 얼마나 반가운가. 무릇 시인에게는 이러한 생의 신비를 온몸으로 체득해야 함을 보여주고 있다.

3. 2016년 7월호 (제7회)

지난해부터 월간 ≪시詩≫가 '추천시인상'을 통해 신인들을 발굴하고 있는데, 예상보다 많은 응모작품이 접수되고 있는 것을 확인하고, 시인 지망생들의 시적 열망이 얼마나 큰지 알 수 있었다. 그래서 우리는 이 열망에 호응하기 위해 앞으로 실시하는 제7회 때부터는 심사방식을 개선하기로 하였다. 단 한 번 당선으로 '등단'시키는 현재의 방식 때문에 큰 기대를 하고 응모했다가 좌절하는 분들을 위한 새로운 시도이다. 말하자면 유도 같은 경기에서 활용하고 있는 '패자부활전' 같은 것이다.

제7회 추천시인상 최종심 작품 중에서 당선작 대상으로 검토한 작품은 김고니의 「풍장」 외 9편, 강명희의 「그림자」 외 8편, 김기준의 「어린 너를 마취하며」 외 9편, 전수남의 「소금꽃」 외 7편, 임내영의 「거미집」 외 9편이었다. 이 중 관념의 틀을 벗어나지 못하거나 단순한 진술이 도드라지게 드러난 작품들은 다음을 기약하기로 하고, 함께 심사에 임한 심상운 시인과 진지한 토론 끝에 이번에는 김기준, 김고니 두 분을 추천하기로 합의했다.

김기준의 작품들은 맑고 순수한 이미지의 변환을 높이 평가했다. "석양이 복숭아처럼 고운 날"(「갯벌」)이나 "밤새 그리움으로 물들은 자주빛 나팔꽃 하나"(「그리움」)에서 보여주는 색채 이미지는 한 편의 시를 완성시키는 중요한 배경으로 자리하고 있다. 특히 「곰국」이 갖고 있는 이 시대의 상징과 같은 내용 때문에 가슴이 뭉클하다.

김고니는 우선 자신을 둘러싸고 있는 세계와의 불화와 타협을 통해 '존存+재在'의 의미와 깊이를 탐구하고 있다. 「풍장」에서 새벽 응급실에서 사망한 "어머니의 넋" 앞에 "짐승들이 달려든다"라는 알레고리적 표현은 섬뜩할 정도이다. 「연기」에서 흰둥이를 통해 '연기煙氣'에서 '연기緣起'로의 이미지 확장은 「숨질」이나 다른 작품에서도 성공적으로 표현되고 있다.

4. 2016년 8월호 (제8회)

'추천시인상'은 작품의 완성도와 함께 '시적 재능'이 보이는지, '끈기 있는 자세'로 시창작에 정진할 수 있을지 등을 살펴보고 그 '장래성'이 높은 사람에게 가산점을 부여하여 선정하고 있다. '추천시인상'이 어느덧 8회째를 맞이했다. 이번 8회 응모작들은 '중년의 삶과 가족애'가 감동을 주기에 충분하였다. 최종심에 올려진 14명의 응모자가 저마다의 시적 역량을 갖추고 '시의 본질은 무엇인가?' '왜 시를 쓰는가?'의 물음으로 치열성을 보여준 데 대해 회를 거듭할수록 '추천시인상'의 수준이 높아졌다는 것을 인식할 수 있었다. 그중에서 조장한의 「구내식당 할머니」 등 5편을 당선작으로 추천하는 데 의견이 일치하였다.

조장한의 시는 대체적으로 사회적 관심과 내적 성찰이 돋보였다. 사회적 관심이라고는 했지만 기실 모든 생명은 서로 연관되어 있다는 시 정신을 견지하고 있다. 「구내식당 할머니」에서 보여주는 "먹새 좋고 배꼴 깊은 아이놈들/국밥 듬뿍 담아 주고/모자라면 더 주랴?/안경 너머 잔정 담긴 그윽한 눈빛"이라든가, 「구직활동」에서의 "실업급여 창구 앞의 중년 사내/허허벌판 낙엽 되어 서러운 실직자/저 유빙처럼 무심히 흐르다가 어디쯤에서 화석이 될까" 등이 그렇다.

5. 2016년 10월호 (제9회)

임하초의 작품 「고향론」 연작 중 「소리」 「꽃씨 뿌리던 날」 「텃새의 저녁」 「꽃처럼 예쁘다 하시더니요」 「폭염」 등 다섯 편을 당선작으로 뽑는다. 「고향론」은 유년 시절 고향에 대한 그리움, 특히 시각적인 것보다 청각적 그리움, 즉 "워이 워이 소 모는 아저씨의 힘찬 소리/딸딸따알/경운기의 바퀴소리" 외에도 "동구 밖 한길 높은 전봇대에/올라가/땅따앙/전봇대를 쇳소리 치며 놀았다"가 바로 새로운 소리의 대표적 사례이다. 이러한 유년 시절 고향에 대한 그리움은 「꽃씨 뿌리던 날」에서 아버지와 씨앗 봉투의 이미지 연결을 통해서 생명의 환희를 보여주는 데 성공하고 있다. "오만 가지 씨앗들"에 "눈빛은 환희에" 찬 아버지의 이미지는 「꽃처럼 예쁘다 하시더니요」에 와서 남편으로 전환되면서 이제 현실적 감각에 눈뜨는 화자의 삶의 편린을 드러낸다. 이는 곧 「폭염」에서처럼 "감사기도"의 시 정신을 인정하게 하는 힘이 있음을 보여 준 셈이다.

6. 2017년 2월호 (제11회)

2017년 첫 신인을 뽑는 제11회 '추천시인상' 최종 후보자로 열네 분이 올라와, 이들 작품을 정밀하게 읽고 심사하는 데 4시간 이상의 시간이 소요되었다. 그러나 심사위원들은 진지한 토론과 협의 끝에 이정식, 김용아, 이종범을 '추천시인상' 당선자로 뽑는 데 합의하였다.

이정식 당선자는 나이가 75세이다. 고령의 나이임에도 불구하고 전반적으로 응모작이 힘에 넘치고 작품 수준이 고르다는 점이 강점이었고 체험에서 우러난 삶에 대한 성찰력이 돋보였다. 「흔적」에서 "나무 한 그루 잘려" 나간 흔적을 통해 존재의 유무와 가치를 성찰하게 한다든가, 「백지 편지」에서 "머리 빗고 새 옷 거둬 입고/새벽닭 울 무렵" 정화수 앞에서 비손하는 여인의 한恨이 잊혀져 가는 우리네 민족 정서와 맞닿아 있음을 새삼 새로이 생각하게 하였다.

이종범은 삶의 대한 현실을 깊이 파고드는 장점이 있다. 「마우스」에서 "명령이 단절되면 부득이 밤을 맞는다" "반응하지 못하면 버림을 당한다" 등 사유의 폭이 이 시대의 현실 상황을 통찰할 만큼 확장되어 있음을 본다. 또한 할머니와 할아버지가 포장 리어카에서 팔던 "3일째 비어 있는 핫도그 노점 자리"(「핫도그 노점」)에 대한 궁금증이나, "나는 그저 힘들게 산다는 핑계로/뱁새인 채 살아왔다"(「탁란」)는 진솔한 고백은 오늘날 소위 흙수저 서민들의 삶과 아픔의 상징으로 읽히기도 했다.

김용아는 작품의 수준이 고르다는 것이 무엇보다 장점이었다. 응모작 한 편 한 편 수준이 고르다는 것은 시인의 능력을 신뢰하게 하는 것이다. 응모작 중에서 특히 「공존의 이면」 「폐갱에서」 「파꽃 서사」 「오후 세 시의 신호수」 「남한강의 봄」 등 다섯 편을 추천한다. 「공존의 이면」에서 보여주는 "운명은 늘 그렇게 예고편이 없다"는 성찰은, 어찌 보면 단순하고 관념적이라 생각할 터이나 "이백 년을 한 몸처럼/산 두 소나무가/뿌리채 뽑히는 데/걸린 시간은 단 1분"이라는 현실적 상황을 알고 나면 더이상 다른 철학적 언사가 필요 없음을 알 수 있다. 왜냐하면 "우리는 사막의 미로에/왕과 함께 버려진/노예처럼/갱도를 떠돌았"(「폐갱에서」)던 기억은 50대들에게 충분히 간직될 수 있었던 삶의 흔적이기 때문이다. 특히 「파꽃 서사」의 "파 속에 숨은/사내들이 검은 씨를 밖으로/톡톡/내뱉고 있다"는 재치와 상상력은 신인으로서 앞날의 대성을 기대하게 하였다.

7. 2017년 4월호 (제12회)

심재옥의 응모작 전편을 모두 당선작으로 선정하고 싶을 만큼 수준이 높았다. 그러나 규정상 다섯 편을 뽑아야 하므로 「밥」「홍차」「햇빛을 켜다」「정자 아줌마」「기차표」 다섯 편을 당선작으로 선정하였다. 전에 2회에 걸쳐 '추천작품'으로 입선한 작품들에 비해 상당한 수준으로 완성도가 높아져 그만큼 노력한 흔적이 확연하다는 점에서 더욱 반가웠다. 특히 이번 응모작들은 소소한 일상을 시적으로 승화시키는 과정에서 매우 따뜻한 정감을 느끼게 해주고 있는 장점이 있다. 시는 어쩌면 소소한 일상에서 시적 사유를 확장시키는 작업이라는 점 또한 심재옥은 잘 인식하고 있는 것으로 보인다. 「밥」에서 "눈물 배인 밥 먹으면 목이 메어도/물기 없는 밥처럼 팍팍하지 않은 밥/한 숟가락 먹어도 물기 고이는 밥"처럼 "영혼에 쌓이는 신비한 알곡들"을 깨닫는 것은 시인의 감성이 그만큼 아름답기 때문일 터이다. 아버지가 살아 계실 때 "월남에서 보내오신 티백 홍차"의 추억을 노래한 「홍차」의 경우 "아버지가 묻히신 소나무 옆 벤치에/눈이 쌓이면 아버지께/홍차 한 잔 올려 드려야겠다"라는 따뜻한 표현이 돋보인다. 한편, 「햇빛을 켜다」에서 "무한의 사랑", 「정자 아줌마」에서 "불만 환하게 켜놓은/내 맘대로 미용실"을 통한 따뜻한 일상의 표현이 독자 입장에서 오히려 고마운 마음을 느끼게 한다.

김병준의 응모작 중에서는 「미생」「늙은 사자의 꿈」「서울은 영화를 찍고 있다」「민달팽이」「누에의 전설」 등 다섯 편을 선정하였다. 김병준의 시편들은 이 시대 정치적 현실을 직시하면서 시대적 삶에 대해 나름대로 고뇌하는 모습을 그리고 있다는 점이 특징이라고 하겠다. 「미생」은 바둑판에서의 치열한 싸움을 통해 "산다는 것이/쉬운 일이 아냐"라는 깨달음, "걸핏하면 아픈 곳 찔러대니/한순간도 편히 쉴 수 없다"는 현실감각이 이 시대를 그대로 보여주고 있다. 「서울은 영화를 찍고 있다」에서도 "태극기가 물결치고/촛불이 어둠 속에 타오르"는 "미친 서울의 낮과 밤"을 통해 "두 경계의 불편한 명암 속에/그 안에서 전개되는 음모와 진실이/각축을 벌이는 전대미문의 영화를 지금 찍고 있다"고 정치적 현실을 탄식하고 있다. 우연찮게도 추천시인상 심사를 하는 오늘, 이 나라의 대통령이 탄핵을 당했다. 그러고 보니 "그대 포효하는 자여/이제 그 입을 닫으라/고개를 들어 저 아침에 솟구치는 해만 바라보라"고 호소하는 「늙은 사자의 꿈」과 "달 뜨면 달 보고 별 뜨면/별 보는 세상 살다가/그렇게 한 세상 느릿느릿 살다가/끈적거리는 삶을/다 버리고" 가는 「민달팽이」 모두 삶의 진실이 과연 무엇인가를 성찰하게 한다는 점에서 시대적 고뇌에 대한 투시력도 시에서 중요한 몫임을 보여주기에 충분하였다.

최완구의 응모작 중 「은빛 반짝이다」「갈대」「배웅」「파스」「머문 자와 떠나는 자」 등 다섯 편을 당선작으로 선정하였다. 최완구의 작품은 우선 언어를 다루는 솜씨가 탁월하다. 그것은 시인으로서 갖추어야 할 언어에 대한 명상의 깊이가 돋보인다는 점을 말한다. 「은빛 반짝이다」는 "대서양을 거침없이 누비며/반짝거리는 은빛으로/어둠 속을 환하게 밝혔을" 갈치와 "검은색이 발하도록/꿈을 찾아 살아온 세월"의 화자인 '나'와 삶의 동일성을 확인하면서 자아를 성찰하는 힘, 즉 "삶이란 그물에 걸려/오래도록 은빛처럼 반짝이는 꿈"을 노래하고 있다. 「갈대」에서는 "흔들려도 지조는 있고" 속은 비어 있어도 "마음마저 빈 것은 아니"라는 삶에의 의지가 드러나고 있다. 한편, 돌아가신 아버지에 대한 어머니의 한과 그리움을 표현한 「배웅」과 "노동의 결림으로/쉼 없이 혹사한 근육"을 따뜻하게 감싸는 「파스」의 향기, "주인을 잃고 선반 위에 외롭게" 자리하고 있는 밥그릇을 통해 죽은 자를 애도하는 「머문 자와 떠난 자」가 보여주는 시인의 애틋함이 감동적이었다.

8. 2017년 7월호 (제13회)

이번 제13회 '추천시인상'은 응모 기간이 한 달 늘어난 때문인지 응모자도 부쩍 늘고 작품 수준도 여느 회에 비교해 높아졌다. 그러다 보니 엄정한 예심을 거쳐 본심에 38명이 올라와, 이 중에서 다시 최종 후보로 13명을 대상으로 심사하였다.

임 권의 응모작 중 「소금 이빨」 「벽에 바람이 든다」 「미도 누나」 「갈대가 붉게 휜다는 것은」 「아버지」 등 다섯 편을 당선작으로 뽑는다. 「소금 이빨」은 "백 년 사슬로 묶인 선착장/바다는 울 때마다/녹슨 쇠사슬을 갉아 먹었다"로 시작하는 첫 연부터 이미지가 매우 신선하다. 선착장에 묶인 쇠사슬과 소금 이빨의 상관관계가 인간사의 "사랑도 마찬가지"라는 결론을 유도하기까지 화자는 객관적이면서도 삶을 돌아보게 하는 힘을 가졌다. 「벽에 바람이 든다」에서 보여주는 '벽'과 '담'의 차이, 「갈대가 붉게 휜다는 것은」에서 보여주는 '남은 자'와 '떠나가는 사람'의 심리, 「아버지」에서 보여주는 '고단한 눈물'과 '쓴내 나는 삶'의 대비들에서 시인의 시적 대상에 대한 성찰의 깊이를 충분히 느낄 수 있었다. 특히 「미도 누나」의 상큼하면서도 깨끗한 시적 감성은 이번 '추천시인상' 당선작 중에서도 수작으로 꼽을 만하다.

박 잎의 「활어」 「나갈콧」 「묵호항에서」 「꿈, 흰말」 「새 울음」 등 다섯 편을 당선작으로 뽑는다. 「활어」는 죽변항의 수족관에서 만난 활어의 이름과 생태에 대해 관찰하는 시인의 성찰 능력이 돋보인다. 화자는 이 활어들을 "외래어처럼 낯선 물고기들"이라고 말한다. 그렇다. 항구의 수산물 시장에서 파닥이는 활어들의 이름을 일반인들은 얼마나 알고 있단 말인가. 화자는 활어의 이름도 이름이지만 각각의 성미까지도 낱낱이 기록하는, 그리하여 마침내 "잡혀 온 것들의 운명"까지 상상해 보는 것이다. 반면, 「묵호항에서」는 오징어잡이 배에 매달린 백색의 불빛들을 "거대한 목탄화를 집어삼킬 듯/한낮의 빛은 찬연했다"고 표현함으로써 시적 이미지가 얼마나 섬세한지 보여주고 있다. 「나갈콧」은 히말라야 산간 마을의 이름인가 본데, "슬픈 순수의 이름"답게 그 마을의 정경 묘사가 눈에 젖는다. 이와 같은 묘사의 힘은 「꿈, 흰말」에서 은사시나뭇잎과 흰 말, 「새울음에서」 까마귀 울음과 뻐꾸기 울음과 늙은 닭 울음의 청각 이미지를 붓꽃, 찔레꽃, 장미 등 색채 이미지와 어우르게 하는 힘이 돋보인다.

9. 2017년 9월호 (제14회)

김민자의 작품이 가지고 있는 가장 큰 장점은 안정감이라고 할 수 있다. 이 안정감은 삶의 지혜를 터득한 사람만이 보여 줄 수 있는 스탠스 같은 것이다. "내가 한발 다가서면 그가 뒤로 물러나고/내가 뒤로 물러나면 그는 한발 다가온다"(「조율」)든지, "멀리 있는 것은 가까워지고 가까이 있는 것은 멀어졌다"(「안경의 공식」), 또는 "이쪽을 꿰매면 저쪽이 뜯어지고/맞추고 나면 그림이 안 맞고/울거나 구멍이 나기도 한다"(「나의 조각보」)는 구절들이 그것이다. 이런 시 구절을 통해 시인은 삶에 대한 중용적 사유의 절묘한 표현에 성공하고 있다. 얼핏 평범해 보이는 이런 구절들이 사실은 김민자 시인의 시적 내공이 범상치 않다는 것을 말하는 것이다. 뿐만아니라 지하철 풍경을 다룬 작품 「지하철 4번 출구」에서 "얼마나 (그가) 이 도시를 헤맸는지/뒷굽이 닳고 남은 생이 다 해졌다"는 노숙자의 가엾은 정황을 그린 다음 그 마지막 행인 "그의 머리맡에 마음 한 줌을 놓는다"는 구절에서 넘치는 인간미를 느낄 수 있다. 따뜻하고 아름다운 심성을 소유한 시인을 발견한 듯해서 무척 기쁘다.

김태선의 시에서는 삶의 고단한 현장에서도 동심을 잃지 않는 시인의 심성을 느끼게 된다. 김태선의 시를 받치고 있는 두 축은 '동심'과 '삶의 현실'이다. 동심은, 어릴 적 '고향의 추억'을 「검정운동화」와 「오디」로 그려내고 있고, 삶의 현실은 「공작기계」와 「뿌리 고속도로」 같은 작품을 통해 고단한 생활의 현장을 긍정적으로 표현하고 있다. 누구에게나 있음직한, 어린 시절 어머니가 사온 '검정운동화' 덕분에 신나 하던 소년은, 자신의 운동화와 "댓돌 위에 다 해진 엄마 고무신"의 대비를 통해 새 검정운동화를 "티눈 박혀 아픈 엄마 맨발에 신겨드리고 싶다"며 자책하는 구절로 그려내 감동을 주고 있다. 「오디」 역시 삼십 년 전 고향의 엄마와 오디에 서려 있는 "아픔 속 삶/감추고 싶어/오디 열매/입 코 눈에 그림 그린다"며 어린 시절의 삶의 체험이 평생을 지배하는 모습을 잘 표현하였다. 반면에 「공작기계」는 "기계 돌아가는 소리에/삶을 몽땅 싣고 오는/꿈"을 꾼다며 노동자의 고단한 삶을 사실적 이미지로 묘사하고 있다. 「뿌리 고속도로」는 노송의 뿌리와 고속도로 교각을 매치시켜 현대 문명과 자연의 끈질긴 생명 의지를 독특한 방식으로 표현하였다. 앞으로 많은 시인들이 수도 없이 써온 '고향의 추억'보다는 「공작기계」나 「뿌리 고속도로」 같은, 문명 대 자연, 노동자의 삶을 주제로 하는 작품에 도전해 보기를 기대한다.

10. 2017년 11월호 (제15회)

제15회에도 응모작이 넘쳐 예심을 본 시인께서 수고가 많았을 것으로 짐작된다. 심사위원에게 최종적으로 넘어 온 본심 작품은 명재신, 이상록, 이하재, 안정호, 황상희, 남민우, 민영기의 응모작들이었다. 오랜 숙고 끝에 이번 '추천시인상'에는 명재신, 이상록, 남민우 세 분으로 합의를 보았다. 세 분의 공통점은 문장이 탄탄하고 사유가 신선하다는 점에 있다.

명재신은 「국도」 연작시와 「죽변 풍경」 연작시가 돋보였다. 연작시가 내포하고 있는 서사성과 이미지의 전개가 까딱 잘못하면 참신성을 벗어날 오류를 범하기 쉬움에도 이를 잘 극복하고 있어 믿음직했다. "어쩌면 내가 지나온 길은 국도였는지 모른다"는 자신의 삶의 성찰로 시작되는 「국도 1」은 "간혹 가다가 오도 가도 못하는 노루를 마주치" 듯 우리네 삶도 이와 같은 마주침 속에서 어찌할 것인가에 대해 새롭게 생각하게 한다. 「국도 4」 역시 "커브를 돌아/ 직선을 버리고//세상으로 들려고/세상을 버리는 길" 위에서 그래도 가지 않으면 안 되는 생의 모습이 선명하다. 특히 「죽편 풍경 2」에서 보여 주는 싱싱한 이미지의 윤기가 문장 속에 살아 숨 쉰다.

이상록의 시편들은 일상적인 사유가 친근하게 다가온다는 점에서 긍정적으로 평가되었다. 여기에 새로운 사유와 시적 공간의 형성만 더욱 풍부해진다면 우리 한국 시문학사를 빛낸 박용래 같은 빼어난 전통성 토속성 강한 시인이 되리라는 기대도 하게 된다. 예를 들면 "잔잔한 수면/빛나는 언어이고자/넓은 가슴에 맴돌다/가뭇없이 사라진대도"(「물수제비」), "건너 잿빛 목조 아래 오도카니 앉은 백화춘/재건중학교도 다니다 만 꺼병이 형이/마술처럼 배갈에 불을 붙이던/봄비 추적대는 저녁 어스름"(「백화춘」), "백 년은 갈 줄 알고 갈고 또/갈고 빻는 데도 쓰다가/두 동강 난 숫돌"(「숫돌」), "고봉으로 퍼주는 보리밥/한 숟갈 불룩 넘기면 절로/눈길 가는 봉곳한 젖퉁이 시집가도 되것네, 눙치면/발그스름 달아오르는/누이"(「자운영」), "다 받아 주는 바다가 가까워요/우린 가뭇없이 사라질 거구요/삶이 다 그러해요/여전히 별은 먼 데서 반짝거리지요(하구」)" 같은 구절들은 절창에 가깝다. 등단 후에 더욱 정진하여 훌륭한 시인이 될 것을 믿는다.

남민우의 시를 보면, 역시 시는 보이는 것만으로는 시가 전부가 아니라는 시적 본질을 잘 파악하고 있는 듯하다. 「장미 가시」에서 "하얀 장미, 그 꽃그늘에도" 숨어있는 가시와 "좋아서 내가 하고 있는/하얀 말, 그 그늘에도" 보이지 않는 가시가 있음을 통찰하는 시적 사유가 아주 좋다. 또한 "변화무쌍한 세상, 처소를 잡아/자신의 역할에 충실하기까지, 우리는 서로 많은 절차가 필요치 않았다"는 「제비」에서의 삶의 정당화는 사설적 인상을 불식시키기에 충분하다. 나아가 "져야 할 때 기꺼이/지고 있기 때문에 꽃이 아름다운 이유"(「꽃이 아름다운 것은」)의 사유는 다소 신선미가 떨어질 것 같음에도 그러한 단

점을 "마당 청소를 하다" 본 「민들레」에서, 그리고 "달 밝은 밤이면/ 문득, 가보고 싶"(「물거울」)다는 시적 인식으로 극복하고 있어 앞으로 좋은 시인이 될 것임을 믿게 한다.

11. 2018년 3월호 (제17회)

송일섭의 「생존 배낭」은 "웅크린 공포 앞에 주저앉고" 마는 강진과 그 여진에 의한 국민의 두려움을 현실적으로 보여 준다. 이 시대의 자연 재앙은 "무시로 숨통을 바싹" 조인다는 시적 인식은 그러나 "보듬고 싶"고 "나누고 싶"은 인간애를 갈구하고 있다는 점에서 따뜻한 감성까지 한사코 숨기지 않는다는 점이 좋다. 「생존 배낭」의 연결선상에서 「선線」은 "넘어가면 죽음이고/넘지 않으면 삶일 때도 있"음을 명상하는 시적 자아가 우리로 하여금 새로운 감각을 일깨우기에 충분하다. "이 세상에는/사랑해야 할 게 많다"는 「끝 모르는 사랑」은 코스모스와 낙엽으로 상징되는 자연과 사람 모두 사랑하지 않으면 안 되는 실존 의식을 드러냄으로써 공감을 주고 있다. 「결박당한 한 몸이다」 역시 엉켜 있는 돌들을 자세히 들여다보고 "큰놈은 작은놈을 으스러지게 껴안고/작은놈은 큰놈을 악착같이 떠받치고 있"음을 발견한다. 이 발견은 이어 "서로 꽉 껴안아 더 단단해진 성첩에서/마음 모아 눈 부릅뜬 민초들을" 보는 깊이까지 나아가고 있다. 그렇다. 「오동을 보며」에서처럼 자연이나 사람이나 "삶이 모두 인연임을 안다."

김애란의 작품들은 생태 보존 관련 자원봉사자답게 자신이 직접 겪고 깨우친 자연 생태와 생명의식을 간결하면서도 심도 있게 잘 표현하고 있다. 「개개비알」에서 "갈대숲 다섯 알"이 "물결치는 소리/비바람과 천둥소리/갈대 부딪는 소리/다 익숙해지면/어미 새"가 되는 과정을 자연(우주)과의 합일에 의해서 이루어지는 생명에 대한 관찰이 돋보인다. 「독수리의 처세」는 독수리의 생애가 인간의 삶과 다르지 않음을 투시하면서 "환경 변화에 민첩해야 생존에 유리할까?/아니면 거부하고 독자적으로 고집해야 할까?" 망설이는 속내까지 파고드는 힘에 무게가 있다. 「영혼의 실」에서는 "누에의 눈물로 짠/영혼을 뽑아 만든 실"의 실크 이미지를 실크로드까지 확장시키는 시적 능력이 돋보인다. 「산개구리」의 생명성을 포함하여 「시크릿」에서 결론을 맺는 시의 정신이 참으로 돋보인다. 그렇다. "간절하면/우주의 기운이 지구의/중력 방향 가운데로 기가 모인다."

이하재의 시는 전반적으로 맑고 깨끗하다. 응모작 중에서 「하늘과 바다가 파란 까닭」 「강 건너 등불」 「조약돌」 「난로」 「소멸」 등 다섯 편을 뽑는다.

먼저 바다와 하늘이 왜 파란지에 대한 명상을 보여준 「하늘과 바다가 파란 까닭」은 지구상의 모든 인류의 생명은 바다처럼 하늘처럼 파랗기 때문에 "묻지 않고" "따지지 않는다"는 가벼운 듯, 실은 가볍지 않은 사유를 보여준다. 「강 건너 등불」에서는 보이다가도 보이지 않는, 그것도 "없는 듯 아니 보이는" 색즉시공, 공즉시색의 사상을 내면에 깔면서 간절함과 그리움의 다른 이름으로 시적 성취를 이루고 있다. 「조약돌」은 돌의 생명성을 시간의 흐름과 같은 선상에서 "처절하였던 눈물 자국"을 보고, "모질었던 시간들을" 만진다. 그만큼 시안詩眼의 깊이가 있다는 말에 다름아닐 터이다. 「난로」는 난로가 갖고 있는 "남을 따숩게 해주려는", 그리고 "나를 모질게 다스리"는 속성이 그냥 쇠붙이의 관념이 아니라 "뜨거운 불덩이" "언 땅에 피는 꽃" "질긴 어둠이 가시도록"하는 또 다른 의미의 존재로 파악하고 있다. 「소멸」에서는 하늘의 구름을 보았고, 곧 이어 그 구름은 "구름이 아니었다"는 인식이 돋보인다.

12. 2018년 8월호 (제19회)

월간 ≪시≫ '추천시인상'에 대한 관심이 해가 갈수록 높아지고 있음은 한국 문단의 현 시점에서 상당히 고무적인 일이 아닐 수 없다. 그만큼 월간 ≪시≫가 갖고 있는 시의 힘, 시의 위의威儀가 인정받고 있음을 증명하는 셈이라고 믿는다.

이번 '추천시인상'에는 수많은 응모작 중 예심을 거쳐 올라온 여섯 분의 작품이 본선에서 심상운 심사위원과 치열한 토론을 벌일 만큼 힘들었음을 고백하면서, 최종적으로 백승문의 「고구마를 캐면서」 「늙은 아까시나무」 「도시의 숲」 「마른 잎이 전하려는 말」 「산에 오르는 이유」를, 그리고 이재호의 「연극무대」 「다이소」 「동물보호소」 「꽁초」 「은하철도 999」를 각각 당선작으로 뽑는다.

백승문의 「고구마를 캐면서」는 "바닷가 서마지기 고구마 밭"에서 형제들이 모여 "가난한 고구마 씨알"을 캐면서 오손도손 형제애를 나누는 장면을 보여 준다. 고구마를 캐면서 "고구마가 힘들면 땅속 깊이 발을 뻗듯/바다가 힘들면 물 위로 높이 손을" 흔드는 사유의 힘이 "우리도 힘들 때면 어떻게든 살아남기 위해/어떤 특별한 몸짓을 배워야 하리라"는 다짐으로, 독자에게 희망을 안겨주고 있다. 이러한 희망적인 시적 메시지는 「늙은 아까시나무」에서도 “그가 삶을 마감하기 전에 서둘러 우리 강토의 수목으로 받아주어야 한다”고 강조함으로써 지금 이 시대의 난민 문제까지 아울러 생각하게 한다. 한편 「도시의 숲」에서 “숲이 자신의 자리를 꿋꿋이 지키는 이유”를 뼈대 있는 백두대간 가문에 먹칠하고 싶지 않았을 거라는 시적 상상력과 「마른 잎이 전하려는 말」에서 “키 작은 도토리나무 마른 잎 하나/야물게 매달려 부르르 떨고 있”음의 제시, 그리고 「산에 오르는 이유」에서 “짐승보다 못한 사람들이 산속에 들어와/우리 산을 망가뜨리고 있었다”는 경각심들은 시인이 평소 생명의식을 얼마나 잘 간직하고 있는가를 보여주고 있기도 하다.

이재호의 「연극무대」는 시적 사유를 펼치는 힘이 돋보인다. “연극을 탄생시키기 위해 숱한 날들과” 싸운 “그대”를 통해 이 시대의 삶의 고뇌를 현실적으로 잘 묘사함으로써 “저 산 너머 또 다른 인연을 기대”하게 한다. 「동물보호소」의 “생의 끈이 떨어져 나간 듯한/눈길로 잠자는 연습 죽는 연습/안락한 침대의 마지막 손짓이다”와 「다이소」에서 꼬마 숙녀가 할머니에게 다이소의 뜻을 알려주는 말, “다이소는…/죽은 소예여”와 「꽁초」에서 “종로3가 뒷골목”의 담배꽁초를 “연기로 승화되지 못한 주검” “소신공양이 그들의 소명”과 같은 아이러니컬한 상황을 제시하는 힘 또한 남다른 면이 있다.

13. 2018년 10월호 (제20회)

정병기의 작품들은 응모작 수준이 두루 고를 뿐만 아니라 상당히 많이, 오랫동안 써본 듯하다. 체험에서 우러나는 시적 사유와 언어를 다루는 솜씨 또한 단단하다. 「도마, 도맛밥」은 화자가 나무 도마 위에서 도마질을 하면서 발견한 도맛밥을 통해서 "도마는 도맛밥을 토하며 산다"는 발견의 힘을 보여주고 있다. "제 살을 깎아 밥을 짓는" 도마나 이 땅의 삶이 어려운 민생은 차이가 없지 않을까 싶다. 「녹슨 물고기」와 「문틈」은 짧으면서도 이미지가 선명하여 경쾌한 느낌을 준다. 「녹슨 물고기」에서 "풍경이 초현실주의적으로 녹는다"는 풍경의 모습은 아닌 게 아니라 일상이 "허헛, 하"기 때문이 아닐까. 또한 「문틈」에서 "세상 엿보는/틔움의 여유"는 아무리 세상이 험하고 볼썽사나울지라도 희망을 틔우는 여유를 가질 때만이 진정한 삶이지 않겠느냐는 의미로 읽힌다. 「구보 씨 아닌 구보 씨의 하루」에서 "달리는 지하철도 멀리 보면 저 수평" 같겠다는 발상이 돋보인다. 「유리병 속 없」는은 참으로 재미있게 읽혀 독자에게 신선한 충격을 안겨준다. "투명한 병/속에 든 없,을 본다"는 마침 내 자신이 탈의실에서 거울 앞에 서서 자신이 "없음을 본다". 있음이 곧 없음이며, 없음이 있음이라는 화자의 사유의 깊이가 재미있다.

김용분은 자신의 삶의 성찰이 돋보인다. 또한 역사의식에 의한 사유의 깊이도 남다르다. 「간벌間伐」은 벌목꾼들이 "빽빽이 자라 어둠이 자리한 오래된 숲"에서 간벌해냄으로써 비로소 "바람 숭숭 햇볕 솔솔 숨통이" 트인 자유로운 상황을 화자의 현실적 삶과 대비시킴으로써 삶의 존재에 대한 성찰을 보여준다. 「생손앓이」는 손가락 끝이 아리다가 끝내는 곪는 부스럼 병이 돌을 나르다가 장지 손톱이 상한 데서부터 시작되었다고 말한다. 그 생손앓이 덕분에 "세월은 한 켜 한 켜 막을 치듯 잊게 하"는 삶이 달관의 경지에 이르렀음도 놓치지 않는다. 화자는 "구르는 돌을 보고 웃"기까지 우리 인생이 다 그렇지 않겠느냐고 넌지시 말하는 것 같다. 이와 같은 삶의 성찰은 「빈들에 홀로 서 있어도」에서 "빈들에 홀로 서 있어도 외롭지 않은 것은/긴 고독과 고통의 쓰라림을 매만지며/회환의 흩어짐을 날려 보낼 수 있기 때문"이라고 고백하거나, 「계곡 사이 흐르는 물처럼」에서 온갖 "고뇌의 시간"이 불어난 계곡의 물처럼 "깔깔거리며 강으로 바다로 천둥처럼 흘러간다"는 치환은유의 기법 속에서 잘 드러난다. 한편 「주전골」은 장돌뱅이와 까마귀 떼를 등장시켜 "사 년에 맺힌 매듭 갑자년에 풀으리"처럼 역사의식을 서사 형식으로 풀어내고 있다.

14. 2019년 11월호 (제25회)

제25회 추천시인상 당선 작품은 김윤태의 「촛불」 「심지」 「노숙자의 말[馬]」 「한 날에」 「바람 바람 바람」, 최유미의 「소나기」 「오늘도 바다는 모래 위를 지운다」 「나는, 나를, 기다린다」 「친구」 「나팔꽃」, 그리고 옥세현의 「사랑법」 「해 질 녘의 단상」 「딱 좋은 날」 「나도 가끔은」 「이삿짐의 재발견」이다.

김윤태의 전체적인 작품 세계는 자신에 대한 깊은 성찰에 있는 것 같다. 시인에게 '촛불'은 시인의 생명을 상징한다. "살아 보자/몸을 불살라 보자/살기 위해 몸부림쳐 보자//(…)// 고통이 기쁨 됨을 기다리며/하얗게 나를 태운다"(「촛불」)처럼 자신의 생명과 촛불이 동일시될 때 "마음은 흔들려도/생각은 흔들리지 말자"(「심지」)고 곧은 심지를 드러낸다. 이러한 시적 성찰은 "당신이 나의 빛이듯/나도 당신의 빛"(「한 날에」)인 것처럼 자신을 벗어나 "다사다난한 인생에/어려움은 일파만파 몰아치"(「노숙자의 말[馬]」)는 이웃에게로 확장되는 화자의 따뜻한 마음이 「바람 바람 바람」에서도 행간마다 잘 녹아 있어 앞으로 좋은 시인으로 발전하리라 믿는다.

최유미의 시는 우선 쉽게 읽힌다. 여기에서 쉽게 읽힌다는 말은 시인과 독자, 시인과 시인 자신과의 소통이 잘 이루어지고 있다는 뜻이다. 예컨대 「소나기」에서 "마음의 감정이 복잡해서/생각이 갈팡질팡" 할 때 누구든 소나기 퍼붓듯 "흘려보낼 감정의 이 묵직함을/한 번 더 쏟아내야 할 것 같다"는 생각의 깊이, 또는 "순간이 영원할 것만 같던 찰나에/새겨놓은 발자국도/파도 한번 지나가면/지워지는 것을/그리도 애써가며/잡으려 했는지//나는 오늘도 비우는 법을 배운다"(「오늘도 바다는 모래 위를 지운다」)는 실천적 행위들은 폐쇄적인 성격인 사람에게는 전혀 어울리지 않음을 우리는 잘 안다. 특히 자기가 자기 자신에게 "버릴 건 과감히 버릴 수 있는 쿨함이/생기는 그날을 기다려 줄게"(「나는, 나를. 기다린다」)라고 말할 수 있다는 건 「친구」 「나팔꽃」에서도 자유롭게 전개되어 시의 본질인 소통의 가치성을 잘 인식하고 있다는 증거로 보인다.

옥세현의 작품들은 상당한 사유의 깊이를 보여준다. 시는 감정이 아니라 사유라는 점을 익히 알고 시적 대상에 대한 심리적 접근으로 표현하고자 하는 새로움이 보인다. 「사랑법」에서 "우리들 사랑이" ① 봄날 아침햇살 ②여름날 강물 ③가을날 단풍 ④겨울날 장작불 같았으면 좋겠다는 계절마다의 소망스러움이 오늘날 우리 시에서 보기 힘든 맑고 순수한 감성이어서 좋았다. 「해 질 녘의 단상」은 성서의 패러디로 자신의 심중을 잘 표현하고 있는 예가 된다. 신약성경 마태오복음 25장 35절부터 40절의 예수님 말씀을 떠올리게 하는 이 작품은 고해성사 마지막 부분까지 연상케 하면서 "그럼에도 남은 생이 붉은 노을로 흘러가길 희망"하는 간절함을 솔직담백하게 표현하고 있다. 아울러 「이삿짐의 재발견」에서의 극적인 반전과 「딱 좋은 날」 「나도 가끔은」의 시적 역설은 일상적 인식의 틀을 깨고 있어 좋았다.

15. 2020년 2월호 (제26회)

2020년 첫 '추천시인상' 수상자가 결정되었다. 응모작 중 1차 예심, 2차 예심 과정을 거쳐 최종심에 올라온 분은 모두 여덟 분이었다. 이 여덟 분은 각기 자신만의 특성을 갖고 있었다. 심사위원들은 진지한 토론 끝에 박명란, 김 란, 이창현 세 분을 제26회 '추천시인상' 수상자로 결정했다.

박명란의 응모작 열 편 중 「샌드트랩」 「가끔은」 「내 자리가 없어졌다」 「예배당」 「봄」 다섯 편을 당선작으로 선정했다. 「샌드트랩」은 골프를 칠 때 본의 아니게 공이 모래 벙커에 빠지듯 우리네 삶도 "순간의 실수가 무인도로 만들어버리는 형벌"을 당할 수 있음을 암시하고 있다. 이 작품이 그와 같은 주제를 향해 처음 출발을 "모든 일의 시작은 설렘으로부터 온다"라고 시작한 언어적 감각이 마음에 들었다. 또한 외국 여행에서 겪는 모래 벙커와 같은 상황을 "집 떠나면 개고생"이라는 일상어를 직설적으로 내뱉을 수 있는 단호함도 오히려 신선하다. 「가끔은」에서 "삶이 버거울 때" "혼자라는 생각에 눈물이 날 때" 자기를 둘러싼 사물을 자신의 인식의 경계 속으로 끌어들이는 힘이 돋보임과 동시에 '우리들 존재 그 자체의 장'으로 생각했던 본느푸아의 시처럼 내면의 감성 처리가 쉽게 다가온다. 「내 자리가 없어졌다」는 오늘날 빠르게 변화되고 혁신되어 가고 있는 사회적 현상, 즉 리빙랩으로 인하여 "지방은행은 슬그머니 사라져 텅 빈 은행" 자리에 청년들이 카페를 차리는가 하면 "출산의 저조가 빚어낸 폐교" 운동장은 목재 리폼점이 되어버린 현실을 잘 보여주고 있다. 이러한 현실 속에서 "옛것들과 첨단의 융합을 창조"하는 "새 시대의 주역"들을 바라보는 구시대의 화자는 자신의 자리가 없어졌음을 상징적으로 암시하고 있다.

김 란의 응모작 중 「선線에 관한 명상」 「잊지 마세요」 「문門」 「알바트로스」 「동행」을 당선작으로 선정했다. 김 란의 작품들은 서정의 본질에 충실하고자 노력한 흔적이 여실하다. 객관적 사물과 세계를 내면으로 끌어들여 그것을 시대정신과 절대정신으로 향하게 하는 것이 서정시라고 우리에게 알려준 헤겔의 생각을 김 란은 알고 있는 듯하다. 「선線에 관한 명상」은 "인사동 조형갤러리 지하 1층"에서 전시되고 있는 작품들을 통해 "몸은 느낌과 감정"이라든가 선線은 "순결한 몸짓의 고백"이라는 데 이르는 사유의 깊이가 남달라 보인다. 「문門」 또한 낯이 익은 듯하면서도 "인생의 문"으로 연결시키는 힘이 시적 긴장미를 유발시키고 있다. "열림과 닫힘, 닫힘과 열림"이라는 문이 갖고 있는 속성이 현실이라면 "그 끝, 마지막에는/하나의 문만이 남는다"는 환유적 상상이 신선하다. 그러한 의미에서 현실인식과 상상적 충돌을 일으키고 있는 「알바트로스」도 이 시대에 우리가 공감하지 않을 수 없는 작품으로 보인다. 이 작품은 공공예술프로젝트 영화 <알바트로스>를 보고 쓴 듯하다. 이 영화는 미드웨이 섬의 말 못하고 죽음을 맞이하는" 비극적인 현실을 보여주는데, 화자는 이와 같은 현대인의 환경 문제를 고발한 셈이다.

이창현의 응모작 중에서는 「선물」 「가을 햇살」 「숲속에서」 「숲속의 하늘 문」 「울림」을 당선작으로 선정했다. 이창현의 시적 관심은 물신화된 현실 속에서 삶의 본질을 어떻게 치유할 것인가에 집중되는 것 같다. 즉 세계와 자아의 융합이 얼마나 중요한가를 인식하며 시를 쓰고 있다는 말이다. 「선물」은 세계에 대한 밝고 환한, 생명성이 충만한 이미지로 전개되고 있다. "길 위에 발자국들이 나비처럼 날아오르"고, "늘 새롭고, 늘 여유롭고", "충만하다"는 표현들은 하이데거의 말을 빌리자면 언어가 말하는 것에 대한 응답이며, 귀 기울임이다. 이처럼 언어에 응답할 때 비로소 "꽃들이 피어나고", "약속이나 하듯이 어둠 속에서/나무들이 노래"한다. 마지막 연에서 충만한 세계의 상승 이미지가 "님"(신)의 선물을 더욱 충만하게 한다. 「가을 햇살」은 감각이나 표현 구축이 새롭다는 측면보다는 전통적 서정성을 충실하게 따름으로써 오히려 2000년대 젊은 시인들이 보여준 난해성, 소통불가의 특성을 녹아내는 힘을 보여주고 있다. 그 힘은 "얼굴은 사과처럼 싱그럽고,/가슴은 백일홍처럼 화사하고,/아기처럼 포동포동"한 햇살의 밝고 명랑한 이미지의 체현과 "가슴에서 가슴으로 스치는/바람의 울림"(「울림」)에 귀 기울임에 있다. 삶은 놀라움으로 가득하다. 「숲속에서」가 전해주는 메시지다. '치유'라는 부제가 붙은 이 작품은 숲이 인간에게 주는 치유의 힘과 아울러 시가 독자에게 주는 치유의 힘도 함께 내포하고 있음을 본다. "아침에/햇살 밟으며 숲속에" 드는 화자를 따라가노라면, 마르셀 레몽이 말한 것처럼 지상의 감각과 까닭모를 신선함에 취한다. 이것이 바로 '치유'가 아니겠는가.

16. 2020년 5월호 (제27회)

'추천시인상'을 심사할 때마다 신인다운 참신성과 패기 그리고 희망을 품은 시를 기대하곤 한다. 이러한 기대와는 달리 너무 자학적이거나 감정들을 여과 없이 안일하게 표출한 시는 답답하다. 특히 시의 핵심인 언어에 대해 전혀 신경 쓰지 않은 인상을 받으면 시를 너무 홀대하는 게 아닌가 싶기도 하다. "시가 지니는 의미는, 그 시의 작자가 품고 있는 의미와 동일한 만큼 딴 사람에 대해서도 전달되어야 한다. 시가 지니는 중요한 효용은 시가 독자에 영향을 미치는 동시에 독자의 어떤 습성을 만족시켜 주고 독자의 기분을 풀어주며, 가라앉혀 주는 것"이라는 엘리어트의 말은 지금도 유효하다. 아울러 "시인은 언어의 정령 앞에 기도하는 사도가 되어야 한다"는 오탁번 시인의 충고에 우리는 귀를 기울일 필요가 있다. 제27회에도 수많은 작품이 응모되어 예심을 거쳐 본심에 올라온 작품 중에서, 심사위원으로 참석한 조명제 박사와 나는 형달욱의 「성자」 등 5편, 정해인의 「참 이상도 하지」 등 5편, 양춘자의 「장날」 등 5편을 각각 당선작으로 뽑는데 합의했다.

정해인은 실존의 문제를 다루고 있다. 그 중 「참 이상도 하지」 「복권」 「암자」 「봄」 「계절의 분노」 등 5편을 당선작으로 뽑았다. 「참 이상도 하지」는 나이 들어 삶의 감동이 점점 사그러지는 것들, 즉 "활짝 핀 꽃을 보고도" "화사한 웃음을 보고도" 가슴이 울렁이지 않고, "활활 타는 저 가을을 보고도" "황홀이 타는 저 노을을 보고도" 도무지 슬프지 않는 것에 대해 감정이 무디어져 가는 삶을 아무리 생각해도 이상하다는 화자의 생각은 존재자의 가치를 부정한다기보다는 어찌 보면 이 시대가 안겨주는 외적 영향력일 가능성이 크다. 이러한 영향력은 「복권」을 샀으나 "낙방"하고 "쓰디 쓴 내 인생한테/또 한 번 따귀를 맞"았다는 현실 인식과 다르지 않으리라. 그럼에도 불구하고 "아, 거기 무지개골/양지바른 묵전 가장자리에/깔깔대며 봄을 캐는 아낙 몇"(「봄」)의 풍경을 보여줌으로써 희망을 버리지 않으려는 의지도 읽을 수 있었다. 나이 들어 고독한 실존을 인정한다면, 수직바위 꼭대기에 자리한 「암자」가 "침묵만으로도 합장이라/찾는 이들 무고하게 따라 하게 하고/고적도 묵언의 말씀이라/어지러운 세상 견디는 이유도 일러주는" 그 깊은 의미를 깨닫기에 충분할 것으로 보인다. 얀 무카로브스키가 일찍이 '시인의 삶과 작품은 서로 영향을 미치고 있다'는 명제를 우리에게 던져주기 훨씬 이전부터 이미 인간은 "알아 뭣할 것과/몰라 어떨 것들의 유별이/무엇인지도 말해주는" 암자와 같은 고독한 존재자임을 암시한다. 아울러 「계절의 분노」에서 "느닷없는 계절의 반란/예전의 것은 착하고 순하였으나/왜인지 물을 수 없는 요즘의 계절은/포악한 횡포를 더러 부리고 있"음은 사실 "사람 탓"임을 역설적인 이중구조로 보여줌으로써 자연과 타협하지 않으려는 인간의 욕망을 경고하고 있다.

양춘자의 작품은 전반적으로 따뜻한 삶의 시선에 호감이 갔다. 응모작 중 「장날」 「수선화」 「이장하는 날」 「갈수록 태산」 「망부석」 등 5편을 당선작으로 뽑았다. 「장날」에는 "길 가는 손님 귓구멍 뻥 뚫려/

어깨 절로 주춤할 때/내미는 뻥 한 바가지 푸짐한” “맛에 인심에 금요 오일장”의 사람 사는 냄새가 배어 있어 좋았다. 장날이면 “후끈 달은 뻥 틀”로 뻥튀기하는 사람을 “뻥쟁이”로 이름하고 나서 어떤 사실이나 대상을 실제보다 부풀려 이야기하는 “뻥쟁이”를 비유적으로 표현하면서도 “비가 오면 뻥이 젖을까 안 나와요”, “뻥은 뻥이요만/인심은 참말이요” 하면서 “뻥만치럼 입담도 수북한” 광경이 장날의 표정을 재미있게 읽어낼 수 있었다. 이러한 따뜻한 시선은 “바위 품고/봄 마중”하는 「수선화」에서 “올봄도 모두 평화로우리/수선화 저리 노랗게 따사로운/빛깔”로 자연을 찬미하는 마음이 얼마나 아름다운가. 한편, 「이장하는 날」은 “울음” “허탈함”과 같은 감정을 드러내는 표현이 있긴 하지만, 전체적으로 감정에 매몰되지 않고 “연민의 상상 속/자상한 모습”을 그리워하며 이장하는 심정을 객관적으로 표현하고 있다. 이장하는 대상도 구체적이 아니라 “울음, 회오리로 산천에 흩뿌리어/억새 갈기마저 방향을 잃는/먼 산 메아리만 애잔하게 안겨” 오는 속에서도 “한 줌 흙으로 남겨진 임”으로만 암시함으로써 가급적 시적 대상과의 거리를 유지하려고 애쓴 흔적이 보인다. 특히 마지막 연을 “하늘가에/옥 무지개 핀다”로 반전을 줌으로써 “임”의 죽음이 위로와 희망을 줄 수 있음을 보여준다. 이 점은 “바람이 안아다 주는 건/기다림뿐”이라는 「망부석」에서도 “수천 년을 기다”리면서 푸석해진 모서리, 무너져 내린 마음의 망부석의 “발부리에 민들레 저리 희게” 피워낸 걸 발견하는 마음과 상통한다. 시를 쓰는 일, 그것이 생의 성찰에 다름아니라면 「갈수록 태산」이 주는 ‘나’의 발견도 얼마나 소중한지 알 것 같다.

형달욱의 작품은 가족은 물론 사물에 대한 깊은 성찰과 긍정적인 사고가 돋보인다. 응모작 중 「성자」 「타인」 「이별」 「가족」 「바닥」을 뽑았다. 「성자」는 33년 전 곁을 떠나신 부모님이 진정한 "성자"임을 "자식 두고 스무 해 가고서야" 비로소 깨닫는, 화자의 진정성이 읽힌다. 언어가 말한다는 하이데거의 말처럼 '언어'의 의미와 가치를 이 작품 속에 잘 녹이고 있음을 발견할 수 있는 것은 큰 기쁨이다. "똥오줌 못 가려도 사랑이었다/가슴에 못질해도 사랑이었다/가장 귀한 보석이었다/가장 아픈 가시였다"라고 우리에게 말하고 있는 부모의 의미는 진정한 '성자'임이 분명하다. "누구나 성자의 몸에서 태어나/성자의 손에 자라고/성자 곁에 살다/ 성자를 그리며 떠나가"는 것을 알기에 「가족」에서 눈 내리는 겨울 "한 살배기 아들"에게 눈을 보여주며 "제 생애 처음으로 눈을 맞는" 아들에게 이제는 자신이 '성자'가 되어가고 있음을 보여준다. "아이의 검은 눈 속에 (하얗게) 하늘거리는 눈"은 부모로서 아들에게 주는 커다란 축복의 선물일 터. 그 축복은 "따뜻하고 부드러운 눈"으로 치환되어 "강 언덕과 나무와 들판에 수북하다." 나아가 「타인」은 가족이란 이름으로 아내와 아들과 함께 세 명이 살고 있는 이 공간에 대한 성찰이다. "우주 속에서" "먼지 알갱이보다 작은 행성"인 지구, "그 한 개의 먼지 속에서" "타인으로 살아가"는 "75억 분의 1도 안 되는" "단 세 명의 사람"임을 깨닫는 순간을 "참/넓다"와 "참/좁다"라는 대조적인 구조를 통해 주체와 객체를 통합하고자 한다. 그리하여 "모든 것은 떠나감으로 존재를 완성한다."라는 「이별」의 의미를 실감케 한다. 「이별」에서 발화되고 있는 언어들이 실존에 있어서 당연한 듯, 그래서 새롭지 않은 듯하면서도 "제 몸 없애지 않고 타는 불꽃 있으랴/모든 것은 떠나감으로 존재를 완성한다."라는 첫 연의 화두가 모든 사고의 틀을 새롭게 하기 때문이다. 이 새로움은 「바닥」에서 객관화의 냉철성으로 나타난다. "한 무리의 사람들이 강당을 같은 방향으로 돌고 있었다. 나는 그들과 조금 떨어진 곳의 의자에 앉아" 그들을 관찰한다. 관찰자로서의 "나"는 그들을 지탱해주는 "바닥"에 대해 성찰한다. 그리고 사람들의 발바닥과 강당의 바닥이 "만나는 곳"에서 "섬[立]"이 있음을 발견한다.

17. 2020년 8월호(제28회)

월간 ≪시≫ 추천시인상이 갈수록 인기가 높아 매회 응모자가 급증하고 있음은 우리 시단을 위해 좋은 현상이 아닐 수 없다. 그중 엄정한 예심을 거쳐 본심에 올라온 다섯 분의 작품을 읽으며 좋은 시를 읽는 기쁨을 누렸다. 우리 심사위원들은 다섯 분 중 김선중의 「귀퉁이 잠」 「용접」 「뿌리의 계절」 「귀퉁이의 경제학」 「뱀의 자리 등」을, 김차중의 「구두」 「엄마의 베개」 「우체통」 「겨울, 두물머리」 「공중전화」를, 그리고 양 현의 「벚나무집 한 채」 「종달새 아리아」 「생각을 종이학처럼 날리고」 「다라니경 한 페이지가 바람에 넘어간다」 「하루의 젖은 허리가 언덕같이 길다」를 각각 이번 제 28회 추천시인상 당선작으로 합의했다.

김선중의 작품은 화자와 시적 대상 사이에 거리감을 두고 존재를 존재대로 바라보고 해석하는 힘을 보여주고 있다. 「귀퉁이 잠」은 서울 방향 외곽 버스 정류장 벤치의 귀퉁이에서 웅크린 채 잠들어 있는 "온갖 땟국물이 묻은 등산복의 중년 사내"와 울긋불긋 수다를 풀어놓으며 그 사내 곁을 지나가는 "한 무리의 여자 등산객"의 대비를 통해, 그리고 「뱀의 자리 등」에서 "차가운, 따뜻한 뱀을 거치면서/좁은 대로 등 지질 자리를 찾아/변두리로, 변두리로 떠밀려" 온 삶을 통해, 이 시대의 중심과 귀퉁이의 차이를 생각하게 한다. 반면에 「귀퉁이의 경제학」은 저잣거리의 귀퉁이 좌판에서 "귀퉁이가 주는 이문(利文)으로" 착실하게 한 가정을 잘 일구어낸 서사로 이루어져 긍정적인 삶의 일면을 보여주고 있다. 김선중의 이러한 긍정의 힘은 「용접」에서 봄철 나무의 품종 교배와 인간의 혈연을 용접에 비유하며 우주적 상상력으로까지 이어가고 있다는 것은 앞으로 좋은 시인으로 자리하리라는 믿음을 주기에 충분하다.

김차중의 시는 인간과 사물에 대한 따뜻한 시선을 한 폭의 수채화에 옮겨놓은 듯한 개성적인 목소리가 좋다. 염천교에서 산 수제 구두에 대한 "구두장이 할아버지"에 대한 예찬을 한 「구두」는 "계절이 한 번 돌고, 갈 길 다 가니" 이제 새로이 바꿔야 해서 "새 구두 사러 가는" 화자의 삶이 곧 바쁘게 살아가고 있는 현대인의 삶을 표상하고 있다. 「엄마의 베개」는 모성애의 진면목을 보는 듯하다. "종일 쪼그리고 앉아 장도리로 못을 뽑는 일"을 하면서 "나"를 키운 엄마에 대한 추억 중에서 특히 "엄마의 베개에는 항상 알록달록한 얼룩이 있었고" 이 "베개의 얼룩이/엄마가 흘린 눈물자국인 것을" 엄마가 돌아가신 후에야 깨달았음을 고백하고 있다. 실존의 경험이 이처럼 감동적일 수 있음을 보여준 셈이다. 역시 이와 같은 실존의 경험 중에서 요즘 세대는 그리 활용하지 않고 있는 우체통과 공중전화도 새로운 각도로 사유하고 있는 점이 좋았다.

양 현의 시는 언어적 기교를 배제하면서 동시에 살아있는 이미지로 묘사력에 집중함으로써 신선한 시적 감각을 유지하고 있는 장점이 있다. 「종달새 아리아」는 "봄을 물고" 가는 종달새를 "베란다 창 사이로/흰구름 한 쌍 지나"가는 광경으로 먼저 제시하여 기지개를 켜는 산책로, 미끄럼 타는 햇살, 산수유 가지, 벚나무 가지에 피기 시작하는 꽃과 조화를 이루는 풍경 한 폭을 보여 줌으로써 종달새 소리가 아리아처럼 경쾌한 기악곡으로 흐르는 것을 느낄 수 있게 한다. 이러한 이미지는 「생각을 종이학처럼 날리고」에서 "새들이 허공에서 활처럼 휜다", "달무리 같은 엄마의 저녁이 내내 불안하다"라든가 「하루의 젖은 허리가 언덕같이 길다」에서 비 내리는 시장 골목 상인의 시름을 시적 사유로까지 끌어가고 있다. 또한 「다라니경 한 페이지가 바람에 넘어간다」에서 "탑처럼" 쌓인 꽃게를 어떻게든 팔기 위해 손님들과 흥정하는 시장 상인들의 심리적 갈등을 다라니경 한 페이지와 같은 삶의 하루 속에 잘 표현해주고 있다. 특히 양 현의 시 제목이 평면적이지 않아 더욱 호감이 간다.

04

시창작 명상에 도움이 되는 책

1. 『당신이 내게 말하려 했던 것들』

(최대환 신부, 파란북, 2018)

1. 겨울 여행

서른을 갓 넘은 나이에 요절한 오스트리아 작곡가 프란츠 슈베르트(1797~1828)는 '가곡의 왕'이라 불립니다. 그의 가장 유명한 곡은 시인 빌헤름 뮐러의 시에 곡을 붙인 24곡의 연가곡 <겨울 나그네>이겠지요. '낯선 이로 왔다가 낯선 이로 간다네'로 시작되는 이 연가곡은 마지막 곡 <거리의 악사>로 끝납니다.

> 저편 마을 한구석에/거리의 악사가 서 있네./얼어붙은 손가락으로/손풍금을 빙빙 돌리네.//맨발로 얼음 위에 서서/이리저리 몸을 흔들지만./그의 조그만 접시는/언제나 텅 비어 있어.//아무도 들어줄 이 없고,/아무도 거들

떠보지 않는다네./개들만 그 늙은이 주위를 빙빙 돌며/으르렁거리고 있네.//그래도 그는 모든 것을/ 되는대로 내버려두고/손풍금을 돌린다네. 그의 악기는/절대 멈추지 않는다네.

우리는 그의 예술을 통해 연민과 자비의 문을 열 기회를 얻습니다. 차가운 겨울 풍경 속 한 모퉁이에 서서 온기를 애타게 찾는 이웃들의 얼어붙은 몸을 바라봐야겠습니다. 차갑게 얼어버린 마음에 눈물도 잊은 지 오래인 이웃들을 바라봐야겠습니다.

2. 선한 마음의 힘

어떤 경험에도 불구하고 잊어서는 안 되는 것이 있습니다. 미움을 이겨내는 것, 그것은 오직 선한 마음, 선을 사랑하는 마음에서만 가능합니다. 선한 마음이 세상을 움직이는 진정한 힘이라는 믿음과 신뢰가 흔들릴 때면 간절히 만나고 싶은 분이 있습니다. 프랑스의 작가 빅토르 위고의 『레미제라블』에 나오는 미리엘 주교입니다. 소설 초반부에서 위고는 미리엘 주교가 장발장과 만나기 전에 목자로서 어떠한 삶을 살고 있었는지 길게 설명하는데, 여기에서 이미 이 장대한 소설의 주제가 예고되고 있습니다.

그는 침묵을 지켜야 할 때를 알고 있듯이 말을 해야 할 때를 알고 있었다. 오, 오, 참으로 훌륭한 위안자였다! 그는 잊음으로써 고통을 없애려고 하지 않고 희망으로써 그것을 키우고 숭고하게 하려고 했다.

미리엘 주교의 이러한 모습은 그리스도인의 정신을 온전하게 보여주고 있습니다.

3. 빛을 기다리는 시간

독일 아헨교구의 주교 클라우스 헴메를레(1929~1994)는 다음과 같은 시를 지어 자신의 교구 사람들에게 성탄을 맞는 마음을 전하였습니다.

> 모든 사람은 각자 하나의 창문이니./대성당의 찬란하고 장엄한 색 유리창./그러나 빛이 없다면 이런 창문들이 무슨 소용이랴//성탄절에 빛이 솟아오르네./나의 삶을 비추시는 그분이 태어나시네./비록 내가 아직 나의 삶에서 오직 어둠만을 보고 있을지라도//나는 이제 그분의 빛 속에서 나의 삶을 두 손에 가만히 품고 싶다네./그리고 그 창문은 곧 빛나는 색채로 환해지겠지/그리고 많은 이가 빛을 보게 될 것임을.

그의 글이 알려주듯 성탄을 기다리는 때인 '대림절'은 빛을 기다리는 시기이기도 합니다. 또한 눈먼 이들의 눈을 뜨게 하신 예수님이 우리의 눈 역시 뜨게 해주시기를 갈망하는 때이기도 합니다. 이제 우리 안에 주님이 마련하신 '존재의 창'이 빛으로 밝혀지기를 기다립니다. 빛이신 그분이 없다면 우리의 삶은 눈먼 것과 마찬가지입니다.

겨울의 한복판에서 우리는 다가오는 성탄의 초대를 감지할 수 있어야 합니다. 그러기 위해 우리의 정신은 잠에서 깨어 총기를 얻고 마음은 설레어야 합니다. 설레는 마음을 가진 사람만이, 그리움을 아는 사람만이 구원의 약속을 믿고 하느님의 섭리를 보게 됩니다.

신비는 관념이 아니라 실재이며, 우리는 진리 안에서 사랑할 때 비로소 신비와 만나게 됩니다.

4. 반더러, 순례자, 산책자

예부터 사람들은 심지를 맑고 굳건히 하기 위해 '걷기'를 즐겼습니다. '걷기'와 함께 막연한 불안과 혐오를 이겨내고, 이웃과 공감하고, 올바르게 판단하는 생각과 마음의 깊이를 더하기를 희망합니다.

리베카 솔닛은 저서 『걷기의 인문학』(원제: 반더루스트 Wanderlust, -'걷기의, 방랑의, 산책의 욕구'라는 뜻을 가지고 있음)에서 '걷기'를 그윽하고 구체적으로 성찰하여, 독자가 개인의 인생길이 가지는 고유함에 대해 알고 그 길을 존중하게 합니다.

이 책은 '걷기'라는 하나의 예를 통해 평범한 사람들이 매일매일 경험하고 수행하는 일상의 실천이 얼마나 중요한 것인지를 보다 깊이 통찰하게 합니다. 성지순례에 대해서도 '은총을 찾아가는 오르막길'이라는 제목을 붙였더군요. 순례길에 오른 사람들의 헤아리기 어려울 정도로 간절했을 마음과 연결해 생각해보기도 합니다.

솔닛은 순례에서 핵심이 되는 것은 무엇인가를 찾으려 애쓴다는 데 있다고 말합니다. 그런데 여기에서 더 중요한 것은 순례라는 행동의 근본적인 목적이 '자기 자신을 변화시키는 것'에 있다는 사실입니다. 순례를 이끄는 원동력이 영혼의 가장 내밀한 갈망과 그 갈망을 담는 나의 몸에 있는 것이지요. 순례는 오직 '몸'의 수행을 통해서만 고귀한 종교적 이상이 체현될 수 있다는 것을 실감하게 합니다.

교황의 복음적 권고 『복음의 기쁨』에서 프란치스코 교황은 '시간이 공간보다 중요하다'는 원칙을 강조합니다.

시간은 우리 앞에 언제나 열려 있는 지평의 표현으로서 충만함과 관련되지만, 개별적인 순간들은 제한된 공간 속에서 살아가는 한계의 표현입니다.(222항)

시간은 공간을 지배하고 밝혀주며, 그것들이 퇴보하지 않고 계속

해 확장되는 연결 고리로 만들어 줍니다.(223항)

5. 이 아름다운 5월에

독일의 낭만주의 음악가 로베르트 슈만(1810~1856)은 문학적 소양이 풍부했던 독서가였고 필력 또한 뛰어났습니다. 영국의 유명한 첼리스트 스티븐 이설리스는 슈만의 글 「젊은 음악가를 위한 조언」에 자기 자신의 경험과 의견을 곁들여 『젊은 음악가를 위한 슈만의 조언』이란 책을 썼습니다. 이 책에서 발견한 슈만의 조언입니다.

> 기존의 작곡가들을 깍듯이 존경하고, 새로운 이들에게도 따뜻한 관심을 주어라. 당신이 모르는 이름이라고 해서 선입견을 가지지 말라.

6. 여름날, 여행의 권유

프랑스의 작가 실뱅 테송은 지리학을 전공한 후 여행자로서의 삶을 살고, 그 깨달음을 글로 전한 사람입니다. 그는 자신의 에세이 『여행의 기쁨』에서 고되게 걷는 여행과 유랑이 사물들의 본모습을 보여준다고 믿었습니다. 다음의 글에서 말하듯이 말입니다.

> 내가 신발 밑창만을 이동 수단으로 사용하는 것은 고통을 즐기는 취향 때문이 아니라, 느림이 속도에 가려진 사물들의 모습을 드러내 보여주기 때문이다. 기차나 자동차의 유리창 뒤로 풍경을 흘려보내면서 풍경의 베일을 벗길 수는 없다.

7. 가보지 못한 리스본을 그리며

스위스 출신의 저명한 철학자 페터 비에리는, 파스칼 메르시에라는 필명으로 베른의 한 나이든 라틴어 교수가 주인공인 소설 『리스본행 야간열차』를 썼습니다. 주인공 그레고리우스는 포르투갈의 작가 페르난도 페소아(1888~1935)의 『불안의 책』(47세에 작고한 페소아 사후 47년 만인 1982년에 유고로 발견되고 출판됨)에서 다음의 문장을 읽고 시계처럼 철저했던 일상을 내버려둔 채 홀린 듯 리스본행 야간열차에 오릅니다.

> 우리가 우리 안에 있는 것들 가운데 아주 작은 부분만을 경험할 수 있다면, 나머지는 어떻게 될까?

페터 비에리는 소설의 첫머리에 페소아의 『불안의 책』에 나오는 다음 구절을 인용하고 있습니다.

> 우리 존재라는 넓은 식민지 안에는, 다른 방식으로 생각하고 느끼는 다양한 사람들이 있다.

* 포르투갈의 작가 페르난도 페소아의 『불안의 책』에 나오는 구절:

> 모든 사람을 부러워하는 이유는 그들이 내가 아니기 때문이다. 내가 아닌 사람이 되는 것, 이것은 모든 불가능한 것 중에서 가장 불가능하게 여겨지므로 날마다 열망하는 것이고, 슬픈 순간마다 체념하는 것이다.

따라서 때때로 나의 인생이 나 자신에게 '낯설어'야 한다.

8. 우리는 모두 별의 먼지입니다.

독일의 과학자이자 저술가인 슈테판 클라인이 저명한 과학자들과 나눈 대담을 모은 책 『우리는 모두 별이 남긴 먼지입니다』의 제목은 영국의 천문학자 마틴 리스와의 대담 중에서 따왔습니다. 물리학자 카를로 로벨리의 『모든 순간의 물리학』에서 남긴 다음과 같은 인상적인 글에서도 이 표현은 공명하고 있습니다.

> 우리는 다른 사물들과 똑같이 별 가루로 만들어졌고, 고통 속에 있을 때나 웃을 때나 환희에 차 있을 때나 존재할 수밖에 없는 존재로서 존재할 뿐입니다. 우리는 이 세상의 일부이기 때문이지요.

세상 만물이 '별의 먼지'라는 것은 과학적 진술일뿐더러, 깊은 의미에서는 시의 언어일 것입니다. 그리고 우리는 이 말이 신비를 가리키고 있음을 직감합니다. 우리는 별을 바라보며 경탄하고 감사합니다. 우리는 별의 먼지이자 신에게서 온, 그래서 신을 닮은 사랑의 작품이기 때문이지요.

9. 슬픔의 노래

1980년생인 노르웨이의 젊은 작곡가 킴 안드레 아르네센이 작곡한 <비록 그분이 침묵할지라도>는 제2차 세계대전 때 독일 쾰른의 한 지하실 창고에 적혀 있던 다음과 같은 기도문에 곡을 붙였습니다.

> 나는 태양이 비추지 않는다 해도 태양을 믿습니다./나는 사랑이 주변에 없는 듯 느껴져도 사랑을 믿습니다./그리고 나는 그분이 침묵하신다 하더라도 하느님을 믿습니다.

10. 토성의 영향 아래

단 3편의 소설만을 남긴 채, 불의의 교통사고로 타계한 독일 작가 W. G. 제발트(1944~2001)의 소설 『토성의 고리』는 사멸과 덧없음, 신음과 부르짖음이 배어 있는 폐허와 파편들 속에서 문명의 스전보다 희생자의 아픔을 바라볼 줄 아는 성정이 멜랑콜리임을 말해줍니다. 이는 아래와 같은 조지프 콘래드가 마르그리트 포라도프스카에게 보낸 편지에서도 알 수 있습니다.

> 걸어서 성지순례를 떠나기로 결정한 사람들, 강가를 따라 걸어가면서 패배자들의 투쟁과 깊은 절망의 끔찍함을 이해하지 못한 채 방관하는, 영혼이 불행한 사람들을 맨 먼저 용서해야 한다.

미국 지성계의 스타였던 수전 손태그(1933~2004)는 발터 베냐민에게 「토성의 영향 아래서」라는 글을 헌정했습니다. 수전 손태그는 다음과 같이 베냐민의 말을 인용합니다.

> 나는 토성의 영향 아래 태어났다. 가장 느리게 공전하는 별, 우회와 지연의 행성….

11. 감사함에 대하여

퓰리처상을 수상한 시인 메리 올리버의 산문집 『완벽한 날들』을 읽다가 「아침산책」이란 아름다운 시를 발견하고 좋아한 적이 있습니다. 그 시가 다시 읽고 싶어졌습니다.

> 감사를 뜻하는 말들은 많다./그저 속삭일 수밖에 없는 말들./아니면 노

래할 수밖에 없는 말들./딱새는 울음으로 감사를 전한다./뱀은 뱅글뱅글 돌고/비버는 연못 위에서/꼬리를 친다./솔숲의 사슴은 발을 구른다./황금 방울새는 눈부시게 빛나며 날아오른다./사람은, 가끔, 말러의 곡을 흥얼거린다./아니면 떡갈나무 고목을 끌어안는다./아니면 예쁜 연필과 노트를 꺼내/감동의 말들, 키스의 말들을 적는다.

우리가 존재의 신비에 감동하고 감사하는 마음을 갖지 않는다면, 어떤 성공과 성취를 했다고 해도, 아니면 많은 희생과 절제를 한다고 하더라도 그저 자기 아집에 사로잡힌 사람일 뿐입니다.

매일 만나는 사람들, 마주치는 사건들, 작은 자연의 존재들, 이 모든 만남 안에서 감사함을 느끼고 배우는 것이야말로 우리가 삶을 행복하게 살고, 행복하게 맺을 수 있는 길이라는 것을 확신합니다.

2.『김수환 추기경의 친전』

(차동엽 엮음, 위즈앤비즈, 2012)

사랑이란 말은 우리가 가장 좋아하는 낱말입니다. 우리 모두 사랑을 바라고 노래하고 꿈꾸고 있습니다. 우리는 사랑을 떠나서는 살 수 없습니다. 사랑이 없으면 우리 각자의 삶은 삭막하기 그지없고, 사랑이 없을 때 우리 가정은 파탄할 수밖에 없고, 사랑이 없는 사회는 황무지와 같은 사회이고, 사랑이 없을 때는 자연히 서로간의 미움만이 있을 수밖에 없고, 미움이 분쟁을 낳고 분열을 가져옵니다. 사랑이 없으면 결국 인간사회는 지옥과도 같습니다. 아니, 사랑이 없으면 생명이 있을 수 없고, 삶이 있을 수 없습니다. 우리가 존재할 수 없습니다. 아무도 나를 사랑하지 않는다면 내가 어떻게 그것을 견디어 낼 수 있습니까? 또 나에게 아무도 사랑하는 사람이 없을 때, 그런 '나'는 무엇입니까? 나는 아마도 그런 나를 참을 수 없을 것입니다. 사랑이 없으면 진정 나는 아무것도 아닙니다.

세상을 어둡게 하는 것은 무엇인가? 전기電氣가 다 나간 뒤 불을 밝힐 것이 없으면 어두울 것인가? 아니다. 습관이 들면 태양만으로도 족하다. 밤이라도 달빛으로 족하다. 달도 없으면 별빛으로 족하다. 그것마저 없어도 관계없다. 마음만 편하다면! 가장 어두운 것은 삶의 희망이 완전히 없어졌을 때이다. 삶의 의미가 없고, 보람이 없고, 미래가 전혀 없을 때이다. 그것은 곧 죽음이다.

그리스도는 본시 빛이셨지만, 왜 불멸의 빛이 되셨는가? 십자가가 있었기 때문이다. 헬렌 켈러가 왜 시각 장애인들에게 빛이 되었는가? 자신의 어둠과 싸워서 이겼기 때문이다. 간디가 왜 빛이 되었는가? 어떤 환경에서도 폭력에 의지하지 않고 진리를 추구했기 때문이다.

생명의 역사치고 부활의 역사가 아닌 것이 없습니다. 새싹은 땅에 묻혀 썩은 씨앗에서 움트며, 화창한 봄은 얼어붙은 긴 겨울로부터 오며, 새벽녘의 밝은 빛은 칠흑 같은 어둠으로부터 번져 나옵니다.

여의도 성모 병원 벽에는 그곳을 지나는 환자와 방문객들이 볼 수 있도록 이런 말씀이 붙어 있습니다. “아침이면 태양을 볼 수 있고 저녁이면 별을 볼 수 있는 나는 행복합니다. 잠이 들면 다음날 아침 깨어날 수 있는 나는 행복합니다. 꽃이랑 보고 싶은 사람을 볼 수 있는 눈과 아가의 옹알거림과 자연의 모든 소리를 들을 수 있는 귀와 사랑한다는 말을 할 수 있는 입과 기쁨과 슬픔과 사랑을 느낄 수 있고 남의 아픔을 같이 아파해 줄 수 있는 가슴을 가진 나는 행복합니다.” 참으로 그렇습니다. 내가 성한 눈을 지녀서 자연의 아름다움을 볼 수 있고, 귀가 열려 있어서 말과 소리를 들을 수 있습니다. 그리고 입으로 말할 수 있다는 것…그 중 어느 것 하나 감사하지 않은 게 없습니다.

인생에 있어서 가장 긴 여행이 무엇인지 아십니까? 이것입니다. 머리에서 마음에 이르는 것, 머리에서 좋다고 생각하는 것을 마음에까지 도달하게 하여 마음이 움직여야 하는데 그것을 우리는 모두 잘 못합니다.

사랑이 머리에서 가슴으로 내려오는 데 칠십 년이 걸렸습니다.

3. 『설전(雪戰), 법정이 묻고 성철이 답하다』

(원택, 책 읽는 섬, 2016)

성철: 무엇보다도 정신적으로 모든 생각을 쉬어 버리는 것, 이게 제일 중요한 것 같아요. 생각을 쉬고 사는 이것이 건강에 좀 도움이 되지 않았나, 그런 생각이 듭니다.

법정: 자신에 대한 염려에 앞서 남을 염려하는 쪽으로 마음을 돌릴 때, 인간은 비로소 성숙해집니다. 이 세상에서 가장 위대한 종교는 친절이라는 것을 마음에 거듭 새겨 두시기 바랍니다. 작은 친절과 따뜻한 몇 마디 말이 이 지구를 행복하게 한다는 사실 역시 기억하시기 바랍니다.(2004년 6월 2일 법문 중에서)

성철: 불교의 근본 사상은 중생이 본래 부처라는 것에 있습니다. 중생이 본래 부처이고 현실이 극락세계이며 현실 이대로가 절대다. 여기에 불교의 근본이 서 있습니다. 모든 존재를 부처로 섬겨야 합니다. 부처님이니까 부처님으로 섬기는 거예요. 그래서 불교 믿는 첫 조건으로 모든 생명, 모든 존재를 부처님으로 모셔라, 모든 존재를 부모같이 섬겨라, 모든 존재를 스승으로 섬겨라 하는 3대 조건이 있습니다.

법정: 나 자신이 행복해지고 싶다면 먼저 남을 행복하게 해 주어야 합니다. 이것이 업의 율동이고 메아리입니다.

성철: 인간은 하나의 소우주입니다. 그러므로 자기 자신의 마음속에 극락도 지옥도 공존하게 마련입니다. 불안과 여유도 마음가짐에서 좌우될 수 있습니다. 항시 주위 사람들에게 감사드리며 나보다는 남을 위해 살 일입니다.

법정: 녹차를 좋아하는 분들은 아실 것입니다. 차를 마신다고 해서 그냥 물 끓여서 차만 홀짝 마시고 일어나지 않습니다. 물을 끓이고 비우고 또 다기를 꺼내서 매만지고 펼치고 마시고 나서 씻고 거두어 들이고 하는 이런 과정이 얼마나 좋습니까? 이것은 차뿐만이 아닙니다. 살아있는 일 자체가 그래야 합니다.

성철: 마음의 눈을 뜨면 결국 자성自性을 보는데, 그것을 견성見性이라고 하지요. 『팔만대장경』에 그토록 많은 말씀이 담겨 있지만, 사실 알고 보면 '마음 심心' 한 자에 귀결됩니다. 마음의 눈을 뜨고 그 실상을 바로 보면 산은 산이요, 물은 물이지, 그리고 산이 물위로 가는 본지풍광本地風光의 소식이지요.

법정: 마음이니 부처니 중생이니 하지만 이 셋은 결코 근원적으로 다르지 않습니다. 단어만 다르지 뿌리는 하나입니다. 부처와 보살을 먼 곳에서 찾지 마십시오. 부처와 보살을 밖에서 만나지 말고 때로는 자기 집 안으로 불러들일 수 있어야 합니다. 그렇게 하면 시들했던 관계도 새로운 활기로 채워집니다. 그러한 과정에서 가옥이 다시 가정으로 바뀔 수 있습니다. 삶이 기쁨과 고마움으로 채워질 때 삶의 향기가 배어납니다. 이것이 바로 마음의 향기입니다.

4. 『숨어 있는 기쁨』

(안셀름 그륀, 조규홍 역, 가톨릭출판사, 2013)

철학자 아리스토텔레스는 '기쁨'을 '충만한 삶의 또 다른 표현'이라고 말한 적이 있습니다. 자기 능력을 맘껏 발휘하면서 안팎으로 어떤 장애도 없는 순간에 경험하는 최대의 기쁨이 '행복'이라고 그는 말합니다. 자신이 원하는 삶을 일구어 가면서 창의적인 자아를 실현하는 사람은 기쁨도 함께 누릴 것입니다.

아리스토텔레스에게 기쁨은 일종의 '실현'입니다. 기쁨은 우리를 치유하고 고무시키는 원초적인 힘입니다. 기쁨은 우리에게 활기를 불어넣어줄 뿐만 아니라 다른 사람들에게도 손을 뻗어 도움을 줍니다. 기쁨은 활기와 생명력의 또 다른 표현입니다. 우리가 모든 고통을 감내하고 이겨 낼 때 기쁨은 우러납니다.

스위스의 정신분석가이자 심리 치료사 베레나 카스트(1943~현재)는 기쁨을 '고양된 감정'의 하나로 생각했습니다. '감정Emotion'이라는 용어는 movere(움직이다)라는 라틴어 동사에서 나왔습니다. 모든 감정은 우리를 움직입니다. 고양된 감정으로서의 기쁨은 영감靈感이나 희망처럼 우리 삶을 확장시킵니다.

기쁨에는 치유하는 기능도 있습니다. 베레나 카스트는 '인간의 삶에 결정적 역할을 수행'하는 여러 가지 치료 요법을 기쁨의 경험에서 알아냈습니다. 예컨대 '어떤 활동에 완전히 몰입해 있을 때' 기쁨이 생겨나는 경우지요. 베레나 카스트는 이 같은 몰입, 곧 '우리가 어떤 행위, 어떤 활동 혹은 어떤 순간에 몰입할 수 있다'는 것이 기쁨을 얻게 되는 결정적인 조건이라고 말합니다. 우리는 매일같이 다가오는 수많은 작은 기쁨들을 의식하고 받아들일 필요가 있습니다.

아우구스티노 성인의 표현인 "영혼은 자신을 기쁘게 해 주는 사랑을 먹고 자란다."라는 말은 나에게 감동적으로 다가옵니다. 겉으로든 속으로든 당신이 날마다 마주치게 되는 그 무엇에든 기뻐해 보십시오. 당신은 이미 많은 것들에 감사할 만한 근거들을 다 가지고 있습니다. 당신은 지금 이 순간에도 그 기쁨을 느낄 수 있습니다.

마음의 기쁨은 동시에 몸의 기쁨도 가져옵니다. 나는 내가 숨을 쉰다는 것에 기쁨을 느낍니다. 나는 내 두 발에 기쁨을 느낍니다. 나는 내 두 손에도 기쁨을 느낍니다. 나는 내 얼굴에 기쁨을 느낍니다. 나는 내 입에 기쁨을 느낍니다. 나는 내 코에 기쁨을 느낍니다. 나는 내 눈에 기쁨을 느낍니다. 몸 역시 기쁨의 한 원천입니다.

그리스인들은 창조 행위와 시작詩作 행위를 포이에시스라는 한 단어로 표현합니다. 이는 분명히 하느님께서 세상을 얼마나 아름답게 창조하셨는지, 시인이라면 노래할 수밖에 없을 것이라고 생각했기 때문일 겁니다. 시인이 노래하는 아름다움은 세상의 아름다움을 표현한 것이니까요.

우리는 종종 자연 속을 거닐게 되는데, 자연을 의식하면서 걷는다면, 나무의 푸르고 신선함을 온몸으로 느낀다면, 나뭇가지 사이로 비치는 햇살을 가만히 지켜본다면, 우리 마음은 어느새 기쁨으로 채워질 것입니다. 나는 푸른 숲 속에 난 아름다운 산책로의 고요함에 기쁨을 느낍니다. 창조물의 아름다움에 눈뜬 사람에게는 하루에도 수천 가지 기쁨의 기회가 다가옵니다.

일상의 작은 것들에서 행복의 기쁨을 누릴 수 있는 기회는 매일같이 당신에게 충분히 주어집니다. 만일 당신의 마음속이 무언가로 꽉 차 있다면, 마음의 방부터 청소하십시오. 그래서 당신 마음의 방을 훨씬 더 넓고 편안하게 사용할 수 있게 된다면, 당신은 이전보다 더 쉽게 기쁨을 누릴 수 있을 것입니다. 모든 것을 하느님의 섭리에 맡기십시오. 그러면 감사하는 마음이 솟구치고 지난 하루를 기쁘게 되새길 수 있습니다.

고대 철학자 아리스토텔레스와 현대 정신 분석가 에리히 프롬은 기쁨을 창의성과 함께 이해했습니다. 기쁨을 '창조적인 행위'와 연계하여 이렇게 말합니다. "영혼은 몸을 통해 창의적으로 활동하는 것에 큰 기쁨을 갖습니다." 기쁨은 창의적인 활동을 통해 자신을 드러냅니다. 기쁨은 완성된 예술 작품에서만 얻을 수 있는 것이 아닙니다. 새롭게 일어나는 것들에서도 얻을 수 있습니다.

'지금'이라는 순간은 시간과 영원히 결합한 자리입니다. '지금'은 하늘과 땅이 하나가 되는 자리입니다. 나는 나의 생각을 바꾸어야 합니다. 사물들을 있는 그대로 바라보며 내버려두도록 생각을 전환해야 합니다. 이것은 일종의 태연자약을 의미합니다. 이는 일찍이 마이스터 에크하르트가 우리에게 충고한 태도이기도 합니다. 사물들을 있는 그대로 내버려두고 순간을 그렇듯 직관하는 태도 말입니다.

우리 수도회(베네딕토회)의 92세 콜레스틴 수사님이 눈을 감기 전, 나를 위해 시를 읽어주고, 트럼펫도 불어주고, 작은 하모니카를 불며 어깨춤을 추어주었습니다. 그분의 연세를 생각해서 염려할 때마다 그분은 이렇게 속삭였습니다. "그래도 누군가를 기쁘게 할 수 있다는 것이 아름답지 않아?" 우리 시대의 큰 위기는 순수 나르시시즘에 빠져 우리 가까이에 있는 사람들에게 무엇이 좋은 것인지 더 이상 알아보지 못한다는 사실입니다. 우리가 다른 이들을 위해 준비하는 기쁨은 우리에게 되돌아옵니다.

누구나 그의 내면에는 기쁨의 원천이 자리합니다. 사람들은 그것을 종종 잘 잊어버립니다. 물리학자이자 수학자 블레즈 파스칼은 아래와 같은 명제를 선보였습니다. "사람은 기쁨을 위해 태어났다." 파스칼은 사람의 본질적인 특징을 기쁨에서 찾았습니다. 사람의 본질은 기쁨입니다. 헝가리의 성녀 엘리사벳도 "기쁨은 사랑을 심은 곳에서 움터 자라납니다."라고 짧은 생애의 핵심을 표명했습니다.

"기쁨을 누리십시오. 왜냐하면 당신은 이미 기쁨을 누릴 만한 온갖 근거를 지니고 있기 때문입니다. 하느님은 당신의 기쁨의 원천이십니다."

5. 『우연한 여행자』

(생 텍쥐페리, 양혜윤 역, 세시, 2007)

1. 우리는 서로가 '만나기' 위해서 노력해야 한다. 들판 저 멀리에서 깜박이고 있는 불빛들과 의사소통이 되도록 최선의 노력을 다해야 하는 것이다.

2. 대지는 우리에게 그 어떤 책보다 더 많은 것을 가르쳐준다. 왜냐하면 대지는 저항할 줄 알기 때문이다. 농부는 그가 가꾸는 땅을 통해 자연의 비밀을 조금씩 조금씩 알아간다.

3. 완성이라 함은 이제 더 첨가할 것이 없음이 아니라 더 이상 제거할 불순물이 없음을 뜻하는 것이다.

4. 생명이 생명과 너무 잘 어울리고, 거세게 몰아치는 바람 속에서도 꽃과 꽃은 어울리고, 백조는 백조와 어울리는데 인간들만이 홀로 고독하다.

5. 길이란, 사실 우리 인간을 몇 세기 동안이나 길옆에 보이는 것이 대지의 모두인 것처럼 속여왔다. (그러나)길은 농부들을 창고에서 말밭으로 이끌고 나왔고, 외양간에서 아직 잠을 자고 있는 가축들을 새벽녘에 풀이 무성한 곳으로 데려갔다. 어쩌다 길의 뻗음이 사막을 가로지른다 해도 꼭 오아시스가 있는 데를 거치도록 만들었다. 비행기가 발명되고 나서 우리는 비로소 돌아가는 것이 아닌 똑바로 가는 직

선을 배웠다.

6. 멀리 떨어진 것을 측정하는 것은 물질적인 거리가 아니다. 평범한 가정집 정원의 벽이 중국의 만리장성보다 더 많은 비밀을 둘러싸고 있을 수 있으며, 사하라 사막의 모래가 오아시스를 보호하고 있다.

7. 나는 파라과이의 수도에서 본 적이 있는, 돌과 돌 사이를 비집고 생명의 코를 내미는 풀을 좋아했다. 그 풀은 인간이 도시를 여전히 점령하고 있는지, 도로의 돌을 모두 바꾸어야 하는지를 알려고 온 것 같았다.

8. 진리란 논리로써 증명될 수 있는 것이 아니다. 흙 한 무더기 속에서 오렌지 나무가 풍성한 열매를 맺을 수 있다면, 오렌지 나무에게 있어서는 바로 이 흙더미가 진리인 것이다.

9. 사랑은 서로를 마주 보는 게 아니라, 둘이서 똑같은 방향을 바라보는 것이라고 인생은 우리에게 가르쳐 주었다. 동일의 숭고한 노력 속에 화합을 이루지 않고서는 동료의식을 느낄 수 없다.

10. 한 편의 시 속에서 기적을 볼 수 있고, 음악으로부터 순수한 기쁨을 취할 수 있고, 친구들과 빵을 나누어 먹을 수 있는 사람은 신선한 바닷바람이 불어오는 곳으로 자기의 창문을 열 수 있는 사람이다. "미치도록 행복하지 않은가!"

6. 『작가는 왜 쓰는가』

(제임스 A. 미치너, 이종인 역, 예담, 2008)

1. 작가는 왜 다른가(이왕주 교수의 추천사)

미치너의 군더더기 없는 산뜻한 문장이 부드러운 리듬감으로 전개되는 그 글쓰기 자체가 '작가는 왜 다른가'를 웅변해주고 있다.

랜덤하우스 출판사에 입사해서 편집인으로 근무하다가 『남태평양 이야기』로 퓰리처 상을 받으면서 화려하게 미국 문단에 등장했던 그가 진정한 의미에서의 작가의 길로 들어서게 된 것은 그의 최고 걸작 『하와이』를 발표하게 되면서부터이다.

퇴고용 전지를 덕지덕지 붙인 교정쇄는 그야말로 누더기 그 자체였고, 그 누더기 같은 전지에 깨알같이 박아놓은 육필 글씨 하나하나에는 교정이 허락된 마지막 순간까지 자신의 작품에 최선을 다했던 작가적 양심이 적나라하게 드러나 있다.

니체는 두 가지 독서 태도를 구분했다. 하나는 약탈하는 병사들처럼 혹은 무조건 항복하는 패잔병처럼 책을 읽는 태도이고, 다른 하나는 '한 마리의 소와 같은 인내로 그 의미를 거듭거듭 되새기며' 책을 읽는 태도다. (물론 후자의 태도로 책을 읽어야 한다.)

2. 작가의 말

지난 수십 년 동안 나는 수백, 아니 수천 명의 작가들을 분석해왔다. 그들의 스타일과 테크닉을 연구·분석해왔다. 그들은 작가라는 직업을 매력적인 것으로 만들기 위해 어떤 일을 했는가? 그리고 어떤 실수를 저질러 결국에는 실패로 끝나고 말았는가? 이러한 방식을 통하여 나 나름의 스타일과 테크닉을 형성하는 기본적인 요소를 발견했다. 그렇지만 어떤 스타일과 테크닉은 반드시 피해야겠다고 생각하기도 했다. 왜냐하면 어떤 작가에게는 그 스타일이나 테크닉이 맞춤옷처럼 잘 맞았지만 내게는 잘 맞지 않았기 때문이다.

나는 작가 지망생들을 가르치면서 스타일이란 연구와 노력의 소산이며 결국 더 많은 연구와 노력에 의해 다듬어지는 것임을 알게 되었다.

나는 낡은 타자기의 자판을 읽어낼 수 없을 때까지, 그 자판을 두드려댈 힘이 없을 때까지, 그리고 연구 • 평가 • 분석하는 능력이 사라질 때까지 계속 글을 써나갈 것이다. 독자들이 내 글을 꾸준히 읽어주면 고맙기는 하겠지만, 솔직히 말해서, 독자들이 계속 성원을 보내줄지 어쩔지는 나와 상관없는 문제이기도 하다.

나는 헤밍웨이의 멋진 간결체 문장, 마가렛 미첼의 쉽게 읽히는 문장, 마커스 굿리치의 직유와 은유, 트루먼 캐포티의 재능과 세련된 언어감각으로부터 많은 영향을 받았다. 특히 캐포티는 글에서나 대화에서나 적당한 어휘를 멋지게 선택하는 능력이 뛰어났다.

3. 옮긴이의 말

『작가는 왜 쓰는가』는 미치너가 주기 4년 전에 쓴 마지막 저서로서 그의 문학적 생애를 결산하고 있다. 그는 이 책에서 두 가지 주제를 제시한다. 하나는 소설 창작의 일반 원칙을 밝히는 것이고, 다른 하나는 동료 작가들이 자신의 창작 활동에 미친 영향을 분석하는 것이다.

미치너는 자신의 창작 원칙을 소개하는데 '소설의 첫 장을 아주 어렵게 만들라. 그렇게 하여 일부 독자들은 떨어져 나가게 하라'고 말하고 있다. 나는 이것이 글쓰기의 한 핵심이라고 생각한다. 내 글은 어려우니까 당신처럼 글의 뜻을 알기 위해 미리 공부하고 오지 않는 사람은 내 글을 읽지 않는 게 좋다, 이렇게 경고하는 것이다. 다음 두 문장을 비교해보라.

> 사람들이 신혼 여행지로 자주 가는
> 제주도에 나는 가보고 싶다
>
> -「섬」

> 사람들 사이에 섬이 있다.
> 그 섬에 가고 싶다.
>
> -정현종, 「섬」 전문

작가가 소설을 써나가는 데 필요한 무기는 1)사물 2)생각 3)언어이다. 특히 과도한 상징과 부자유스러운 은유는 피하라고 말한다. 소설이란 결국 감동적이고 멋진 사람들의 스릴 넘치는 이야기, 그 이상도 이하도 아니라는 것이다.

4. 신념

…나는 알아봐야 할 필요가 있고 보존할 필요가 있는 이 유한한 지구에 거처하고 있다. 그렇지만 동시에 나는 그 전체를 절대로 알 수 없는 무한한 우주에 거처하고 있다.

…위대한 소설은 작가가 외롭게 인간의 경험을 탐구하는 데서 얻어진 것이지 학술적 조사에 의해서 만들어지는 것이 아니다. 물론 소설은 학술적 조사를 바탕으로 할 수 있다. 그러나 이들의 가장 훌륭한 소설들은 늘 예술적 통일성을 가지고 있었다.

…내가 작가로서 그 한 고리를 이루고 있는 이 연면한 창작의 흐름 속에서 읽기는 쓰기를 낳고, 다시 쓰기는 읽기를 낳는다. 도대체 아무런 밑천도 없이 어떻게 준엄한 경쟁에서 이길 수 있는 높은 수준을 획득한다는 것인가?

7. 『침묵의 세계』

(막스 피카르트, 최승자 옮김, 까치, 2017)

말은 침묵으로부터 그리고 침묵의 충만함으로부터 나온다.

두 사람이 이야기를 주고받는 자리에는 언제나 제삼자가 있다. 즉 침묵이 귀 기울이고 있는 것이다.

침묵은 이름할 수 없는 천 가지의 형상 속에 그 모습을 드러낸다. 소리 없이 열리는 아침 속에, 소리 없이 하늘로 뻗어 있는 나무들 속에, 남몰래 이루어지는 밤의 하강 속에, 말 없는 계절들의 변화 속에, 침묵의 비처럼 밤 속으로 떨어져 내리는 달빛 속에, 그러나 무엇보다도 마음속의 침묵 속에, 이러한 침묵의 모습들에게는 이름이 없다.

침묵의 자연 세계보다 더 큰 자연 세계는 없다.

침묵은 말이 없이도 존재할 수 있지만, 말은 침묵이 없이는 존재할 수 없다.

시는 침묵으로부터 나오며, 또한 침묵을 동경한다. 단순히 말을 하지 않는 것이 침묵하는 것은 아니다. 말이란 전혀 존재하지 않는 듯, 말과의 대립 없이, 그 내부에 어떤 원초적인 자명한 존재로서 침묵이 내재해 있는 사람만이 침묵한다.

봄이 시작될 때면 사물들은 침묵으로부터 돌아와서 자기 자신을 더욱 깊이 성찰하게 된다. 봄에 나뭇잎들이 가지에서라기보다는 하늘의 푸름 속에서 떨고 있을 때, 나무는 침묵에 보다는 하늘에, 그리하여 자기 자신에게 더 많이 속하게 된다.

밤이 되면 침묵은 지상에 좀 더 가까이 다가간다. 밤이면 나무들은 저 높은 곳을 향하여 뻗어간다. 그것은 마치 나무들이 그 줄기를 따라서 무엇인가를 들어 올려 침묵에게 넘겨주려고 하는 것 같다. 다음날 아침이면 나무들의 줄기는 전날 저녁보다 더욱 꼿꼿하게 서 있다.

신앙의 영역과 침묵의 영역은 하나를 이루고 있다. 침묵이라는 자연적 기반 위에서 신앙의 초자연성이 실현된다. 침묵 속에서 인간과 신의 신비가 처음으로 서로 만난다. 소음만이 존재하는 오늘날 침묵 속에서는 인간과 신의 신비 사이의 최초의 만남이 실현될 뿐만 아니라, 또한 그 침묵으로부터 말은 그것이 신의 신비의 경이로움처럼 경이로운 것이 되는 힘을 얻는다.

신에게는 말과 침묵이 하나이다. 신의 침묵은 사랑을 통해서 말씀으로 변한다. 기도 속에서 말은 저절로 침묵 속으로 되돌아간다. 기도란 애초부터 침묵의 영역 안에 있었다. "세계의 현 상태, 생활 전체가 병들어 있다. 만일 내가 의사이고 그래서 당신이 무슨 충고를 해주겠느냐고 물어온다면, 나는 이렇게 대답할 것이다. 침묵을 창조하라! 인간을 침묵으로 데려가라."(키에르케고르)

사랑 속에는 말보다는 오히려 침묵이 더 많다. 사랑의 여신 아프로디테는 바다 속에서 나왔다. 그 바다는 침묵이다. 말함으로써 침묵을 증가시키는 것, 그것은 오직 사랑만이 할 수 있는 일이다. 세계는 그 어느 것보다도 사랑에 의해서 더 많이 소음으로부터 침묵으로 되돌아가게 된다.

8. 『평화 안에 머물러라』

(자크 필립 지음, 조안나 옮김, 바오로딸, 2017)

우리가 노력해야 할 첫째 목표는 (유혹이나 나약함에 대해) 언제나 승리하는 것이 아니라 실패할 경우를 포함한 모든 상황에서 '마음에 평화 간직하기'를 배우는 것이다.

> "나는 너희에게 평화를 남기고 간다. 내 평화를 너희에게 준다. '내가 주는 평화는 세상이 주는 평화와 같지 않다.' 너희 마음이 산란해지는 일도, 겁을 내는 일도 없도록 하여라."(요한 14,27)

내적 평화의 필요조건이자 충분조건은 '선한 의지'다. 달리 말하면 마음의 순수함이다. 이러한 선의, 곧 큰일에나 작은 일에나 언제나 하느님께 '예'라고 말하려는 습관적 결의는 내적 평화의 '필수' 조건이다. 이와 같은 결의를 굳게 지니지 못하는 한 우리는 불안하고 슬픈 상태를 벗어나지 못할 것이다.

큰일에서든 작은 일에서든 어린이처럼 단순하게 하느님께 내맡기고 전적으로 신뢰하는 법을 배워야 한다. 그러면 하느님께서 당신의 자애로움과 배려와 충실하심을 놀라운 방법으로 드러내실 것이다.

우리가 흔히 평화를 잃게 되는 주원인은 우리에게 영향을 미치는 위협적 상황에서 비롯되는 두려움이다. 곧 현재나 미래에 닥쳐올 난관에 대한 두려움, 무언가 부족할까봐, 이런저런 시도가 성공하지 못할까 봐 갖게 되는 겁이다.

실수가 없고 잘못하지 않기를 바라는 우리의 바람에는 큰 교만이 들어있고 다른 이들에 의해 판단 받는 데 대한 두려움이 있다. 이와 반대로 이따금 실수하는 것을 평온하게 받아들이고, 다른 이들이 그것을 아는 것을 받아들이는 사람은 참된 겸손과 하느님께 대한 참된 사랑을 갖고 있음을 보여준다.

우리의 모든 행동과 결정을 이끌어야 할 자유로운 정신에 대한 성 프란치스코 살레시오의 말씀: "마음을 넓게 가지고 용기를 내십시오. 큰일이든 작은 일이든 언제나 섭리에 내맡기면서 더 큰 부드러움과 고요함을 지니도록 하십시오."(플레세르 부인에게, 1609년 5월 13일자 편지)

성 바오로의 말씀: "아무 것도 걱정하지 마십시오. 어떠한 경우에든 감사하는 마음으로 기도하고 간구하며 여러분의 소원을 하느님께 아뢰십시오. 그러면 사람의 모든 이해를 뛰어넘는 하느님의 평화가 여러분의 마음과 생각을 그리스도 예수님 안에서 지켜줄 것입니다.(필리 4,6-7)

비오 신부님(1887-1968, 카푸친수도회 사제로 오상을 받았다.)의 말씀: "평화는 단순한 정신이요 평온한 양심이고 고요한 영혼이며 사랑의 끈이다. 평화는 질서이며 우리 각자 안에 있는 조화로움이요, 선한 양심에서 나오는 지속적 기쁨이며 하느님이 다스리시는 마음의 거룩한 경쾌함이다. 평화는 완덕의 길이다. 아니 오히려 평화 속에서 완덕이 발견된다고 말할 수 있다. 우리 자신에 대한 비난과 회한을 경계하자. 하느님 안에서 우리가 누리는 평화가 깨지기 때문이다.

9. 틱낫한 『지금 이 순간이 나의 집입니다』

(이현주 역, 불광출판사, 2019)

나의 수련은 마음을 챙기는 것이었다. 지금 여기를 살면서 매일의 생활 속에 숨어 있는 놀라움을 접해보려고 노력했다. 현재 순간을 깊이 접할 때마다 우리는 과거와 미래를 접할 수 있다. 현재 순간을 적절히 조종할 줄 알면 과거를 치유할 수 있다.

시간은 삶이다. 삶에 견주어 시간은 아무것도 아니다. 두 시간 동안 마음 챙겨 차를 마시며 돈을 버는 게 아니라 삶을 누리는 것이다.

청소할 변소가 있다는 것 하나로 우리는 충분히 행복할 수 있었다. 자기에게 행복할 조건들이 얼마든지 있다는 사실을 알 때 누구나 진정으로 행복할 수 있다. 불교에서 잠재의식이라고 부르는 무의식은 우리가 하는 말을 들을 줄 안다. 우리가 모르는 우리 마음이 움직이는 게 그와 같다.

은자隱者, 혼자서 조용히 낮과 밤을 보내며 붓다처럼 평화로이 살아가는 수도자가 있다. 어쩌면 당신도 바위, 나무, 별 또는 아름다운 일몰 같은 당신의 은자를 만났을 것이다.

내가 속한 전통에서는 시가 음악과 예술처럼 명상에 많은 구실을 한다. 매일의 모든 행동이 시 안에서, 마음 챙김 안에서 이루어진다. 나는 그 수행법이 아주 좋았다. 등불을 밝히면서 외는 시도 있었다. 촛불을 밝힐 때도 외는 시도 있었다. 즐겁게 깨어 있으면서.

산스크리트어로 '우페크사upeksha'라고 불리는 비非분별의 지혜 덕분에 우리는 남과 싸우거나 다투지 않고 경쟁도 하지 않는다. 우리가 다른 사람들과 동떨어진 존재라는 관념에 사로잡히지 않을 때, 그때 우리 사이에 하모니가 이루어질 수 있다. 우리는 하나이면서 같다.

내 생각에, 설거지가 즐겁지 않다는 생각은 그것을 기꺼이 하려고 하지 않을 때 일어나는 것 같다. 일단 싱크대 앞에 서서 소매를 걷어 올리고 더운물에 손을 담그면 설거지가 정말 즐거운 일로 된다. 내 삶의 일분일초가 하나의 기적이기 때문이다. 접시들이 거기 있고 내가 그것들을 닦는다는 사실, 이게 바로 기적이다. 알아차림의 햇빛 안에서 하는 모든 생각, 모든 행동이 신성하다. 이 빛 안에서는 성聖과 속俗 사이에 경계가 없다. 설거지 자체를 위해서, 그릇 닦는 순간을 충실히 살고, 자기 삶에 진실히 접속하기 위해서, 그래서도 설거지를 하는 것이다.

누구를 사랑할 때 당신은 그가 행복하기를 바란다. 그가 행복하지 않으면 당신은 행복할 수 없다. 행복은 개인적인 것이 아니다. 참사랑은 깊은 이해가 바탕이 되어야 한다. 실제로 사랑은 이해의 다른 이름이다. 제대로 이해하지 못하면 제대로 사랑할 수 없다. 이해 없는 사랑은 다른 사람을 괴롭힐 따름이다.

인간에게 일어날 수 있는 가장 고약한 것이 절망이다. 우리가 희망을 포기했더라면 절망에 압도당했을 것이다. 위험은 자주 안에서 온다. 침착하게 깨어 있으라.

10. 『우리 겨레의 미학 사상』

(보리출판사, 2006)

이규보(1168~1241) 『동국이상국집』

시는 시상[意]이 기본이다. 시를 쓴 뒤에는 보고 다시 보되 자기가 쓴 것이 아닌 것처럼 보아야 하며, 남의 것처럼 보되 평생 매우 미워하는 사람의 시로 생각하고 결점을 찾기에 노력하여 결점을 찾을 수 없이 된 뒤에 발표해야 한다. 우선 시상이 넉넉하면 시어도 자유로워 거침이 없을 것이다.

최자(1188~1260) 『보한집』

작가는 먼저 언어의 의미를 정확히 파악하고, 그것이 고전에서나 대가들이 어떻게 썼는지를 헤아려 자세히 살핀 뒤에 붓을 들어야 한다. 언어 구사가 정밀하고 힘차야 어려운 기교가 피어날 수 있다. 만일 언어 구사가 정밀하지 못하거나 힘차지 못하면 아무리 뛰어난 감정이나 기백이라도 피어나지 못하고 마침내 졸렬하고 거칠고 서툰 시 작품으로 되어 버릴 것이다.

서거정(1420~1488) 『동인시화』

시는 감정이 피어나는 것이며 기백이 넘치는 것이다. 옛사람들이 시를 읽으면 쓴 사람의 사람됨을 알 수 있다고 하였는데 과연 옳은 말이다. 옛사람은 시에서 격조를 다듬고 시구를 다듬고 시어를 다듬었다. 그리고 또 스승과 벗에게 보이고 허물을 찾아내어 고쳤다. 시는 내용을 직접 드러내지 않고 함축성 있는 것이 좋다. 시는 뜻을 말하는 것이다. 뜻이란 마음의 저항을 이른다. 그러므로 시를 읽으면 그 사람을 알 수 있다. 수만 권의 책을 읽어 근본을 다지고 여러 고장을 여행하여 쓸 만한 능력을 기르면 자기에게 주어진 문학의 임무를 완성하게 될 것이다.

차천로(1556~1615) 『**오산집**』

천지의 정기[氣] 중에서 가장 많은 것을 타고난 것이 사람이며 사람 가운데서도 작가는 또한 가장 맑은 사람이다. 시란 정묘한 문장으로 맑은 기백을 드러내는 글이다.

유몽인(1559~1623) 『**어우야담**』

시란 사상-감정[志]의 표현이다. 제아무리 시어를 잘 다듬었다 하더라도 정작 사상적 내용과 그 지향성이 결여되었다면 시를 알아보는 사람은 이를 취하지 않는다. 시는 인간의 정신세계에서 우러나온다.

박지원(1737~1805) 『연암집』

벌레 수염과 꽃 잎사귀에 관심이 없다는 것은 글을 지을 만한 생각이 없다는 말이다. 삼라만상을 세심하게 따지지 않는 사람은 글자 한 자를 모른다고 보아도 좋은 것이다. 맹자가 "성은 다 같으나 이름은 저마다 다 다르다."라고 했는데 그것은 글자는 다 같으나 글은 저마다 다 다르다는 뜻이다.

11. 『베르나르 베르베르의 상상력 사전』

(이세욱, 임호경 역, 열린책들, 2011)

1. 인간은 아직 알지 못하는 것을 대할 때 가장 큰 두려움을 느낀다. (...) 인간은 미지의 것을 두려워하면서도 그런 것과 대면하기를 바란다. 자신의 뇌가 미지의 것에 적응하기 위한 해결책을 찾아내는지 알아보고 싶은 것이다. 아직 이름이 붙어 있지 않은 미지의 존재는 무엇이든 인류를 위한 새로운 도전을 유발할 수 있다. (「알지 못하는 것을 마주할 때의 두려움」)

2. 누구를 만나 첫눈에 반한다는 것은 알고 보면 <좋은 거울>의 발견을 의미하는 경우가 많다. 우리 자신의 만족스러운 상을 비춰주는 거울을 찾아냈을 때 흔히 첫눈에 반했다고 말한다는 것이다. 그럴 때 우리는 상대의 시선을 보면서 우리 자신을 사랑하려고 노력한다. 평행한 두 거울이 서로에게 기분 좋은 상을 비춰주는 마법의 시간이 펼쳐지는 것이다. 그것은 거울 두 개를 마주 보게 놓으면 거울 속에 거울이 비치면서 같은 이미지가 무수히 생겨나는 것에 비유할 수 있다. 그렇듯이 <좋은 거울>을 찾아내면 우리는 다수의 존재로 바뀌고 우리에게 무한한 지평이 열린다. 그럴 때 우리는 우리 자신이 아주 강하고 영원하다고 느낀다. (「거울」)

3. 선분을 가장 아름답게 나누는 비, 즉 황금비黃金比는 물체에 신비한 힘을 부여함으로써 훌륭한 건축과 회화와 조각을 가능하게 해주는 하나의 비율이다. 케호프 왕의 피라미드, 솔로몬 신전, 파르테논

신전, 대부분의 로마네스크식 성단 등은 이 황금비에 따라 지어졌다. 르네상스 시대의 많은 그림들 역시 이 비율을 엄격히 따르고 있다. 자연에서도 나뭇잎들이 서로에게 그늘을 만들지 않도록 떨어져 있는 거리와 나뭇잎의 길이가 황금비를 이루고 있고, 사람의 몸에 있는 배꼽도 이 비율에 따라서 그 위치가 정해져 있다. (「황금비」)

4. 우리의 의식이란 우리의 마음 중에서 표면으로 떠오른 부분이라고 할 수 있다. 우리 마음은 표면에 떠오른 10%의 의식과 심층에 잠겨 있는 90%의 무의식으로 이루어져 있다. 우리가 누군가에게 말을 할 때는, 그 10%의 의식이 상대의 마음을 차지하는 90%의 무의식에 전달되도록 해야 한다. 그러기 위해서는 하나의 장벽을 통과해야 한다. 이쪽에서 보낸 메시지가 상대방의 무의식으로까지 내려가는 것을 방해하는 의심과 경계라는 여과 장치가 바로 그 장벽이다. (「상대의 마음속으로 들어가기」)

5. 장애물이 앞에 나타났을 때, <왜 일이 제대로 되지 않았을까?>라고 자문하는 사람들과 <어떻게 하면 일이 제대로 되게 할 수 있을까?>라고 자문하는 사람들 사이에는 큰 차이가 생길 것이다. 현재 인간 세계는 <왜>라고 묻는 사람들이 지배하고 있다. 그러나 언젠가는 <어떻게>라고 묻는 사람들이 다스리는 날이 반드시 오게 될 것이다. (「왜와 어떻게」)

6. 타성은 점차적으로 경화증을 가져온다. 때로는 자기가 정말로 원하는 것과 반대가 되는 것을 해보는 것이 유익할 수도 있다. 자고

싶을 때 깨어 있어 본다든지, 음악을 듣고 싶을 때 정적 속에 그대로 있어본다든지, 자동차를 타고 싶을 때 걸어간다든지 하는 식으로 말이다. 이런 작은 행위를 통해서 우리는 새로운 느낌과 미지의 길을 발견할 수도 있다. (「반대로 하기」)

7. 그레이하운드와 사람이 장거리 경주를 하면 언제나 개가 먼저 들어온다. 그 까닭은 무엇일까? 사람은 달리면서 줄곧 결승선이 얼마나 남았는지를 헤아린다. 그는 도달해야 할 목표를 염두에 두고 달린다. 그에 반해서 그레이하운드는 아무 생각 없이 그냥 달린다. 장거리 경주에서는 도달해야 할 목표를 생각하지 말고 오로지 앞으로 나아갈 생각만 해야 한다. 자꾸자꾸 나아가면서 그때그때에 맞게 행로를 수정하면 된다. 그렇게 나아가다 보면, 자기도 모르는 사이에 목표에 도달하게 되고, 경우에 따라서는 목표의 초과 달성도 가능해지는 것이다. (「장거리 경주」)

8. 크리슈나무르티 자신은 견신론자見神論者라기보다는 탁월한 철학자였다. 그는 여기저기를 돌아다니며, 사람은 자기 내부에서 깨달음을 찾아야 하며, 어떤 집단이나 어떤 인도자가 손을 내밀어 주기를 기다려선 안 된다고 가르쳤다. 그의 사상은 다음의 말로 요약될 수 있다. <깨달음을 찾는 길에서는 아무도 내 자신을 대신할 수 없다. 누구에게나 깨달음의 길로 직접 나아가야 하는 때가 반드시 있게 마련이다. 그것은 누구나 짐작하듯이 아주 힘겨운 순간이다.>(「크리슈나무르티」)

9. 만물은 <숨을 쉰다>. 천문학 분야에서 최근에 이루어진 발견들은 다음과 같은 점을 우리에게 보여준다. 즉, 빅뱅에서 나와 끝없이 팽창하고 있는 것으로 받아들이고 있는 우리의 우주 역시 응집되어 빅크런치가 될 수도 있다는 것이다. 물질이 최대로 응집되는 상태인 이 빅크런치는 어쩌면 새로운 빅뱅으로 이어질지도 모른다. 그런 점에서 보면 우주 역시 <숨을 쉬고> 있는 것이다. (「호흡」)

12. 『감사』

(다비드 슈타인들라스트, 김수진 역, 분도출판사, 2019)

1. 오스트리아 비엔나 출생으로 베네딕도회 수도승인 다비드 슈타인들라스트 수사님의 말씀이 시를 쓰는데 새로움을 줍니다. "온 가슴으로 사랑하고, 놀라워하며, 감사와 찬미를 드리십시오. 그러면 삶의 충만함을 발견할 것입니다."

2. 시를 쓰게 되면, 모든 것을 당연하게 여기던 상태에서 깨어나는 순간, 우리는 우리를 둘러싼 세상의 놀라운 모습에 눈을 뜨게 됩니다.

3. 플라톤은 놀라움에서 철학이 시작된다고 생각했습니다. 사실 감사도 놀라움에서 비롯되지요.

4. 놀라움은 우리가 감사라고 부르는 충만한 감정의 시작일 뿐입니다. 놀라움의 순간, 우리는 감사를 통해 열린 문틈으로 살짝 보이는 기쁨을 포착합니다. 아니, 그 이상이군요. 놀라움을 느끼는 순간 우리는 이미 문 너머로 한 발 들어서 있는 것입니다.

5. 미국의 시인이자 화가인 커밍스(1894~1962)가 노래한 "나의 눈이 눈을 떴다"라는 시 구절의 의미를 깨닫습니다. 이런 식으로 일단 눈을 떠야 깨어 있으려는 노력을 할 수 있습니다.

6. 무엇이 되었건 우리가 당연하다고 여기는 것 앞에서라면 우리는

죽은 것과 다름없지 않을까요? 분명 그렇습니다. 아무 느낌 없이 무덤덤하다면 죽은 것이나 마찬가지입니다. 놀라움을 받아들일 준비가 되어 있는 삶을 살면, 사는 것 안에 죽는 것이 포함되어 있더라도 훨씬 더 생생하게 살아가게 됩니다.

7. 삶은 놀라움으로 가득합니다. 그리고 놀라움은 감사를 드릴 수 있는(시를 쓸 수 있는) 비결입니다. 우리는 특별한 것뿐만 아니라 무엇보다도 평범한 것을 새롭게 바라봄으로써 놀라움이라는 감각을 발동시키는 법을 배울 수 있습니다. 새로움에 대한 놀라움은 결코 빛이 바래지 않습니다. 대부분의 평범한 것 안에는 우리를 놀라게 할 새로움이 존재합니다.

8. 먼저 우리 눈에 제일 쉽게 띄는 부분을 포착해야 합니다. 우리 안에 있는 아이와 같은 마음은 늘 생기가 넘치며, 놀라움을 받아들일 준비가 되어 있고, 끊임없이 무언가에 놀라워하니까요. 놀라움은 감사(시)에 이르는 길로 우리를 인도합니다. 어떤 것이든 존재한다는 사실, 우리가 여기 존재한다는 사실이야말로 놀라움 중에서도 가장 위대하기 때문입니다. 우리 눈이 눈을 떴을 때 모든 것을 선물로 보기 시작하지요. 티끌 만한 놀라움이 태산만 한 감사(시)로 이끌 수 있습니다.

13. 『담론談論』

(신영복, 돌베개, 2015)

1. 『시경』

1) 김영하의 『살인자의 기억법』

"시인은 숙련된 킬러처럼 언어를 포착하고 그것을 끝내 살해하는 존재다."

2) 신형철의 『몰락의 에티카』

시는 가장 개인적인 언어로, 가장 심층적인 세계를 가장 무책임하게 주파하는 장르다.

시는 세계를 인식하고 재현하는 상투적인 방식을 전복하고, 상투적인 언어를 전복하고, 상투적인 사유를 전복하고, 상투적인 언어를 전복하는 것, 이것이 시인의 카타콤catacomb이며 그 조직 강령이다.

3) 『시경』은 북방문학으로 4언체이다. 노래로 치면 4분의 4박자 행진곡이다. 『시경』의 시에서 우리가 느끼는 것은 사실성이다. 그것을 우리는 사회미社會美라고 한다. 『시경』에 실린 300여 편 중에서 그 절반인 150편이 '풍風'이다. '풍'은 황하 유역 15개 제후국에서 불리던 노래를 채집한 것이다. 이 '풍'의 '사회미'는 당시 사람들의 보편적 삶의 정서이다. 세계 인식에 있어서 가장 중요한 것은 그것이 '진실'을 담고 있어야 한다는 것이다.

4) 시는 언어를 뛰어넘고 사실을 뛰어넘는 진실의 창조이다. 우리의 세계 인식도 이러해야 한다. 공부는 진실의 창조로 이어져야 한다. 시는 진정성의 공감이 있어야 한다. 자기도 감동하지 않는 것은 아무리 화려한 그릇에 담는다고 하더라도 다른 사람이 공감하지 못한다.

5) 시 한 편이 담고 있는 세계는 매우 크다. 시는 굉장히 큰 세계를 담고 있다고 할 수 있다. 중국에서는 초등학교에서 시 300수를 암송하게 한다고 한다. '시'가 세계를 인식하는 '인식틀'이고, 시를 암기한다는 것은 시인들이 구사하던 세계 인식의 큰 그릇을 우리가 빌려 쓰는 것이라는 사실이 주목되어야 한다.

6) 유연한 시적 사유는 비단 세계 인식에 있어서 뿐만이 아니라 우리의 삶 자체를 대단히 아름답게 만들어주는 것임에 틀림없다. 우리는 이미 일상생활에서 시적 레토릭rhetoric(수사법)을 다양하게 구사하고 있다. '귀가 어둡다'라고 하고, '눈이 높다'라고 하는 경우다. 이러한 시적 감수성을 키우기 위해서는 무엇보다 시를 많이 읽어야 한다.

7) 우리가 갇혀 있는 협소한 인식틀을 뛰어넘어야 한다. 『시경』의 사실성과 『초사』의 낭만성, 문사철의 추상력과 시서화악의 상상력을 유연하게 구사할 수 있는 능력과 품성을 기르는 것이 공부이다. 그러한 공부가 근본에 있어서 시적 관점, 시적 상상력과 다르지 않다.

2. 『주역』

1) 『주역』은 세계의 운동에 관한, 오래된 철학적 서술로 보는 것이

옳다. 『주역』은 점치는 책으로 알려져 있지만, 우리가 통틀어 말하는 점占은 사실 상相, 명命과 다르다. 상相은 관상觀相·족상足相·수상手相으로, 이미 정해진 운명을 보는 것이다. 명命은 사주팔자이다. 타고난 운명, 이미 정해진 운명을 읽으려는 것이다. 이에 비해서 점占은 정해진 운명을 읽으려는 것이 아니라 판단을 내리기 어려운 상황에서 판단을 돕기 위해 하는 최후의 행위이다. 그러나 우리는 『주역』을 점서로 읽지 않을 뿐만 아니라 과학서로도 읽지 않아야 한다.

2) 우리가 주목하는 것은 『주역』의 독법이다. 『주역』의 독법이란 괘를 읽고 해석하는 방법이다. 그 독법이 관계론의 관점을 취하고 있다. 『주역』에는 64개의 괘卦가 있다. 이 말은 64개의 패턴으로 묶어 놓았다는 말과 같다. 64괘는 오랜 경험에서 나온 것임은 물론이다.

3) 『주역』은 위位, 비比, 응應, 중中이라는 네 가지 독법이 있는데, 관계론을 조명하는 데에 초점을 맞추면 다음과 같다.

① '위位'는 효爻의 자리이다. 효를 읽을 때는 먼저 그 자리[位]를 읽는다. 효가 자기 자리에 있는 것을 득위得位했다고 하고 그렇지 못한 경우를 실위失位했다고 한다. 효 자체의 존재성보다는 효가 처해 있는 자리와의 관계를 중시한다. 그래서 관계론이라고 한다. 존재보다는 관계를 중시한다. 역지사지易地思之란 처지를 바꿔서 생각하라는 뜻이다. 처지를 바꾸면 생각이 달라진다. 위位가 그만큼 중요하다. 자기 능력이 100이면 70의 역량을 요구하는 곳에 가는 게 득위이다. "70%의 자리에 가라!". 나머지 '30%의 여유', 이 여유가 창조성으로, 예술성으로 나타난다. 알튀세르의 비유가 신랄하다. "히말라야 높은 설산에

사는 토끼가 가장 조심해야 하는 것이 무엇인가?" 동상凍傷이 아니었다. "평지에 사는 코끼리보다 자기가 크다고 착각하지 않는 것"이었다.

② '비比'는 바로 이웃하고 있는 효와의 관계를 보는 것으로 가까이 있는 사람이 중요하다. 부모, 형제, 친구, 어제, 내일, 공간적으로도 시간적으로도 바로 이웃하고 있는 것과의 관계는 매우 중요하다.

③ '응應'은 관계성의 폭을 조금 더 넓게 보는 것이다. 관계의 범위가 시공간적으로 더 확장된다. 관계의 범위를 키우면 그만큼 더 힘이 생긴다. 그래서 응應을 '덕을 쌓는다', '인심을 얻는다'라는 뜻으로 읽는다.

④ '중中'은 관계성이 극대화 되는 자리이다. 그래서 '중정中正'을 대단히 높게 평가한다. 가운데란 앞뒤, 좌우로 참 많은 관계를 맺을 수 있는 자리다. 생명의 본질이 안정감이라고 했을 때 중간이 가장 안전한 자리이다. 안정감은 우호적 관계 속에서 느끼는 것이기도 하다. '중간만 가라', '모나면 정 맞는다'라는 말들에서 배울 일이다.

4) 『주역』에서 발견하는 최고의 '관계론'은 성찰, 겸손 절제, 미완성, 변방이다. 이 덕목 중에서 '겸손'이 단연 관계론의 최고 형태이다. "땅 속에 산이 있으니 겸손하다. 군자는 이를 본받아 많은 데를 덜어 적은 데에 더하고 사물을 알맞게 하고 고르게 베푼다." "겸손은 높이 있을 때는 빛나고, 낮은 곳에 처할 때에도 사람들이 함부로 넘지 못한다." 그러기에 겸손은 "군자의 완성"(君子之終)이다.

3. 『논어論語』

1) 공자가 14년간의 망명(이때 공자를 수행한 제자는 자로, 안회, 자공 세 사람이다)을 끝내고 68세에 고향에 돌아와서 73세로 생을 마치기까지 5년 동안 학사學舍를 세워 제자들과 만난다. 『논어』는 망명 중에 그리고 망명 후 향리에서 제자들과 나눈 대화를 정리한 대화록이다. 물론 공자 당시에는 『논어』라는 책이 없었다. 공자 사후 100년 이후에 공자 학단에서 만든 책이라는 것이 통설이다.

2) 공자는 '인仁'이란 '근자열近者說 원자래遠者來'라고 한다. 가까이 있는 사람이 기뻐하고 멀리 있는 사람이 찾아오는 것이 인이라고 했다. 공자 어록에서 많이 알려진 명구는 '기소불욕물시어인己所不慾勿施於人', 즉, 자기가 원치 않는 것을 다른 사람에게 베풀지 마라이다. 또한 공자의 고단한 삶을 엿볼 수 있는 말로 '인부지이불온人不知而不慍 불역군자호不亦君子乎', 사람들이 알아주지 않아도 노엽지 않다(성나지 않는다)는 것이다.

3) 공자의 '화동담론和同談論'은 군자화이부동君子和而不同 소인동이불화小人同而不和를 줄여서 붙인 이름으로 이를 올바르게 해석하면, '군자는 다양성을 인정하고 지배하려고 하지 않으며, 소인은 지배하려고 하며 공존하지 못한다.'이다. 따라서 화와 동은 철저하게 대비를 이룬다. 다시 말해서 평화공존을 주장하고 흡수합병이라는 패권적 국가경영을 반대하는 유가 학파의 정치사상이 화동 담론이다.

*『논어, 사람의 길을 열다』(배병삼, 사계절, 2014)

1) 공자는 사람다움을 인仁이란 말로 요약했고, 제자들은 그 말씀을 기록으로 남겨 '논-어'라고 이름 붙였다. 배워야만 사람인 것이다. '인간' 공자는 춘추 시대 말기를 살았던, 간단히 지금부터 2500년 전의 사람이다. 노나라의 도읍인 곡부 근교에서 태어나 73세를 일기로 삶을 마쳤다. 어릴 때 이름은 구丘, 즉, 공구孔丘이고 어른이 되어서 공식적인 이름인 자字는 중니仲尼였다.

2)『논어』 전체(총 20편)의 서론은 '학이學而'편이다. 주희는 이 편을 두고, "학문에 들어가는 나들목이요, 덕을 쌓아두는 마당"이라고 하여 그 의의를 높게 평가하였다.

공자 말씀하시다. "배우고 때로 익히면 기쁘지 아니하랴! 벗이 먼 곳에서 찾아오면 즐겁지 아니하랴! 남이 알아주지 않아도 성나지(노엽지) 않는다면 군자가 아니랴!"

子曰, "學而時習之, 不亦說乎, 有朋自遠方來, 不亦樂乎, 人不知而不慍, 不亦君子乎"

3) 모든 일에 자기 책임을 앞세우는 이가 군자요, 잘못을 남 탓으로 돌리는 자는 소인이다.

일을 행함에 사양과 배려를 앞세우는 사람이 군자요, 자기 이익부터 앞세우는 사람은 소인이다. 인자仁者는 '베푸는 사랑'을 즐기며 살고, 지혜로운 자知者는 '사랑의 의미'를 안다.

4.『맹자』

1) 『맹자』는 7편 261장, 3만 5천 자 가량 된다. 『맹자』에서 가장 두드러지는 부분은 '만남'이다. 양羊과 소를 바꾼 이야기(맹자가 인자하기로 소문난 제나라 선왕宣王을 찾아가서 자기가 들은 소문을 확인하는 이야기)를 통해 왕이 신하에게 혼종하기 위해 끌고 가는 소는 놓아주고 그대신 양으로 바꾸라고 한 것은 '본 것'과 '못 본 것'의 엄청난 차이, 즉, 생사가 갈리는 차이이다. 본다는 것은 만남이다. 만남은 곧 '관계'이다. 인간관계는 사회의 본질이다. 사회의 본질은 '인간관계의 지속적 질서'이다. 산다는 것은 사람과의 만남이다. 그리고 사람들과의 만남의 연대이다. 관계론의 실천적 버전이 연대이다.

2) 공자의 핵심이 '인仁'이라고 한다면 맹자의 핵심은 '의義'라 할 수 있다. 『맹자』에서 가장 높게 평가되는 부분은 민본사상民本思想이다. 진정한 즐거움이란 독락獨樂이 아니라 여러 사람과 함께하는 것이어야 하는 여민락與民樂이 곧 민본사상이다.

3) 『맹자』의 사상과 인간을 알 수 있는 예화로 활쏘기 얘기가 있다. 활을 쏘아서 과녁에 적중시키지 못했을 때는 자기를 이긴 사람을 원망하지 말고 부중不中, 적중하지 못한 원인을 자기한테서 찾아야 한다 반구저기反求諸己는 엄정한 자기반성의 자세가 맹자에게 있다.

5. 기타

1) '사이 존재'라는 개념이 있다. 시간時間, 인간人間, 공간空間 등 세상의 모든 존재는 존재 그 자체가 아니라 다른 것과의 '사이'[間]가 본질이라는 것이다.

2) 빅토르 위고가 『레미제라블』에서 한 말이다. “땅을 갈고 파헤치면 모든 땅들은 상처받고 아파한다. 그 씨앗이 싹을 틔우고 꽃 피우는 것은 훨씬 뒤의 일이다.” -세계와 인간에 대한 성찰성을 높이는 것이 중요하다.

3) 대상과 필자가 어떠한 관계로 맺어져 있는가가 결정적이다. 이를테면 대상을 바라보기만 하는 관계, 즉 구경하는 관계는 한마디로 ‘관계없음’이나 마찬가지다. 대상과 필자의 혼연한 육화肉化 없이는 대상을 인식하고 서술할 수 없다. 객관客觀은 뒤집으면 관객觀客이 된다. 사람들로 하여금 구경꾼이 되게 하는 것이다. 참된 인식이란 관계 맺기에서부터 시작된다. 인식이란 주체와 대상의 엄숙한 혼혈 의식 그 자체라 할 수 있다. ‘관계 없이 인식 없다’는 것이 결론이다.

4) 잘 안다는 것은 서로 ‘관계’가 있어야 한다. 잘 알기 위해서는 서로 관계가 있어야 한다. 관계가 있어야 할 뿐 아니라 애정이 있어야 한다. 관계가 애정의 수준일 때 비로소 최고의 인식이 가능해진다. 애정이야말로 인식을 심화하고 인간적인 것으로 만들어 준다. ‘쑥’과 ‘잡초’의 차이는 이름에 있다. 쑥은 이름이 있는 풀이고 잡초는 이름이 없는 풀이다. 이름이 있다는 것은 우리의 인식 대상이라는 뜻이다. 관계와 애정 없이 인식은 없다. ‘관계와 인식’의 바탕에는 ‘사람’이 있어야 한다. ‘사람과의 관계’가 인식의 근본이다.

14. 『용서』

(달라이 라마 · 빅터 챈 지음, 류시화 옮김, 오래된 미래, 2004)

만물의 상호 의존 사상

베트남의 불교 스승 틱낫한의 글: "만일 당신이 시인이라면, 당신은 이 종이 한 장 속에 구름이 있음을 볼 수 있을 것이다. 구름이 없으면 비가 내리지 않을 것이고, 비가 내리지 않으면 나무가 자랄 수 없다. 나무가 없으면 우리는 종이를 만들 수 없다." -만물의 상호 의존 사상은 달라이 라마의 행동과 삶을 바라보는 방식을 결정짓게 되었다.

달라이 라마는 말한다. "상호 의존의 원리는 우리로 하여금 더 넓은 시각을 가질 수 있게 해줍니다. 더 넓은 마음을 갖고, 분노나 미움 같은 파괴적인 감정에 덜 집착하게 해줍니다. 따라서 더 많이 용서하게 합니다. 당신의 이웃을 파괴하는 것은 결국에는 당신 자신을 파괴하는 것을 의미합니다. 당신에게는 이웃이 필요합니다. 당신의 이웃이 더 잘 살수록, 당신도 이익을 얻게 됩니다. 상호 의존의 원리는 본질에 대한 이해라고 할 수 있습니다. 편협한 마음을 갖고 있으면 집착과 미움을 키우기가 더 쉬워집니다."

보살피는 마음, 나누는 마음

과학자들과 자주 만남을 갖는 이유에 대해 달라이 라마는 말한다. "모든 사람은 행복한 삶을 원합니다. 더 평화롭고, 더 조용하며, 더 만족스런 삶을 원합니다. 그것을 위해서는 감정과 같은 내면 세계의 요소들을 잘 발달시켜야 합니다. 나는 종교적인 믿음을 이야기하는 것이 아닙니다. 천국이나 깨달음, 또는 내세에 대해 말하는 것도 아닙니다. 우리는 보다 행복한 개인, 보다 행복한 공동체에 관심이 있습니다. 서로를 보살피는 마음, 나누는 마음 등 인간의 가치를 더 키우는 데 있습니다. 그 결과 우리는 더욱 열린 사람이 되고, 세상을 보는 시각도 더 넓어질 수가 있습니다. 그때 우리는 문제와 맞닥뜨린다 해도, 내면의 평화가 덜 방해받을 수 있습니다."

우리 중 어느 누구도 외딴 섬이 아니다

달라이 라마에 따르면, 우리는 먼저 세상을 있는 그대로 바라봄으로써 지혜를 얻어야 한다. 지혜는 투명한 시선을 의미한다. 지혜로운 자는 편견 없이 맑은 시선으로 자신을 둘러싼 모든 현상과 사물을 바라볼 수 있다. 그의 시선은 레이저 광선처럼 안개 속을 통과할 수 있다. 그렇게 되기 위해 우리는 반드시 공에 대한 진정한 통찰을 키워야만 한다.

그렇다면 공이란 무엇인가? 공은 단지, 사물들이 그 자신만의 독립적이고 개인적인 존재를 지니고 있지 않다는 것을 다른 식으로 표현한 것에 지나지 않는다. 끝까지 분석해보면 어떤 것도, 사람이든 생각이든 자동차든, 그 자체만으로 홀로 외떨어져 존재할 수 없다고 공은 말한다. 이것이 우리를 에워싸고 있는 세상을 깨어있는 눈으로 바라보는 일이다. 이것은 매우 미묘하지만 궁극적인 진리다. 그 진리란, 독립성이 아닌 상호 의존의 원리가 우리의 삶과 우리를 둘러싼 모든 현상을 지배하고 있다는 것이다. 우리 중 어느 누구도 외딴 섬이 아니다. 세계는 서로 연결된 사건들, 사람들, 사물로 짜여진 거대한 그물망이다.

15. 『찬미받으소서』

(프란치스코 교황, 한국천주교주교회의, 2015)

"저의 주님, 찬미받으소서. 누이이며 어머니인 대지로 찬미받으소서. 저희를 돌보며 지켜주는 대지는 온갖 과일과 색색의 꽃과 풀들을 자라게 하나이다." -프란치스코 성인 '피조물의 찬가'

지구는 "탄식하며 진통을 겪고"(로마 8,22) 있습니다. 우리는 자신이 흙의 먼지라는 사실을 잊었습니다(창세 2,7 참조). 우리의 몸은 지구의 성분으로 이루어져 있으며 우리는 그 공기를 마시며 지구의 물로 생명과 생기를 얻습니다.

이 세상의 그 어떤 것도 우리와 무관하지 않습니다. "자연이라는 책은 하나이고 나눌 수 없는 것으로" 환경, 생명, 성, 가정, 사회관계를 포함하고 있습니다.

아시시의 프란치스코 성인께서는 해와 달 또는 가장 작은 동물들을 바라볼 때마다 모든 피조물을 찬미하며 노래를 부르셨습니다. 성인께서는 모든 피조물과 대화를 나누고 심지어 꽃 앞에서 설교하시며 "꽃이 마치 이성을 지닌 듯 주님을 찬미하도록" 초대하셨습니다. 그분에게 모든 피조물은 사랑의 유대로 자신과 결합된 누이였습니다. 아무리 하찮은 피조물이라도 '형제'나 '누이'로 부르셨습니다.

세상은 해결해야 할 문제 이상의 것으로 감사와 찬미로 관상해야 하는 기쁜 신비입니다. 우리가 사랑으로 창조되었기에 반드시 관대함과 연대와 배려에서 나오는 행동이 샘솟게 될 것입니다.

우리 한 사람 한 사람은 단순히 어떤 '것'이 아니라 어떤 '인격'입니다. 요한 바오로 2세 성인께서는 모든 인간에 대한 창조주의 특별한 사랑은 "인간에게 한없는 존엄을 부여"하였다고 말씀하셨습니다. 베네딕토 16세 교황께서는 "우리 한 사람 한 사람은 하느님께서 뜻하시고 사랑하시고 필요로 하시는 존재입니다."라고 말씀하셨습니다.

우리는 하느님의 권능으로만이 아니라, 하느님을 마주하며 하느님과 더불어 살아갑니다. 그래서 우리는 그분을 찬미하는 것입니다.

모든 피조물이 각기 기능이 있고 그 어느 것도 필요 없지 않다는 사실을 잊어서는 안 됩니다. 물질세계 전체는 하느님의 사랑, 곧 우리에 대한 무한한 자애를 나타냅니다. 흙과 물과 산, 이 모든 것으로 하느님께서 우리를 어루만지십니다. 인간은 다른 피조물들과 관계 안에서 자신을 깨닫는 법을 배우게 됩니다.

인간에 대한 온유, 연민, 배려의 마음이 없다면 자연의 다른 피조물과도 깊은 친교를 올바로 느낄 수 없습니다. 우리를 형제인 태양, 자매인 달, 형제인 강, 어머니인 대지와 온유한 애정으로 하나가 되게 해줍니다.

모든 것은 서로 연결되어 있습니다. 그렇기 때문에 환경 보호는 인간에 대한 참된 사랑과 사회 문제 해결을 위한 끊임없는 노력과 연결되어야 합니다.

저의 주님, 찬미받으소서.
주님의 모든 피조물과 함께.
특히 형제인 태양으로 찬미받으소서.
태양은 낮이 되고 주님께서는 태양을 통하여
우리에게 빛을 주시나이다.
태양은 아름답고 찬란한 광채를 내며
지극히 높으신 주님의 모습을 담고 있나이다.

저의 주님, 찬미받으소서.
누이인 달과 별들로 찬미받으소서.
주님께서는 하늘에 달과 별들을
맑고 사랑스럽고 아름답게 지으셨나이다.

저의 주님, 찬미받으소서.
형제인 바람과 공기로.
흐리거나 맑은 온갖 날씨로 찬미받으소서.
주님께서는 이들을 통하여 피조물들을 길러주시나이다.

저의 주님, 찬미받으소서.
누이인 물로 찬미받으소서.
물은 유용하고 겸손하며 귀하고 순결하나이다.

저의 주님, 찬미받으소서.
형제인 불로 찬미받으소서.
주님께서는 불로 밤을 밝혀주시나이다.
불은 아름답고 쾌활하며 활발하고 강하나이다.

-아시시의 프란치스코 성인의 아름다운 노래,
<피조물의 찬가(태양의 찬가)>

우리 자신을 온전히 바치고 아낌없이 내어 주라고 권유하시는 하느님께서 우리가 앞으로 나아가는 데에 필요한 힘과 빛을 주십니다. 우리를 매우 사랑하시는 생명의 주님께서는 늘 이 세상 중심에 현존하십니다. 그분께서는 우리를 버리지 않으시고, 우리를 홀로 두지 않으십니다. 그분께서 몸소 이 땅과 궁극적으로 결합하셨고, 그분의 사랑은 우리가 새로운 길을 찾게 언제나 우리를 이끌기 때문입니다. 주님, 찬미받으소서.

허형만교수의

시창작을 위한 명상록

1판 1쇄 발행 2020년 9월 28일
1판 2쇄 발행 2021년 9월 3일
1판 3쇄 발행 2022년 5월 12일

지 은 이 | 허형만
펴 낸 이 | 김진수
펴 낸 곳 | 한국문화사
등 록 | 제1994-9호
주 소 | 서울시 성동구 아차산로49, 404호(성수동1가, 서울숲코오롱디지털타워3차)
전 화 | 02-464-7708
팩 스 | 02-499-0846
이 메 일 | hkm7708@daum.net
홈페이지 | http://hph.co.kr

ISBN 978-89-6817-925-9 03800